普通高等教育"十二五"规划教材

计算机辅助教学实用教程

主　编　仇丹丹　陈　佳
副主编　张　洁　肖　瑜　王宏昕

北京邮电大学出版社
www.buptpress.com

内 容 简 介

本书是为师范类各专业"计算机辅助教学"课程编写的教材。全书共分 6 章,在介绍计算机辅助教学的基本理论、课件设计的基本原理和方法的基础上,详细讨论了使用目前流行的多媒体课件开发工具 PowerPoint、Flash、Authorware 开发制作多媒体课件的方法和技巧,在相应章节安排了典型教学实例,既可作为教师教学示例,也可作为学生上机操作的案例。

本书注重理论与实践的结合,理论与方法简明扼要,操作与实践具体详细,突出应用性和实效性,内容选取恰当,逻辑结构合理,理论体系完整;既可以作为教育专业学生计算机辅助教学课程的教材,也可以作为广大中、小学教师学习课件制作的培训教材或参考用书。

图书在版编目(CIP)数据

计算机辅助教学实用教程 / 仇丹丹,陈佳主编. -- 北京:北京邮电大学出版社,2015.1(2023.2 重印)
ISBN 978-7-5635-4287-1

Ⅰ. ①计… Ⅱ. ①仇…②陈… Ⅲ. ①计算机辅助教学—师范大学—教材 Ⅳ. ①G434

中国版本图书馆 CIP 数据核字(2015)第 012452 号

书　　　　名：	计算机辅助教学实用教程
著作责任者：	仇丹丹　陈　佳　主编
责 任 编 辑：	满志文
出 版 发 行：	北京邮电大学出版社
社　　　址：	北京市海淀区西土城路 10 号(邮编:100876)
发　行　部：	电话:010-62282185　传真:010-62283578
E-mail：	publish@bupt.edu.cn
经　　　销：	各地新华书店
印　　　刷：	北京九州迅驰传媒文化有限公司
开　　　本：	787 mm×1 092 mm　1/16
印　　　张：	17.5
字　　　数：	436 千字
版　　　次：	2015 年 1 月第 1 版　2023 年 2 月第 13 次印刷

ISBN 978-7-5635-4287-1　　　　　　　　　　　　　　定　价:35.00 元

· 如有印装质量问题,请与北京邮电大学出版社发行部联系 ·

前　　言

本书是为师范类专业的学生学习计算机辅助教学的基本知识和技能、提高应用现代教育技术的实际能力、培养信息技术应用于教学实践和改革的综合素养而编写的。通过本书的学习,使学生比较系统地掌握计算机辅助教学的理论、方法和技巧,适应基础教育改革对教师信息化教学能力的需求,为未来的教学工作打下坚实的基础。

本教材紧密结合计算机辅助教学的发展动态,在教材内容选取上充分体现计算机技术应用于学科教学的特点和学生学习的实际需求。在教材结构上注重理论与实践的结合,突出应用性和实效性的特点。对于计算机辅助教学的基本理论,在兼顾理论体系完整性的基础上,力求叙述简明扼要。在此基础上,详细介绍使用多种课件编辑系统制作多媒体 CAI 课件的方法和技巧,并提供较为充分的实例。所选实例既有助于学生掌握各种应用软件的一般使用方法,又包含大量的课件制作技巧,并具有一定的实用性。

本书第 2 版纠正了第 1 版中一些不妥之处,将 PowerPoint 2003 升级为 PowerPoint 2010,在 Authorware 章节增加了部分实例。全书仍分为 6 章,第 1 章主要介绍计算机辅助教学的理论基础和课件设计制作的基本原理与方法;第 2 章较为详细地讨论使用 PowerPoint 2010 制作多媒体课件的方法和技巧;第 3、4 章较为系统地讨论了网页设计和网页动画制作软件 Flash 的使用;第 5、6 章比较全面地叙述了使用 Authorware 开发多媒体课件的基本方法与技巧。为方便授课教师的教学,该书还配备了的相关教学资源,包含供教师教学使用的电子讲稿,供学生学习使用的电子文档,教材中的全部示例程序和学生上机实验所需要的基本素材等。需要的读者可与作者联系。本书涉及的工具软件,读者可在互联网上的相关网站上自行搜索、下载、安装和试用。

本书由仇丹丹、陈佳主编,参加本书编写的还有张洁、肖瑜、王宏昕、段新华、孙媛、陈素霞等,全书由张坤统稿。作者试图根据自己的教学经验,从学习者的角度出发处理有关内容,但由于水平所限,效果未必完全如愿,不妥之处敬请批评指正。

教材编写中,参考了有关书籍和文章,在此对其相关作者表示感谢。

我们的 E-mail:pszk@163.com。

作　者

目 录

第 1 章　计算机辅助教学的原理与设计 … 1

1.1　计算机辅助教学概述 … 1
1.1.1　计算机辅助教学的基本概念 … 1
1.1.2　计算机辅助教学的产生与发展 … 2
1.1.3　计算机辅助教学的特点 … 3
1.1.4　计算机辅助教学的应用原则 … 4

1.2　计算机辅助教学的理论基础 … 6
1.2.1　学习理论与 CAI 设计 … 6
1.2.2　计算机辅助教学设计的基本模式 … 7

1.3　计算机辅助教学的条件与形式 … 8
1.3.1　计算机辅助教学的条件 … 8
1.3.2　计算机辅助教学的形式和基本设备(设施) … 8
1.3.3　投影机的使用方法及注意事项 … 11

1.4　多媒体课件的设计与制作 … 12
1.4.1　多媒体课件的设计原则 … 13
1.4.2　多媒体课件的类型、开发模型与基本结构 … 15
1.4.3　多媒体课件的系统分析 … 17
1.4.4　多媒体课件的整体设计 … 17
1.4.5　多媒体课件的编辑与制作 … 22
1.4.6　多媒体课件的测试与评价 … 25

第 2 章　PowerPoint 演示型教学课件的制作 … 27

2.1　PowerPoint 课件制作基本方法 … 27
2.1.1　PowerPoint 2010 使用基础 … 27
2.1.2　课件中基本对象的创建与编辑 … 30

2.2　在课件中设置动画效果 … 43
2.2.1　课件中对象的动画效果 … 43
2.2.2　幻灯片之间的切换方式 … 49

2.3　课件的导航与超文本结构 … 51
2.3.1　课件的导航设置 … 51

2.3.2 课件的超文本结构 ………………………………………………………… 54
2.4 PowerPoint 课件制作技巧 …………………………………………………… 57
　　2.4.1 课件版面设置技巧 ……………………………………………………… 57
　　2.4.2 媒体对象使用技巧 ……………………………………………………… 61
　　2.4.3 放映方式设置技巧 ……………………………………………………… 67
　　2.4.4 综合应用举例 …………………………………………………………… 69

第 3 章　Flash 动画基础 …………………………………………………………… 75

3.1 Flash 8 工作环境简介 ………………………………………………………… 75
　　3.1.1 开始页 …………………………………………………………………… 75
　　3.1.2 工作窗口 ………………………………………………………………… 76
3.2 Flash 文档的基本操作 ………………………………………………………… 77
　　3.2.1 创建、存储文件 ………………………………………………………… 78
　　3.2.2 标尺、辅助线和网格 …………………………………………………… 79
3.3 绘制和填充图形 ……………………………………………………………… 80
　　3.3.1 矢量图和位图 …………………………………………………………… 80
　　3.3.2 Flash 的两种绘图模式 …………………………………………………… 81
　　3.3.3 绘图工具的使用 ………………………………………………………… 82
3.4 位图处理 ……………………………………………………………………… 93
　　3.4.1 导入位图 ………………………………………………………………… 93
　　3.4.2 位图区域的选取和裁剪 ………………………………………………… 94
3.5 编辑图形 ……………………………………………………………………… 95
　　3.5.1 移动、复制、粘贴和删除对象 ………………………………………… 95
　　3.5.2 自由变换对象 …………………………………………………………… 96
　　3.5.3 对齐对象 ………………………………………………………………… 97
　　3.5.4 组合和分解对象 ………………………………………………………… 100
3.6 文本的使用 …………………………………………………………………… 101
　　3.6.1 创建文本 ………………………………………………………………… 101
　　3.6.2 设置文本的属性 ………………………………………………………… 101
　　3.6.3 编辑文本 ………………………………………………………………… 102

第 4 章　Flash 动画制作 …………………………………………………………… 105

4.1 时间轴和帧 …………………………………………………………………… 105
　　4.1.1 Flash 动画原理 …………………………………………………………… 105
　　4.1.2 时间轴的概念和基本操作 ……………………………………………… 105
　　4.1.3 帧的概念 ………………………………………………………………… 106
　　4.1.4 帧的基本操作 …………………………………………………………… 107
　　4.1.5 绘图纸外观 ……………………………………………………………… 108
4.2 图层的基本操作 ……………………………………………………………… 109

  4.2.1 图层的作用和类型 ………………………………………………………………… 109
  4.2.2 图层的操作 …………………………………………………………………………… 109
 4.3 逐帧动画 ……………………………………………………………………………………… 111
  4.3.1 逐帧动画的概念与特点 ……………………………………………………………… 111
  4.3.2 逐帧动画的创建 ……………………………………………………………………… 111
 4.4 补间动画 ……………………………………………………………………………………… 113
  4.4.1 动作补间动画 ………………………………………………………………………… 113
  4.4.2 形状补间动画 ………………………………………………………………………… 120
 4.5 元件、实例和库 ……………………………………………………………………………… 126
  4.5.1 元件和实例概述 ……………………………………………………………………… 126
  4.5.2 元件和实例的创建 …………………………………………………………………… 126
  4.5.3 影片剪辑的创建 ……………………………………………………………………… 128
  4.5.4 创建按钮元件 ………………………………………………………………………… 130
  4.5.5 使用库 ………………………………………………………………………………… 133
 4.6 遮罩动画 ……………………………………………………………………………………… 134
  4.6.1 遮罩动画的概念 ……………………………………………………………………… 134
  4.6.2 遮罩层的使用 ………………………………………………………………………… 135
  4.6.3 遮罩层动画的创建 …………………………………………………………………… 136
 4.7 引导路径动画 ………………………………………………………………………………… 142
  4.7.1 引导层动画的概念 …………………………………………………………………… 142
  4.7.2 创建引导层动画 ……………………………………………………………………… 142
  4.7.3 引导层动画的参数设置 ……………………………………………………………… 143
  4.7.4 取消引导层动画 ……………………………………………………………………… 144
  4.7.5 引导层动画的创建实例 ……………………………………………………………… 144
 4.8 声音在 Flash 中的应用 ……………………………………………………………………… 148
  4.8.1 在影片帧导入声音 …………………………………………………………………… 148
  4.8.2 声音属性设置和编辑 ………………………………………………………………… 149
 4.9 动画的输出与发布 …………………………………………………………………………… 154
  4.9.1 测试 Flash 作品 ……………………………………………………………………… 154
  4.9.2 优化 Flash 作品 ……………………………………………………………………… 154
  4.9.3 导出 Flash 作品 ……………………………………………………………………… 155
  4.9.4 发布 Flash 作品 ……………………………………………………………………… 156
 4.10 综合实例——MTV 制作 …………………………………………………………………… 157

第 5 章 Authorware 基础课件制作方法 …………………………………………………………… 166
 5.1 Authorware 基础 ……………………………………………………………………………… 166
  5.1.1 Authorware 的功能与特点 …………………………………………………………… 166
  5.1.2 Authorware 的启动与退出 …………………………………………………………… 167
  5.1.3 Authorware 的工作界面 ……………………………………………………………… 169

5.1.4　Authorware 程序设计流程及示例 ……………………………… 174
　　5.1.5　程序调试与发布 ……………………………………………………… 177
5.2　设计图标与基础课件制作 ……………………………………………………… 179
　　5.2.1　"显示"图标及应用 …………………………………………………… 179
　　5.2.2　"等待"和"擦除"图标 ……………………………………………… 196
　　5.2.3　"群组"图标的使用 …………………………………………………… 202
　　5.2.4　"计算"图标与编程基础 ……………………………………………… 203
　　5.2.5　"移动"图标与动画制作 ……………………………………………… 210
　　5.2.6　"声音"图标与"数字电影"图标 …………………………………… 225

第 6 章　交互功能应用与课件结构设计 ………………………………………… 231
6.1　交互功能及应用 ………………………………………………………………… 231
　　6.1.1　"交互"图标及其属性设置 …………………………………………… 231
　　6.1.2　按钮交互 ………………………………………………………………… 236
　　6.1.3　热区域交互 ……………………………………………………………… 239
　　6.1.4　热对象交互 ……………………………………………………………… 241
　　6.1.5　目标区交互 ……………………………………………………………… 243
　　6.1.6　下拉菜单交互 …………………………………………………………… 246
　　6.1.7　文本输入交互 …………………………………………………………… 248
　　6.1.8　按键交互 ………………………………………………………………… 251
　　6.1.9　条件交互 ………………………………………………………………… 254
　　6.1.10　时间限制交互和重试限制交互 ……………………………………… 256
　　6.1.11　事件交互 ……………………………………………………………… 258
6.2　课件结构设计 …………………………………………………………………… 260
　　6.2.1　"决策"结构 …………………………………………………………… 260
　　6.2.2　"框架"结构 …………………………………………………………… 264

参考文献 …………………………………………………………………………………… 272

第1章　计算机辅助教学的原理与设计

1.1　计算机辅助教学概述

1.1.1　计算机辅助教学的基本概念

1. 计算机辅助教育

计算机辅助教育(Computer Based Education,简称 CBE)是计算机技术在教育领域中应用的统称,它主要讨论由于计算机在教育领域的深入应用导致的教学手段、教学方法、教材形式及课堂教学结构等教学理论和教育思想的变革与发展,以及由此产生的一系列相关的基本思想、理论观念和技术方法。

随着现代信息技术的发展,CBE 的概念也有了新的扩展,目前主要包括三个方面的内容:一是计算机直接用于支持教与学的各类应用,称为计算机辅助教学,即 Computer-Assisted Instruction,简称 CAI;二是计算机用于实现教学管理任务的各类应用,称为计算机管理教学,即 Computer Managed Instruction,简称 CMI;三是各类电子出版物、各种数字化的教学资料库和 Internet 上的丰富教学信息资源等计算机支持的学习资源,即 Computer-Supported Learning Resources,简称 CSLR。

2. 计算机辅助教学

计算机辅助教学(Computer-Assisted Instruction,CAI)是计算机科学、教育学、心理学、教学法等学科交差形成的一门综合性新兴学科,是在计算机辅助下进行的各种教学活动,以对话方式与学生讨论教学内容、安排教学进度、进行教学训练的方法与技术。

目前,CAI 已渗透到各门学科,给传统的教学模式、教学方法带来了巨大的变革,成为教育技术现代化的重要标志之一。CAI 为学生提供一个良好的个人化学习环境,综合应用多媒体、超文本、人工智能和知识库等计算机技术,克服传统教学方式上单一、片面的缺点。为教学新的生长点提供广阔的展示平台,使教学直观形象化、多元立体化。它的使用能有效地缩短学习时间、提高教学质量和教学效率,实现最优化的教学目标。

3. 媒体、多媒体、多媒体技术

媒体(Media)是指信息传输和表示的载体。它有两个含义:一是存储和传递信息的物理载体,如书、硬盘、光盘、磁带以及相关的播放设备等;二是信息的表现形式,如文字、图像、声音、动画等。

多媒体(Multimedia)是指在计算机系统中,组合两种或两种以上媒体的一种人机交互式信息交流和传播媒体。使用的媒体包括文字、图片、照片、声音、动画和影片,以及程式所提供的互动功能。

多媒体技术是指以计算机为核心,交互地综合处理文字、声音、图像、动画、视频等多种媒体信息的技术,具有集成性、实时性和交互性。它涉及计算机硬件、软件和图像处理、信号处理、人工智能、网络和通信等广泛的技术领域,是一门综合的高新技术,它是微电子技术、计算机技术、通信技术等相关学科综合发展的产物。

4. 多媒体计算机辅助教学

多媒体计算机辅助教学(Multimedia Computer Assisted Instruction,简称 MCAI)是指利用多媒体计算机,综合处理和控制符号、语言、文字、声音、图形、图像、影像等多种媒体信息,把多媒体的各个要素按教学要求进行有机组合并通过屏幕或投影机投影显示出来,同时按需要加上声音的配合,以及使用者与计算机之间的人机交互操作,完成教学或训练过程。

5. 教学软件、课件与多媒体课件

教学软件(Instruction Software)在概念上泛指各种能为教学目的服务的应用软件。教学软件可分为三类:第一类是与具体教学内容没有直接关系,但可用于教学目的的工具软件,如一些通用的文字处理软件,可称之为内容无关教学软件;第二类是与教学内容相关,但又不是针对具体教学内容的软件,如一些与课程教学内容相关的电子学习材料等,可称之为内容相关教学软件;第三类就是根据具体的教学内容开发的教学软件,其内容是具体的、特定的,因此称之为内容特定教学软件。

课件译自英文 Courseware,本意是课程软件,课件中必须包含具体学科的教学内容。按照上述教学软件分类方法,课件应属于内容特定的教学软件。也就是说,课件是针对具体学科的学习内容而开发设计的教学软件。

多媒体课件是指采用多媒体技术开发的课件。

1.1.2 计算机辅助教学的产生与发展

1. 计算机辅助教学的产生

与任何其他学科的产生一样,计算机辅助教学的产生和发展具有广泛的基础,主要包括物质基础、社会基础和理论基础 3 个方面。

计算机的诞生和发展奠定了计算机辅助教学产生的物质基础。自第一台计算机问世以来,其发展速度是惊人的,主要表现在数量增加得快,性能提高得快,而价格却不断降低,越来越好用。这为计算机的广泛应用提供了有利条件,计算机对教育发展的重要作用是多方面的,其中一个重要方面就是为教育的改革和发展提供新的方法和技术手段,为计算机辅助教学的产生和发展提供坚实的物质基础。

信息社会对教育改革的要求,构成了计算机辅助教学产生的社会基础。这些要求用传统的教育方法是很难实现的,这就促使人们借助于信息社会中发达的技术手段来满足这些要求。计算机辅助教学就是人们利用计算机技术解决教学中的诸多问题的成功探索。它的产生与发展反映了社会发展的一种必然趋势。

行为主义心理学程序教学理论的提出,为计算机辅助教学的产生提供了理论基础。计算机辅助教学思想的形成受到两个概念的影响:机器教学和程序教学。利用机器进行教学的概念是美国心理学家锡德尼·普莱西(Sidney Pressey)在 20 世纪 20 年代提出来的。他曾设计了一台自动教学机器,可以送出多个供学生选择的问题,并跟踪学生的回答。虽然,这在当时没有引起人们的重视,但是这台机器的出现是机器辅助教学思想的萌芽。20世纪50年代,美国教育心理学家斯金纳(B. F. Skinner)在此基础上提出了学习材料程序化的想法,后来就发展成为不用教学机器而只用程序教材的"程序教学"。作为存储和处理信息的计算机,是实现这些教学方法的一种理想工具。正是在这些理论的指导下,计算机成了教学的重要工具,从而产生了计算机辅助教学。

2. 计算机辅助教学的发展阶段

美国是进行计算机辅助教学研究和应用最早的国家,所以CAI的历史基本上是以美国CAI发展历史为主线。从技术上看,计算机辅助教育的发展大体经历了4个阶段。

形成阶段。这个阶段大约在1958年至1965年。这一时期的主要特点是以一些大学和计算机公司为中心,进行计算机教育应用的软件、硬件的开发研究工作,出现了一些有代表性的系统。最早开展计算机辅助教育研究的是美国的IBM公司。1958年,该公司利用一台IBM 650计算机连接一台电传打字机向小学生教授二进制算术,并能根据学生的要求产生练习题,这是世界上第一个计算机教学系统。

实用化阶段。这个阶段大约在1965年至1975年。这一时期的第一个特点是研究规模扩大,先期的研究成果大量投入应用;第二个特点是计算机辅助教育的应用范围不断扩大,并进一步趋向实用化。在这一时期,计算机教育应用的学科领域更加广泛。除了数学、物理等科目外,在医学、语言学、经济学、音乐以及弱智儿童教育、情报处理教育和军事训练教育等多种学科教育领域,均开展了计算机辅助教育的应用。

发展完善阶段。这个阶段大约是从1975年到20世纪80年代末。这一时期是计算机辅助教育快速发展并不断完善的时期,具有三个明显的特点:第一,大型的计算机辅助教学系统进一步完善;第二,微型计算机的出现,使计算机辅助教育的发展有了突破性的变化;第三,智能化计算机辅助教学的出现对计算机辅助教育的发展产生了重大影响。

成熟阶段。自20世纪90年代以来,计算机教育应用开始步入一个全新的阶段。计算机技术的高度发展和先进教育理论的兴起,使得计算机辅助教育开始真正成熟起来。这一时期计算机教育应用的显著特点是:多媒体化、网络化、智能化、虚拟化、合作化与标准化。特别是多媒体技术与网络技术的日益紧密结合,使得基于Internet的计算机教育应用迅速发展,在一定程度上代表了计算机辅助教育的发展趋势。

1.1.3 计算机辅助教学的特点

计算机辅助教学,尤其是多媒体计算机辅助教学具有如下特点。

1. 形象生动、启发学生思维,激发学生学习兴趣

计算机具有集成文本、图像、影像、声音及动画等多种信息的功能,组成图、文、声、像并茂的演播系统,实现多媒体组合的视、听、动结合教学方法,使学生脑、眼、耳、口、手并用,以全方位、多层次吸引学生,增加信息获取量,使课堂教学更为生动活泼,弥补传统教学在时间、空间等方面的不足,激发学生的思维和学习兴趣。同时又可作为常规教学的辅助手段指导学生自学或测验,进行求解习题、模拟实验等活动。

2. 交互性强,便于因材施教

学生有着丰富的心理活动,时刻处于成长变化中的个体。MCAI是通过学生与计算机之间双向通信的交互活动进行教学的。CAI的交互性使学生始终处于一种积极、主动的精神状态,不像被动受教时那么容易疲劳和受干扰,从而可以取得较好的教学效果。为学生在课堂上增加视、听、说的机会,还深入地触及到学生的更高层次的心理活动,即除感知外,还有如表象、记忆、思维和情绪等。根据学生个别差异,从实际出发,选择适当的教学设置,灵活安排进度。如通过直观形象的视觉刺激手段传递信息以满足视觉型学习群体的信息偏爱,通过交互性的课堂活动激发外向型学习群体的学习兴趣,利用计算机辅助手段发挥触觉型或操作型学习者在"做中学"的优势;并能根据学习者的要求选择教学内容、控制学习节奏、及时反馈教学信息,充分调动学生的学习积极性,缩短学习时间,从而达到因人而异、因材施教的目的。

3. 增大课堂信息量,提高学习效率

运用多媒体技术的存储功能,根据需要把一些图形、题目、分析或解答过程及所需板书、板画、作业等内容制成课件,预先存储在计算机中或 U 盘上,在教学中、课堂上适时地在学生面前再现、展示出来,节省课堂板书的时间,在相同的 45 分钟内,呈现更多的知识,清楚规范,图文并茂,开阔学生视野,扩大课堂信息容量,从而让学生在规定的时间内轻轻松松学到更多的知识。

利用计算机高速处理信息的特点,在课堂上快速、准确地进行作图,为课堂增加知识容量。通过计算机软件,教师对教学目标信息实现实时控制,逼真地模拟一些过程、现象和事件,极大地调动了学生的学习积极性;CAI 提供的多层次练习、问题求解等多种传授知识的方式,有利于培养学生的批判性思维和创造性思维能力,从而丰富教学手段,拓展师生交流的渠道,提高课堂教学效率。

4. 科学性强

CAI 中的教学软件是经过优秀学科教师与课件制作人员的共同努力编制而成的,并有严格的评测标准,因而可以避免因单名教师个人条件限制所带来的教学水平差异,保证了教学的科学性。

1.1.4　计算机辅助教学的应用原则

虽然计算机辅助教学在教学中的应用越来越普遍,然而,从实际情况来看,效果与人们的初衷有很大差距。有研究报告表明,在许多情况下,计算机在教学中的优势和潜力并没有得到充分发挥。因此,对使用计算机辅助教学应该有一个理性的认识,把握一定的原则。

1. 计算机技术与学科特点相结合的原则

每个学科都有其科学性和特点,如果计算机不能促进学生思考,仅仅是"课本搬家",由"照本宣科"变为"照屏宣科",它在学科教育中的意义也就不大了。实际上,现代化的教育理念、学科教学的经验能使计算机技术在教学中发挥出特殊的功能。计算机能更有效地启发学生更积极的思维活动,引导学生自己发现和探索。同时,计算机技术能把班级交流、小组讨论和"一对一"的个别化教学有机地结合起来,这时的计算机辅助教学就与传统的教学有了很大的不同。因此,只有根据学科特点,合理使用计算机技术,计算机在教学中才能真正显示出特有的优势,发挥更大的作用。

2. 教学手段为教学内容服务的原则

形式要为内容服务,计算机辅助教学手段也必须为教学内容服务。由于技术的限制和学科特点,对哪些科目内容适合于用多媒体进行教学要认真思考。比如,对于一些比较复杂的图形或较难画出的图形利用计算机作出来,很有优势。对于那些可用可不用的知识点或者根本就不适用的知识点生硬地使用计算机,效果反而会适得其反。应该根据教学内容来确定如何运用计算机,不是任何知识都要使用计算机,也不必一堂课从开始到结束都用计算机。

3. 计算机辅助教学手段与传统教学手段相结合的原则

在使用计算机辅助教学中,过分地依赖技术手段,对传统的教学手段一概排斥的做法是不可取的。教育需要技术,信息时代的教育需要计算机技术,但是任何先进的技术都不是万能的。计算机辅助教学手段与传统教学手段,不是非此即彼,而是优势互补的。比如,有时需要在计算机上演示,有时必须要板书。因为不同的教学手段有不同的特点,教师在选用时要扬长避短,互相补充,科学地结合使用,才能发挥各种教学手段的最大功效,收到事半功倍的效果。

4. 体现学生的主体性,注重培养学生创新意识的原则

计算机辅助教学是一种现代化的教育手段,是辅助教学,并非是主宰教学。如果在教学中过分依赖计算机,则会物极必反,学生只能是眼看耳听,而无动手操作和动脑思维的时间和空间,这就和注入式教学没有什么区别了,更谈不上培养学生的创新能力。在使用多媒体技术辅助教学时,应将教学内容涉及的事物、现象和过程展现出来,给学生创造问题情景,让学生在情景中主动发现问题,这样可以培养学生的观察、想象、发现和归纳能力。同时,要求学生把具体的情景与已有的认知结构联系起来,完成从感性认识到理性思维地转化。这样,学生可以对已有的认知结构中的错误观念进行改造,对已形成的认知结果进行调整、扩充和重新组合,真正使自己的主体作用得到充分发挥。

5. 教学媒体与所呈现内容相协调的原则

多媒体技术用于教学,一个重要的方面是借助现代教学媒体,向学生传递教学信息,师生进行交互反馈。媒体选取的指导思想是利用现代化教学手段,对教材某些内容进行模拟或等同、放大和缩小,变静为动,变抽象为直观,配以音色,最大程度地调动学生的各种感官,引起学生的兴趣,激发求知欲,从而强化从感性到理性的过程,提高教学效率。每种媒体应用于辅助教学,必有其利的一面,亦有其弊的一面,因此使用媒体应熟知媒体的性能,以及它在教学上所能解决问题的限度。这样,在运用教学媒体时才能得心应手,使之与呈现的内容协调一致,相得益彰。媒体的选取不宜过多过滥,如不要在课件中加入太多声音、动画和色彩,以免分散学生的注意力。同时,教师应该能熟练操作各种媒体。有的学生反映在使用计算机辅助教学后,注意力反而不能集中了,一个重要因素就是部分教师计算机水平不够高,导致课堂上操作失误或课件设计中出现错误,干扰了学生的注意力。

6. 重视情感交流的原则

目前,大量的计算机辅助教学的课件尽管具有一定的交互性,但不同程度上存在着按一个固定教学模式组织教学的现象。个别课件整节课全部由计算机展示,课堂上计算机代替教师,"人机对话"取代了"人际对话",师生之间不能进行有效的沟通,学生的思维和情感受到严重的压抑。教学过程是十分复杂细腻的过程,是学生的认知过程和构建知识的过程,更是师生情感交流的过程。学生是学习的主体,计算机是没有生命和情感的物体,所以谈不上与学生的情感交流。而教师可以根据学生在课堂上的表现,随时随地有针对性地与学生交流。因此,必须重视教师与学生的情感交流,只有这样才能激发学生的兴趣,做到认知与情感的统一,使计算机在课堂教学中真正起到辅助作用,确保学生的形象思维和抽象思维的同步发展。

总之,CAI 系统不是万能的,它不仅不能完全取代目前学校的全部教学活动,而且还存在一些不足。如 CAI 系统中的计算机等硬件设备的价格与软件开发成本都较高,因此在普及推广方面仍然存在一些困难;CAI 中教学的开展是通过事先编制的教学软件来实现的,对未估计到的情况处理能力不强,不利于培养学生的创造力;教学内容的表现受到一定限制,教学策略的实现不能像人类教师那样灵活;教学软件的编制有一定难度;在 CAI 的理论方面的研究还不理想等,这都将影响 CAI 的教学质量。因此,在教学中,要充分发挥 CAI 的优势,克服其不足带来的影响,更好地服务于教学。

1.2 计算机辅助教学的理论基础

计算机辅助教学的理论基础是学习理论。学习理论的流派很多,从其对计算机辅助教学的影响来说,行为主义的学习理论,认知主义的学习理论以及正在兴起的建构主义理论,为 CAI 的形成和发展奠定了坚实的理论基础。

1.2.1 学习理论与 CAI 设计

1. 行为主义学习理论与 CAI 设计

以行为主义学习理论作为理论基础,是计算机辅助教学的初级阶段。由于早期的 CAI 是由"程序教学"发展而来的,因此在计算机辅助教学发展的初期,其理论基础也就不可避免地要打上行为主义学习理论的深刻烙印。在 CAI 课件设计中,基于框面的、小步骤的分支式程序设计,多年来一直成为 CAI 课件开发的主要模式,并且沿用至今,这就是行为主义影响的明显例证。

2. 认知主义学习理论与 CAI 设计

以认知主义学习理论作为理论基础,是计算机辅助教学的发展阶段。经过二十多年的论战,心理学领域行为主义已逐渐退出历史舞台,认知心理学已开始占据统治地位,计算机教育应用的理论基础也顺理成章地由行为主义学习理论转向认知主义学习理论。在 CAI 课件设计中,人们开始注意学习者的内部心理过程,开始研究并强调学习者的心理特征与认知规律;不再把学习看作对外部刺激被动地做出适应性反应,而是把学习看作学习者根据自己的态度、需要、兴趣、爱好,利用自己原有的认知结构,对当前外部刺激所提供的信息主动做出的、有选择的信息加工过程。

3. 建构主义学习理论与 CAI 设计

以建构主义作为理论基础,是计算机辅助教学的成熟阶段。建构主义学习理论的基本观点认为,知识不是通过教师传授得到的,而是学习者在一定的情境即社会文化背景下,借助其他人(包括教师和学习伙伴)的帮助,利用必要的学习资料,通过建构意义的方式而获得的。建构主义学习理论强调以学生为中心,它不仅要求学生转变为信息加工的主体、知识意义的主动建构者,而且要求教师要由知识的传授者、灌输者转变为学生主动建构意义的帮助者、促进者。这就意味着教师应当在教学过程中彻底摒弃以教师为中心,把学生当做知识灌输对象的传统教学模式,而采用全新的教学模式、全新的教学方法和全新的教学设计思想,从而形成新一代的学习理论——建构主义学习理论。建构主义成为 CAI 的主要理论基础这个事实,标志着人们对 CAI 的认识已日益深化、全面且成熟。

根据建构主义学习理论,在进行教学设计时要遵循以下原则:

(1) 强调以学生为中心;
(2) 强调"情境"对意义建构的重要作用;
(3) 强调"协作学习"对意义建构的关键作用;
(4) 强调对学习环境(而非教学环境)的设计;

(5) 强调利用各种信息资源来支持"学"(而非"教");
(6) 强调学习过程的最终的目的是完成意义建构(而非完成教学目标)。

多媒体计算机技术和网络技术,可以作为建构主义学习环境下理想的认知工具。利用多媒体手段可以模拟真实的情境,学生在教学情境中能够更好地认识事物。

1.2.2 计算机辅助教学设计的基本模式

1. 操练与练习模式

这种模式是使学生通过反复练习,达到巩固知识和掌握某种技能的目的。这种模式的课件向学生提出一系列问题,要求学生回答,并由计算机分析应答情况,给予学生及时的反馈和强化。操练与练习的题目相当多,直到学生对该知识或技能的掌握达到某一标准时为止。另外,某些教学内容的题目(如小学数学四则运算,加、减、乘、除法应用题等)可由计算机按一定的算法自动生成。此种模式的计算机辅助教学,通常用于中小学生的数学、语文和外语等基本技能的训练和练习。该模式的优点有:①可以及时反馈相关的信息;②能够以多媒体方式有效地激励学生;③可以将学生的成绩及时加以保存。

2. 个别指导模式

此模式是模仿个别化讲授型教学,让计算机扮演授课教师的角色。它通过仔细安排的人机会话,使学生处于一种个别指导方式的教学环境中。这种模式的课件可以把教学过程分解成许多小的教学单元,每一单元进行一项最基本的教学活动,如举一个例子,叙述一个公式,提出一个问题等,最后达到一个基本目标。这些小的教学单元按照教学逻辑和教学策略有机组织成一系列有计划的教学活动,达成整个课件的教学目标。这种模式的CAI课件,在复杂程度上有很大差别,主要体现在适应学生个体学习特性的能力方面。优秀的个别指导模式课件,能够根据学生的学习历史,判断他的学习能力和当前知识水平,并运用某种教学策略,动态地控制学习,在学生应答后,分析其反应,给予适当的反馈、强化,学生出错时为其提供补习内容和方法。这种模式计算机辅助教学系统适合各种年龄层次的学生,是一种常用的有效模式。该模式的优点有:①学生参与程度高;②有利于个别化教学的开展;③教学效率高。

3. 模拟模式

模拟是指在控制状态下,对真实系统的环境与现象(如各种自然现象、社会现象、训练问题等)的模仿学习和操作。模拟模式也称教学模拟,它提供了一种新的实验方法和手段,可完成许多在学校条件下难以完成或常规实验手段难于实现的实验,如实验费用昂贵或实验中包含危险因素等。另外,教学模拟也用于演示那些难以观测的现象、过程或规律,用于对学生进行实验操作技能技巧的训练等。有些采用这种模式的CAI课件,允许学生自由操作计算机,在交互作用中探索、发现、学习科学知识。这对培养学生的科研能力、分析问题与解决问题的能力十分有利。模拟模式非常适用于中学的理科课堂教学和实验教学。该模式的优点有:①高效、安全;②低成本;③形象逼真,容易引起学生的兴趣。

4. 游戏模式

游戏模式也称为教学游戏,是指用计算机产生一种竞争性的学习环境,而游戏的内容和过程都与某种教学目标紧密相连,让学生熟练地使用一套规则,掌握某种技巧,通过竞争或合作游戏的形式达到掌握知识、训练技能的目的。游戏式课件把知识性、趣味性和教育性融为一体,从而激发学生的学习兴趣,起到"寓教于乐"的作用。例如,通过填字游戏帮助记忆单词,以赛车游戏来比赛做算术的速度,等等。游戏模式特别适用于学前儿童或小学生的学习。该模式的优点有：①寓教于乐；②参与性强；③竞争性强。

5. 问题求解模式

问题求解模式是以培养学生解决问题能力为主要目标的一种 CAI 方式，培养学生解题能力，也是许多学科的教学目标之一。目前，这种模式的应用大致有两类：一种是计算机提供求解某类问题的程序，让学生操作（例如学生输入要解的题目，计算机逐步显示问题的求解过程，提示学生输入必要的数据，最后输出结果。通过这一过程让学生掌握这类问题的求解方法），北京大学研制的"高等数学微积分系统"就是这种模式的计算机辅助教学软件。另一种是通过计算机呈现的问题情境，让学生自己来确定问题，提出假设和建立解决问题的方法，该模式的优点有：①有利于培养学生解决问题的能力；②参与性强。

1.3 计算机辅助教学的条件与形式

1.3.1 计算机辅助教学的条件

使用计算机辅助教学必须具备相应的条件，这些条件包括硬件条件、软件条件和具备较高素质的教师和学生。从硬件条件来说，主要包括多媒体计算机、投影机、投影幕布、多媒体教室、计算机网络设备、网络教室，其他相关设备如扫描仪、刻录机、数码相机、数码摄像机等。另外，由于多媒体课件的容量通常较大，可刻录光盘、闪存盘或移动硬盘正在成为计算机辅助教学的基本设备。从软件条件来说，主要包括系统软件、课件制作软件、工具软件、课件和其他教学资料等。

计算机辅助教学对教师提出了更高的要求。进行计算机辅助教学的教师不但要具备较高的学科知识和教学水平，而且要有较高的计算机水平和应用能力，能较熟练地使用计算机和相关的教学设备，对解决教学过程中出现的一般软、硬件问题，保证教学的顺利进行；并具有一定的收集、整理、加工和制作课件素材的能力，懂得课件的设计和制作的方法，能用常用的课件制作软件自己制作课件，并具有对课件和计算机辅助教学进行评价的能力。教师在计算机辅助教学中的作用尤为重要，因为教师往往既是课件的设计者和制作者，也是课件的使用者。有些课件虽然可由他人代为设计和制作，或者使用商品化的课件，但这些课件往往不能完全符合教学者的实际需要。即使这些课件能满足教学使用的需要，在使用过程中也会出现这样或那样的问题，需要使用者及时加以判断和调整以排除故障。因此教师计算机应用水平的高低和教师课件的设计和制作水平对计算机辅助教学有重要影响。

计算机辅助教学对学生也提出了更高的要求。一般来说，在进行"一人一机"以及用计算机进行探索性学习和自主性学习的时候，学生应具备基本的计算机基础知识和操作技能，懂得用计算机网络进行资料查找的方法。

1.3.2 计算机辅助教学的形式和基本设备（设施）

一般来说，根据计算机辅助教学形式的不同，计算机辅助教学的基本设备和设施的配置情况也不同。计算机辅助教学的基本形式主要有课堂演示型、以电子教室为基础的交互型、以 Internet 为基础的远程网络型，在教师指导下的学生综合运用计算机、课件和网络资源的探究-自主学习型等形式。

1. 课堂演示型

课堂演示型教学形式是计算机辅助教学技术与传统课堂教学相结合的产物,通过利用计算机作为演示工具来克服传统教学中存在的一些问题,起到用计算机辅助教学的目的。这种教学形式以教师在课堂上操作计算机来运行课件,通过投影屏幕向学生展示教学内容为特征。

教师利用计算机进行课堂演示教学的优势在于:一方面,多媒体计算机能展示文字、符号、图片、表现过程的影视和动画等多媒体的教学内容,引起学生的兴趣,调动学生多种感官共同参与学习,从而提高教学的效果;另一方面,计算机在展示不同教学内容的切换方面更加灵活方便,使教学环节的衔接更加紧密,从而能大大节约教学时间,提高教学的效率。在计算机辅助教学的演示型教学中,计算机辅助教学侧重于辅助教师的"教",教师事先将需要讲解的教学内容做成电子幻灯片或其他形式的课件,在教学过程中按事先设计好的顺序来演示,也可以根据课堂的实际情况调整演示的内容和顺序。

课堂演示型教学利用一套设备面向全班学生进行教学,资金投入较少,课件制作简单,教学过程较易控制,比传统的课堂教学方式和其他电教手段具有更大的优势,是不少学校和教师开展计算机辅助教学的首选教学形式。其实,严格来说,这种教学形式只是计算机辅助教学比较初级的形式,距离计算机辅助教学的实质内容还有很大的差距,因为计算机辅助教学强调的是交互性的教学,强调针对学生特点的个别化教学,而演示型教学面向全体学生,比较难以做到交互性和个别化教学。而且,由于教学信息量的加大,教学节奏的加快,教师比较关注计算机的操作和演示,与学生的交流和沟通较少,使得演示型教学更容易使人产生"满堂灌"的感觉,这是需要在进行演示型教学时力求避免的。由于教学条件的限制和多年来形成的教学指导思想、教学习惯的影响,在未来很长一段时间内,课堂演示型教学模式仍然是计算机辅助教学的主要形式,特别是在一些经济条件相对落后的地区。

多媒体(投影)教室由一台多媒体计算机、投影机、幕布和扩音系统等设备构成。计算机辅助教学用的计算机可以是台式的多媒体计算机,也可以是笔记本计算机。台式的多媒体计算机价格便宜,但可移动性不强,基本上只能固定在一个地点使用。笔记本计算机价格较贵,但可移动性较强,可以在不同的地点使用。无论是台式计算机还是笔记本计算机,采用市场上主流的多媒体计算机配置即可,但为了教学使用的方便,一般来说需要配置软盘驱动器和 DVD-ROM 光驱,还需要有 USB 接口等。

一种用于课堂演示教学的基本教学设施是多媒体(投影)教室,如图 1-1 所示。

计算机辅助教学用的投影机可以是悬挂式投影机,如图 1-2 所示,也可以是便携式投影机,如图 1-3 所示。悬挂式投影机一般固定在教室的天花板上,投影的位置固定,投影的幕布位置也是固定的,使用时投影的位置、焦距等一般不需要重新调节。便携式投影机适合于不同地点的使用,但使用时往往需要重新调节投影机的位置、焦距等参数。

投影幕布是与投影机配套使用的重要工具,其质量的好坏会直接影响到投影的效果。在没有投影幕布的情况下,也可投影到白色干净的墙面上。

在固定式的投影系统中,往往在教室的前端安装有操作控制用的控制台,在控制台上有电源按钮、视频、音频的输入接口,用来控制计算机和其他相关设备的连接、操作和显示。在一般情况下,控制台已和一台台式计算机相连,如果要连接其他外部视频和音频设备,则需要将这些设备通过视频、音频的输入接口,用相应的视频线和音频线相连。经常需要连接的外部设备是笔记本计算机,笔记本计算机一般有自带的音频线,但不提供视频线,需要在使用前准备好,否则无法使用笔记本计算机。

图 1-1　多媒体(投影)教室

图 1-2　悬挂式投影机　　　　　　　图 1-3　便携式投影机

2. 以电子教室为基础的交互型

以电子教室为基础的交互型教学是在多媒体计算机机房进行的一种教学形式,这时教师和学生每人有一台计算机(分为教师机和学生机),计算机之间通过局域网相连,教师机和学生机安装电子教室软件。电子教室既可以进行全体教学,也可以进行分组教学和讨论。教师可以对全体学生的学习情况进行监视遥控、对个别学生进行快速辅导。图 1-4 是一种电子教室——基于电子教室的教师端和学生端(广播教学)。

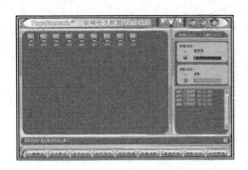 

图 1-4　多媒体电子教室——教师端与学生端

电子教室实现了利用计算机和网络进行交互性教学的目的,能让教师利用计算机、多媒体演示设备,通过网络互联,将多媒体教学的图形、视频、音频等信息反映到网络教室各个学生机上,而学生能对所学习内容及时地做出反应,并反馈给教师;学生机和学生机之间也能互相连接,使学生与学生之间组成临时性的学习小组共同讨论和交流,还可以进行视频点播(VOD),实现完全的交互式教学。

电子教室需要配置较多的计算机,计算机与计算机之间还需要通过 Hub 建立局域网连接,还需要安装特定的电子教室软件,因此,所需的资金投入较大,限制了它的推广使用。

3. 以 Internet 为基础的远程型

以 Internet 为基础的远程型网络教学,是建立在 Internet 信息基础设施上的教学形式。这种教学形式与电子教室的主要区别在于教师位于与学生较远的地点,教学信息以及与学生的交互交流需要通过远程网络来进行,因此,对网络的性能要求较高,一般需要通过宽带网络来进行,对课件的要求则要适合网络的传输。远程型网络教学突破了时间和空间的限制,使同一时间不同地点或者同一地点不同时间,或者不同时间不同地点的人能够共享教学资源,特别是优质的教学资源,并在相互之间进行双向的交流,极大地提高了教学的效益。

远程型网络教学,有实时远程网络教学和非实时的远程网络教学之分。实时远程网络教学是在同一时间不同地点之间进行的网络教学,是建立在能够提供视频会议、协同课件、电子白板等功能设施基础上的网络教学。实时远程网络教学提供一个与现实课堂教学效果相一致的虚拟教学环境,正如学生与教师直接面对面的课堂教学。

非实时的远程网络教学是将相应的教学资源(网络课件)发布在网上,供不同的学习者随时随地地浏览、下载和学习,并通过特定的网络交互手段与教学资源的提供者进行相互交流,这种交流往往是非实时的。这种网络教学的学生采用"自主学习"的模式,教师和学生处于分离状态。

4. 自主学习型

自主学习型教学形式是计算机辅助教学的高级形式,对教师和学生的要求都比较高。教师的任务主要是根据学生的特点制作相应的课件,学生的主要任务是在教师的指导下根据自身的特点自主选择相应的教学内容,也可以利用网络资源和其他电子出版物进行自学。

在自主学习型教学模式中,学生自主选择教学内容、教学进程,有利于学生主动性、积极性的发挥,也有利于学生创新能力的培养,但也容易在教学内容的选择上偏离教学目标的要求,在教学的进程控制中迷失航向,特别是利用网络资源进行的自主学习。这就要求教师对学生的自主学习提出明确的要求,并提供相应的选题,在课件的设计上充分考虑学生的认知规律和学习规律,在教学内容编排上力求系统性和完整性,在相关知识点的联系上要设计超级链接;在交互和导航设置上要有明确的提示,尽可能多地利用多种导航和交互手段,保证学生在使用课件学习时不迷失航向。

1.3.3 投影机的使用方法及注意事项

在多媒体教室中使用的投影机,一般都采用悬挂式安装,各种连线都已事先连接好,焦距及投影的大小也基本调节好,使用时只要打开电源开关即可。在打开投影机之前,通常要通过遥控器或控制开关先放下投影屏幕。有些屏幕的放下是与投影机的打开同步的,只要打开投影机,就会同时放下幕布。而打开投影机电源开关的方法一般是通过投影机的遥控器,或者按一下控制台上的投影机电源开关。打开电源开关后,投影机的电源指示灯点亮,经预热后镜头中射出一束很强的光柱投影到屏幕上,并逐渐增强,最后将要显示的画面显示在幕布上。投影机开机后,一般需要 10 s 以上的时间,投射画面才能够达到标准的光亮度。在投影机工作时,使用人员或观众不能向投影机镜头里面看,因为投影机的光源发出的光线很强,直接观看会损伤眼睛。

对于便携式投影机,在开机之前,投影机需要稳定地放置,并远离热源。开机前,连接好各个周边设备,检查接线无误后再加电开机。开机的方法是按下投影机操作面板上的电源按钮,等到闪烁的绿色信号灯停止闪烁时,开机完成。特别要注意开机过程不要误碰断电,开机后需要根据不同的使用环境对机器进行必要的调整。比如聚焦和变焦、进行图像定位;调整投影机的亮度、对比度和色彩;调整扫描频率以适应不同的信号源,消除不稳定的图像。

投影机使用完毕,需要关闭投影机。悬挂式的投影机通常需要通过遥控器或控制台上的按钮来实现关机;便携式的投影机需要按下电源按钮。关机时屏幕上通常会出现一个对话框提示"是否真的/确定要关机",确定请按什么,否定则请按什么退出。通常是让用户再按一下遥控器或控制台或投影机上的电源按钮就可以了。关机程序开始后投影机控制面板上的信号灯开始闪烁,等到投影机内部散热风扇完全停止转动、信号灯停止闪烁时,关机整个过程才算正式完成。

投影机在关机时,必须要冷却到位,不可以直接切断电源,否则机器容易损坏。特别是投影机的灯泡,在灯泡长时间使用的情况下,直接拔掉电源会严重影响投影机灯泡的使用寿命、灯泡爆裂甚至有可能炸灯。同样的道理,在投影机使用过程中,也要尽量避免掉电的情况出现。应避免频繁开关投影机,频繁开关投影机有可能直接损害到投影机的软、硬件。投影机开关机间隔时间最好为 30 分钟。

当投影机灯泡使用寿命到期时,投影机的亮度会明显下降,这时要更换灯泡。目前,灯泡的价格比较高,常见的数据投影机灯泡价格要几千元。

如果投影机发生故障或损坏,需要送到专门的维修中心,由专业人员进行检查修理。如果投影机在使用过程中出现自我保护现象,这时投影机电源无论是开是关,投影机都将处于关机状态,所有键都不起作用。这时投影机并没有坏,而是因自身过热,为避免损坏而产生的一种自我保护状态,过一段时间后(约 30 分钟)再开机工作,一切将恢复正常。

1.4 多媒体课件的设计与制作

课件是计算机辅助教学的软件基础。课件既是教学内容的载体,也是教学内容呈现方式、教学方法、教学手段乃至教学理念、教学思想的体现。课件的质量和水平直接关系到计算机辅助教学能否有效地进行,关系到计算机辅助教学的效果。

课件的设计和制作是一项复杂的创造性劳动,既要考虑到课件是一种计算机软件,要符合软件设计和制作的规范,并能适合于计算机辅助教学环境的需要,保证课件能够顺利地运行,更要考虑到课件是为教学服务的,要符合学科的科学性和教学性的要求,符合教学规律、学习规律的要求,还要考虑课件的艺术性,使课件具有整洁美观的界面、和谐一致的风格、生动活泼的形式,以提高计算机辅助教学的效果。

1.4.1 多媒体课件的设计原则

在设计多媒体CAI课件时,考虑到让学生能够很快地适应学习环境、熟悉操作,通过多种媒体信息刺激感官和大脑,快速进入积极主动的学习状态,获得良好的学习效果,设计友好的多媒体CAI课件界面就显得非常重要。我们在进行CAI课件界面的设计时应遵循以下基本原则。

1. 一致性

从整体而言,对于一个完整的CAI课件来说,应有一个统一的风格。即课件中各章节的风格应保持一致。风格可从色彩、构图、人机交互响应等方面来衡量。在统一风格的大前提下,可做适当的调整,以改变视觉效果。从局部而言,同样的界面控制元素应有相同的行为动作,如起同样作用的图标或具有同样图案的按钮应该产生相同的行为动作,如图1-5所示。

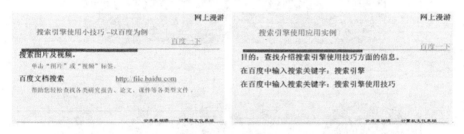

图1-5 一致性原则

2. 适应性

在进行CAI课件界面设计时,应注意界面的适应性。它包括对于不同的人的适应,即适应个别差异,尽量让不同的人均可获得他们所需的学习方式,以及对于不同认知风格的人提供不同的学习与操作方法。图1-6所示是适合小学低年级学生的课件,图1-7所示是适合大学生的课件。

图1-6 适合小学低年级学生的课件

3. 交互性

交互性也称跳转性,是指可从当前页任意跳转到想要学习的内容页上。这样可以减轻学习负担，节省时间，便于学习内容的浏览及知识要点的查询。如在界面设计时可设计一个目录按钮，把整个课件的章节标题以目录或超链接的形式展示出来，单击各个标题或超链接即进入不同的页面中去，可以随心所欲地进行各章节的学习，如图1-8所示。

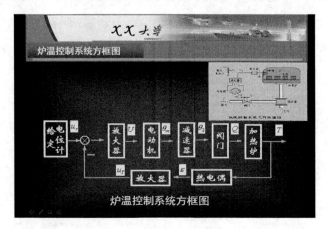

图1-7　适合大学生的课件

图1-8　交互性原则

4. 易学易用性

多媒体CAI课件的最终用户是教师或者学生，一个好的多媒体CAI课件除了要依据学习理论、教学理论和教学设计理论进行课件内容设计外，还应该能使人很容易地学会如何使用它。因此多媒体CAI课件界面设计应尽量简便，在使用方面应尽量符合常规的设计原则，交互响应应该科学、合理、符合人们的常规动作与思维形式，如图1-9所示。

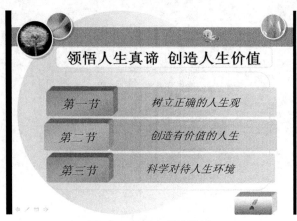

图1-9　使用方便的设计

1.4.2 多媒体课件的类型、开发模型与基本结构

1. 多媒体课件的类型

课件的类型可根据不同标准划分,如根据制作软件的不同,可分为 Powerpoint 课件(PPT 课件)、Authorware 课件、Flash 课件等;根据应用环境的不同,分为一般多媒体课件和网络多媒体课件;而根据计算机辅助教学的形态和教学功能来分,课件可分以下几种基本的类型。

(1) 演示型

在教学中使用比较多的一般是演示型课件,如图 1-10 所示。这种模式的课件应用于课堂教学中,在多媒体教室或多媒体网络环境下,由教师向全体学生播放多媒体教学软件,演示教学过程,创设教学情境或进行示范操作等,将抽象的教学内容用形象具体的形式表现出来。

(2) 练习型

练习型课件主要通过练习的形式来训练、强化学生某方面的知识或能力,如图 1-11 所示。这种模式的课件一般在多媒体网络教室的环境下使用,由学生自己进行操作答题,计算机会进行判断并给出题目答案。

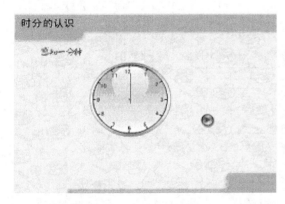
图 1-10 演示型课件

图 1-11 练习型课件

(3) 模拟型

模拟型课件也称仿真型课件,如图 1-12 所示,它使用计算机来模拟真实的自然现象或科学现象。该类课件主要提供学生与模型间某些参数的交互,从而模拟出事件的发展结果。其优点主要有高效、安全、低成本、形象逼真、容易引起学生的兴趣。

(4) 游戏型

游戏型课件也称娱乐型课件,与一般的游戏软件有很大不同,它主要基于学科的知识内容,寓教于乐,通过游戏形式,教会学生掌握学科的知识和能力,并激发学生的学习兴趣,如图 1-13 所示。这种课件要求趣味性较强。

2. 常用课件开发模型

课件开发是一项系统工程,软件工程中通常以流程图的形式来描述软件产品的设计与制作过程,称为软件开发模型。多媒体课件是内容特定的教学软件,它在内容选择、结构组织、控制策略、交互特性以及评价标准等诸多因素上又与其他类型的多媒体应用软件有所区别,因此课件开发模型应有其自身的特点。图 1-14 所示流程是一种常用的多媒体课件开发模型。

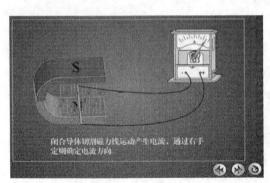
图 1-12 模拟型课件

图 1-13 游戏型课件

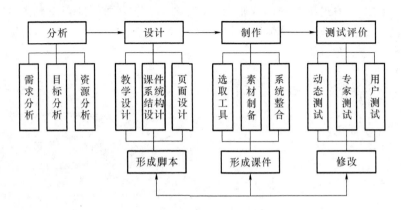
图 1-14 多媒体课件开发模型

3. 多媒体课件的基本结构

多媒体课件的系统结构实质上就是多媒体教学信息的组织与表现方式,即将教学内容的结构化与具体化。它定义了课件中各部分教学内容的相互关系及其发生联系的方式,反映了整个课件的框架结构和基本风格。

传统的教学内容的信息组织结构形式都是线性的,即信息是按单一的顺序编排的。比如一本书,各章各节按从前至后装订,读者也是一页一页从前往后读。然而人类的记忆是网状结构的,联想检索必然导致不同的认知路径,这种按线性结构组织的教材客观上就限制了人类自由联想能力的发挥。超文本技术采用的是一种类似于人类联想记忆结构的非线性网状结构的方式来组织信息,它提供的材料没有固定的顺序,也不要求读者按一定的顺序来提取信息,所以多媒体教学软件的信息结构越来越多地采用这种非线性的超文本方式。

结合课件的开发与使用的实际情况,可以将多媒体 CAI 课件中常用的内容组织结构方式归纳为如下 4 种。

① 线性结构:学生顺序地接受信息,从一帧到下一帧,是一个事先设置好的序列。

② 树状结构:学生沿着一个树状分支展开学习活动,该树状结构由教学内容的自然逻辑结构形成。

③ 网状结构:也就是超文本结构,学生在内容单元间自由航行,没有预置路径的约束。

④ 复合结构:学生可以在一定范围内自由地航行,但同时受主流信息的线性引导和分层逻辑组织的影响。

图 1-15 给出了多媒体 CAI 中经常采用的 4 种主要组织结构的示意图。

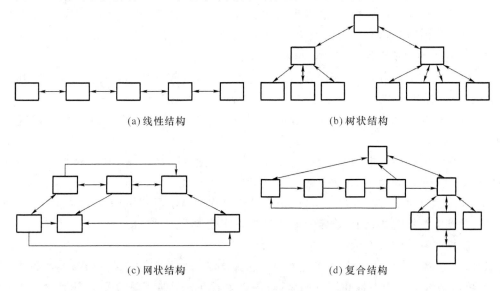

图 1-15　多媒体 CAI 中常见内容组织结构

1.4.3　多媒体课件的系统分析

设计多媒体课件的目的就是为了发挥多媒体计算机在信息存储、处理、呈现以及人机交互方面的显著优势,利用诸多蕴涵其中的教学特长和潜力,为教学服务,以实现最优化的教学效果。为了最大限度地实现这种最优化的目标,在进行课件开发时,首先要对整个课件开发项目进行科学的系统分析,以保证开发工作的有效性。

系统分析的内容主要是需求分析、内容分析和资源分析。

课件需求分析的实质,就是看该课件是否符合学生学习的需求,也就是说,需求分析就是分析课件开发的必要性。

内容分析包含两方面的含义:一方面是"教什么",用来确定教学的范围和深度;另一方面是"怎么教",用来确定如何把教学中的知识内容传递给学生,教学中应该采用何种策略。

资源分析实质上就是要考虑资源条件是否具备,资源条件可以分为人力、物力和财力 3 个方面,资源分析的目的是为了确定开发课件的客观可行性。

1.4.4　多媒体课件的整体设计

课件的设计是在系统分析的基础上,对课件的整体进行设计,确定课件开发的一套具体的方案、策略和技术方法,是用来指导课件开发的一套具体规划的确定,是课件开发的具体蓝本的制定。课件开发中的设计工作可以分为教学设计、系统结构设计和页面设计 3 个环节,并最终形成课件制作脚本。

1. 多媒体课件的教学设计

教学设计是以传播理论、学习理论和教学理论为基础,运用系统方法分析教学问题,确定教学目标,分析学生特征、从而找出最佳解决方案的一种理论和方法的过程。教学设计主要完成以下任务。

① 按照教学内容的要求,制定出教学目标。

② 对学生特性进行分析,明确学生对教学内容的了解情况及学生学习新知识的能力。

③ 将教学内容分解为若干知识单元,再将知识单元分解为许多知识点,按照教学结果分类法,分析这些知识点属于哪一类学习结果(或教学目标)。

④ 确定各个知识点之间、知识点与知识单元之间以及知识单元之间的关联关系和连接方式,这些不同的联系方式形成了不同的教学内容结构。

⑤ 确定学习的评价方式,如采用提问形式对学生进行测试,了解学生对学习内容的理解程度和掌握情况。

⑥ 对教学内容结构中的各信息单元(知识点),根据目标分析的结果,选择合适的媒体信息,施以不同的教学事件,从而构成不同的教学过程结构。

⑦ 预测学生对学习过程的反应,确定在教学过程中对学习的指导方法。

⑧ 在以上工作的基础上,确定要采用的多媒体教学模式,形成完整的教学设计方案。

2. 多媒体课件的结构设计

根据教学设计的结果来设计和规划课件的整体结构,是多媒体课件结构设计的主要任务。它要解决内容结构中各知识点的呈现、各个知识点之间的呈现顺序、知识点之间关联关系的建立,以及教学过程结构的控制等方面的问题。

常用的多媒体课件,通常都包含以下 6 个基本的组成部分。

① 封面。

② 引导部分。

③ 知识内容结构(各知识单元以及构成每个知识单元的各个知识点)。

④ 跳转关系结构(各知识单元之间、知识点与知识单元之间以及知识点之间等的跳转关系)。

⑤ 导航策略。

⑥ 交互界面。

其中封面、引导部分、知识内容结构以及跳转关系结构 4 部分联系在一起,便可形成多媒体教学软件的系统结构。在一些用于课堂教学的课件中,有些部分并非一定出现。根据多媒体课件的教学过程和基本组成的要求,在设计多媒体课件的系统结构时,可以按以下步骤进行:

(1) 设计封面和引导部分

多媒体课件的封面类似于一本书的封面,主要用于标明课件的标题,引起学习者的注意。封面要形象生动,标题要简炼准确,能引起学生兴趣,并能自动(或触动)进入引导部分。

多媒体课件的引导部分可以用来阐明教学目标与要求、介绍课件使用的方法以及呈现课件的基本结构,帮助学习者进一步明确主题内容。

(2) 设计课件的总体框架

课件的总体框架反映了课件的主体结构和主要功能。框架结构最常用的一种设计方法就是功能菜单的设计,也就是确定课件的主菜单、相关子菜单的组成和功能,以及所采用菜单的表现形式。

菜单的组成结构体现了课件的主要框架及其对应的教学功能,菜单的名称和表现形式则反映了相关的教学内容和教学过程。菜单的表现形式是多种多样的,如下拉式文字菜单、按钮菜单及图形菜单等。

(3) 根据知识点和知识单元进行功能模块设计

这一过程就是对根据教学设计划分的若干知识单元,以及每个单元所包含的知识点进行相应的教学功能模块的设计。比如在进行概念教学时,采用什么形式完成大量的实例的引入,怎样对引入的例子进行比较、分类并得出它们的共同属性,采用什么方法得出概念并进行正确表述,如何将概念应用到实际问题中去等。

(4) 设计各种跳转关系

在教学设计过程中已经确定各知识单元之间、知识点与知识单元之间以及知识点之间等各种跳转关系,这里就是根据这些跳转关系设计确定屏幕元素之间的跳转关系的控制,即屏幕内各要素的跳转控制。这种跳转不会引起屏幕整框的翻转,只是屏幕内部某个要素的改变;屏幕与屏幕之间的跳转控制,这种跳转将使当前所在的屏幕翻转到另一个屏幕;屏幕向主菜单或子菜单的返回控制,这种控制可使学习者随时回到学习的某一起点,选择新的学习路径;屏幕向结束的跳转控制,这种控制使得课件在运行过程中能随时结束并退出,更能方便使用。跳转关系的设计确定了课件的某种导航策略。

(5) 设计屏幕的风格与基本组成

根据不同的知识单元,设计相应的屏幕类型,使相同的知识单元具有相对稳定的屏幕风格,并考虑每类屏幕的基本组成要素。

3. 多媒体课件的页面设计

无论一个多媒体课件的系统结构如何,这种组织结构必须通过一个个具体的计算机界面来实现。这些具体的计算机界面称为课件页面。从运行的角度来讲,一个课件就是一串串页面的集合,因此要完成对一个课件的设计,必须对一个个具体的页面进行设计。实际上,课件系统结构的设计是课件的总体设计,而页面设计则是课件的详细设计。页面中的主要内容分为教学信息呈现和教学过程控制两大类,从技术实现上来看,这两部分内容由信息呈现界面和人机交互界面完成。有的教学页面以教学信息呈现为主,有的以过程控制为主,而大部分情况下两类内容会出现在同一个页面上。

(1) 多媒体课件教学信息呈现界面的设计

教学信息呈现界面中通常要包含大量的教学信息,可能是一个或多个教学信息结点,通过一系列的教学信息呈现界面可以组成课件中对某一知识点的教学过程并实现相关的教学策略。几个不同系列的教学信息呈现界面,可以在教学内容中各知识点之间逻辑关系的基础上建立相关的联系。因此,教学信息呈现界面的设计不单纯是一个计算机界面的独立设计,而是在依据教学设计和系统结构设计对课件整体结构进行构思的基础上,设计每一个教学信息呈现界面的具体内容以及界面之间的关系。

信息呈现界面的设计主要指屏幕对象的布局设计,以及一些特殊的文字、动画效果和色彩的使用等。

合理地安排屏幕对象的位置,是各种界面设计的第一步。在进行屏幕布局设计时一般应注意下面的问题:屏幕布局要有平衡感,屏幕上的对象应力求上下左右达到平衡,数据尽量不要堆挤在某一处,以免产生局促感和杂乱感;屏幕上的信息要简繁适当,去除累赘的文字及图画,力求以最少的数据显示最多的信息;对象显示的顺序应根据需要排列,不需要先见到的对象就暂时不要显示出来,力求每一次让用户做的动作尽量少,以减轻用户的认知负担;画面应对称,显示的控制按钮或窗口等应依重要性排列。

在多媒体课件中使用文字,最基本也是最重要的原则就是精确、简洁和富有感染力。

可以利用计算机的特性来提示教学信息的重要性或传递重要信息,例如,文字的字体、字型、样式和颜色,以及闪烁与变色、音乐与语音、图形与动画。但是,特殊效果的使用必须符合教学设计的要求,信息呈现和变化的速度等因素要符合学习者的自然视觉习惯。

色彩在屏幕设计中除了可以逼真地反映客观世界,增添屏幕的吸引力,激起用户的兴趣之外,还有其他重要作用。它可以作为组织屏幕信息、形成良好屏幕格式的手段。屏幕设计不可过分依赖色彩,不当的色彩应用,其结果不如干脆不用。要避免一个画面中同时使用太多的颜色,一般以 4、5 种为限,同时要注意色彩的协调性。

(2) 多媒体课件操作控制交互界面的设计

操作控制交互界面是以课件的主体结构控制、分支结构跳转和系统导航策略为主要功能的计算机界面。这些功能的实现主要是通过人机交互过程来完成的,当然其中也伴随着各种信息的不同呈现方式。

一个课件一般都要包含主控操作界面。主控操作界面的风格可以多姿多彩,操作方式可以多种多样,但主控操作界面必须能够鲜明地体现一个多媒体课件的主体结构和主要功能,成为多媒体课件教学内容与课件功能的系统导航,用户可以迅速把握课件的总体结构,方便快捷地使用和操作课件。在主控操作界面下还要包含许多用于分支跳转的操作控制界面,用其实现教学内容中不同知识点之间的联系。同时,一个多媒体课件中还可以有用于询问、回答及练习等的操作控制界面。

操作控制交互界面的设计主要是交互功能的设计,交互操作主要包括窗口、菜单、图标、按钮、热键、热区、热对象以及超文本、文本输入操作等多种方式。经过精心设计,合理搭配,可以设计出结构合理、风格迥异的交互界面。

交互界面是人和计算机进行信息交换的通道,用户通过交互界面向计算机输入信息进行询问、操纵和控制,计算机通过交互界面向用户提供信息以供阅读、分析和判断。多媒体课件的交互界面设计因其教学活动的特殊性而比一般的多媒体软件更为复杂,要求更高,不仅要使用便捷,更要能通过多种媒体信息刺激学习者的感官和大脑,通过人机对话引导学习者的思维向纵深发展,使其在良好的心理状态下进行积极主动的学习。下面是进行多媒体课件交互界面设计时应遵循的一些基本原则:

一致性。即同样的界面对象应有同样的行为,比如在应用软件的菜单条中会有许多选项,这些选项会同时出现在不同的软件中,对这些共同项目的格式和功能都应力求一致。

清晰性。多媒体课件的各种提示信息应力求简单,而且直接以用户日常所使用的语言来表示。按钮、对话框等界面对象也应尽量标识清楚。

敏捷性。以最直接、最快速的方式,让使用者了解他的指令已经被接收并正在执行。在课件的实际使用中,系统在进行某些环节的程序调用等操作时,使用者往往需要等待一定的时间,这时一般应予以提示说明。

容错性。在课件使用过程中,某些原因可能引起课件的一些非预期的操作。因此,课件系统应具备足够的能力来避免用户产生错误输入和不当的操作,而一旦错误发生,也应能为用户提供补救的机会和复原的方法,并确保不能让这些预料之外的反应对系统数据造成破坏。

易学易用性。一个容易学习和容易使用的软件,才可能是一个好软件。否则,无论你采用的技术多先进,设计的功能多齐全,但是用户对它望而生畏,这个软件就没有生命力。

4. 多媒体课件的脚本系统

在课件开发过程中脚本的地位非常重要,它是在教学设计基础上,描述计算机与学生交互方案设计的详细报告,是课件制作的直接依据。课件设计、课件制作和课件使用是通过脚本连接在一起的,课件脚本对于保证课件质量,提高课件开发效率具有积极的作用。

课件的脚本包括文字稿本和制作脚本两种。

(1) 文字稿本

文字稿本应由项目负责人和内容专家(有经验的学科教师)联合编写,它将是此后各步工作的主要基础。文字稿本是按照软件教学设计的要求进行描述的一种形式,即"教什么"、"怎样教"、"学什么"、"怎样学"等内容的文字描述。文字稿本的编写包括教学目标的分析,教学内容和知识点的确定与分类,学生特征的分析,学习模式选择,学习环境与情境创设、教学策略的制定以及媒体的选择等。文字稿本是按照教学过程的先后顺序,描述每一环节的教学内容及其呈现方式的一种形式,通常包括稿本说明和一系列的稿本卡片等内容。

稿本说明主要用于对课件设计、课件制作和课件使用中的各种考虑、各种策略和注意事项进行说明,为课件的制作、使用提供指导性的原则和方法,也为改写制作脚本提供依据。

卡片式稿本是一种被广泛使用的文字稿本形式。在这种形式下,稿本卡片是稿本的基本单元,编写稿本就是制作稿本卡片。

文字稿本以卡片为单位进行编写,之后计算机专业人员可以以卡片为基础将其改编为制作脚本。每一张卡片对应一帧画面。根据教学内容的先后顺序综合起来对卡片进行排序,形成一定的系统。

文字稿本卡片一般包括序号、内容、媒体类型及呈现方式等内容,如果是练习或测试,则卡片内容应是序号、题目内容(包括提问和答案)以及反馈信息等,其基本格式如图1-16所示。

序号	内容	媒体类型	呈现方式	序号	题目内容	反馈信息

图1-16 卡片式文字稿本格式

(2) 制作脚本

制作脚本则是在文字稿本的基础上,按照软件系统设计的要求进行描述,即将文字稿本改编成适于计算机实现的形式,完成课件交互式界面和媒体表现方式的设计。它告诉课件制作者如何去制作课件,给出具体的制作要求,包括界面的元素和布局、画面的显示时间及切换方式、人机交互方式、色彩的配置、文字信息的呈现、音乐和音响效果和解说词的合成、动画和视频的要求,以及各个知识点之间的链接关系等。课件制作脚本的编写包括软件系统结构的说明,主要模块的分析,软件的屏幕设计,链接关系的描述等内容。

关于制作脚本的具体写作格式,没有一定之规,但是它一定要能够清楚直观地将屏幕外观设计、各元素的内部链接关系和人机交互机制这3项内容表达出来。

与文字稿本相对应,制作脚本也常采用卡片形式。制作脚本的填写,既要简洁清晰,又要表示明确,才能充分发挥制作脚本在课件制作过程中的桥梁作用。图 1-17 给出了一个脚本卡片样例供参考。

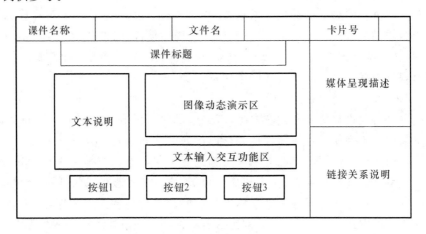

图 1-17　制作脚本卡片填写样例

1.4.5　多媒体课件的编辑与制作

在系统设计和编写制作脚本的工作完成之后,就可以着手进行多媒体课件的制作工作。

由于多媒体课件中包含大量的文本、图像、动画、声音和视频图像等多媒体信息,这些材料大都需要先通过多媒体素材创作软件制作成多媒体素材,然后再利用多媒体编辑系统软件进行编辑整合,最终形成课件。

多媒体课件的制作过程一般有工具选取,素材准备以及编辑整合几个步骤。

1. 多媒体创作工具软件

多媒体创作工具软件是指运行于多媒体操作系统中用于获取、制作、编辑以及处理多媒体素材数据,编制、演播多媒体应用软件的一系列程序,主要包括多媒体素材创作工具软件、多媒体编辑系统软件等。

多媒体素材创作软件是指在多媒体计算机中采集、加工和编辑各种多媒体数据的软件,如声音录制和编辑软件、图像扫描软件、图像处理软件、视频采集和编辑软件、动画生成和编辑软件等。

多媒体编辑系统,也称多媒体著作系统,是在多媒体操作系统之上开发的用于组织、编辑、管理、处理文字、图形、音频及视频等多媒体数据,并把它们连接成完整的多媒体节目的综合软件系统。它是多种软件开发工具的有机融合,可支持不同的硬件设备和多种文件格式,它利用交互设计的用户界面对多媒体课件中的文字、图形、音频及视频等元素进行统一组织、编辑、管理和处理,并进一步提供各种元素显示的顺序及一个导航结构。因此,多媒体写作工具为设计者提供了一个将不同内容与各种功能结合在一起,形成一个结构完整的课件的集成化环境。

根据多媒体数据的组织和排列方式,著作系统软件大体可分为卡式或页式工具、基于图符或事件驱动的工具和基于时间线的工具 3 类。每个多媒体课件都有其自身的结构和目的,具有不同的特点和功能,这些决定了所选工具的形式。

2．素材准备

多媒体课件中主要有文本、图形、图像、动画、音频，以及视频等媒体形式。多媒体数据资源的来源非常广泛，不同类型的数据，采集的方法也不相同。

由于 Internet 的普及，首先考虑到的就是从网络上得到与自己制作有关的素材，好的素材可以使课件外形美观、生动、形象甚至达到事半功倍的效果。

当然课件中大部分的素材是比较有针对性和专业化的，此时就需要自己来制作所需的素材。

（1）文本素材

文本是多媒体课件中使用最为广泛的素材。可以制作文本素材的工具软件非常多，文本数据可以在各种文字处理软件里加工制作，也可以在制作图形的软件里或是在多媒体著作系统中与其他素材一起完成。通常，出现于标题、按钮及提示行中的文字和其他简短的文本，都在著作系统中完成，程序编译后，它们就和主程序打包在一起，而那些大块的文字，则需要借助文字处理软件单独制作一个文本文件，主程序通过某种方式来使用它们。把大量的文本素材存放于程序外部更有利于编辑、修改和更换。

可供选择的文字处理软件有很多，如常用的 Word 和 Windows 的写字板等，用户可以根据自己的爱好选择。在利用这些文字处理软件制作文本时，要注意文本文件的格式，要考虑这些软件生成的格式能否被随后采用的著作系统所支持。以常用的多媒体著作系统 Authorware 为例，它所支持的文本文件就只有 TXT 和 RTF 格式。

（2）图形、图像素材

图形是指那些简单的几何图形，一般是矢量图文件。图像素材一般是位图文件，存储图中的每一个像素的强度和颜色，因而可以表现具有大量细节且色彩和层次比较丰富的教学信息。

图形制作工具也很多，而且很多多媒体集成工具软件本身也具有图形制作的功能，可随时在程序内修改其大小、形状、颜色、位置和透明性等属性，甚至可以作为交互手段，实时控制图形形状的改变，这是这类工具软件的优势。

课件中的图像素材采集的方法除了直接使用现有图片文件外，还可以使用专门软件进行制作，使用数码相机、屏幕捕捉图像和视频截取图像等方法获得，并通过软件进行相应处理。当前，常用的图形、图像处理工具软件有 Photoshop、Paintshop、Painter、Coreldraw、Freehand 等。其中 Painter、Coreldraw、Freehand 等主要用于图形的绘制，Photoshop、Paintshop 等主要用于图像、照片的处理。

（3）声音素材

声音素材分为配音素材、音乐素材和音效素材。声音是多媒体的一个重要特征。在文字或动画演示的同时加上配音，可以加深学习者的印象，便于理解和掌握。给一些动作或操作配上音效，可以在一定程度上延长学习者注意力集中的时间。给教学课件配上音乐，可以调节气氛，增加好的感受，提高学习效率。声音素材的采集方法有：引用现有的声音文件、利用多媒体录音设备录制和从 CD 盘中采集声音等。

比较有代表性的音频编辑工具软件是 Cool Edit，可以进行音频信号的采集、剪切、编辑、过滤、合成、特技以及调整音调和音色等。

（4）动画素材

动画素材是一系列连续播放的画面素材，基本格式有 FLI、FLC、GIF、SWF 等。在教学课件中加入动画，可以演示那些在课堂上无法演示的实验和其他一些过程，解释科学现象，说明科学原理。利用动画制作的特技效果，可以有效地吸引学生的注意力，有利于启发学生的思维。

此外，动画还有交互功能，可以实时控制它的运行，展示一些规律性的东西。

多媒体课件中用到的动画有二维和三维动画两类。二维动画的制作可以使用专门的动画制作软件，也可以使用某些多媒体著作系统中提供的动画制作功能。三维动画的制作一般都要借助于专门的动画制作工具。

常用的动画制作工具软件有：3DSmax、Maya、Softimage、Bryce 3D、Cool 3D、Painter、Morph、Animator、Flash 和点睛等。其中 3DSmax、Maya、Softimage 等主要用于三维仿真动画与动画文件的制作；Bryce 3D 是环境动画软件，如制作高山、大海、天空、飘荡的云、浮动的雾及流动的水等；Cool 3D 主要用于三维立体文字的制作；Animator、Flash 和点睛主要用于二维图形与动画的制作；Painter 是平面绘画及平面卡通动画软件；Morph 是变形软件，可以对固定画面和活动图形进行平面变形。

（5）视频素材

视频素材是一种既有声音又有活动画面的素材，一般是真实事物的实录。许多多媒体集成工具软件都可以支持视频素材的播放。因此，视频素材经常用于真实情境的展示、真实事物的介绍，可以使学生犹如身临其境，增加真实感，认识更多的事物。一般在计算机中所使用的是数字化处理的视频信息。

常用的视频素材是 AVI 格式或 MPG 格式的视频文件。其中，AVI 是微软公司开发的一种影视格式——Microsoft Video for Windows。MPG 格式的影像文件就是按照流行的 MPEG1 标准压缩的，即通常的 VCD 格式。视频素材通常是用摄像机实录后输入到计算机上经过编辑后获得的，现在也可以采用数码摄像机直接得到数字化的视频素材。常用的视频处理工具软件有：Premiere、After Effects、Combution 及各种非线性编辑系统工具软件。

3. 编辑整合

整合就是根据课件制作脚本的要求，将用于呈现课件内容的各种素材，按照一定的原则、结构方式组合起来，使课件内容呈现稳定、连续和平滑，符合学习规律，并最终生成课件的过程。利用多媒体著作系统整合素材过程中，要充分遵循学习理论、教育学原理及心理学原理，考虑学习者的学习风格、认知水平和接受能力，使得学习内容的呈现达到最佳效果。

倘若说 CAI 是充分体现科学与艺术相结合的学科，那么素材整合就是体现艺术加工的过程。

素材整合的优劣直接影响 CAI 课件质量的好坏。素材整合不是媒体的简单罗列或相加，而是要根据学习内容、教学目标，充分调动各种手段，发挥各种不同特性，探索最恰当的表现方式和方法，形成一种能充分表现课件内容并具有一定美感的整体效果，能多角度刺激感官，使学习者产生愉悦感，以激发学习动机，维持学习兴趣，达到最佳学习效果。

根据媒体的呈现特性，可跨越媒体类型将其分为空间的、时序的、语义的和过程的几种组合方式。

（1）空间组合

呈现在显示屏幕上的媒体对象是通过设置空间位置和区域被组织起来的，如在一个画面上，文本和图片或图像的相对位置的设置。一般地，空间组合产生一种体系结构。例如，体现一个具体特征的图片或是记录某一过程的视频或是模拟某一发展过程的动画，与作为说明、总结概括的文本结合在一起,那么该文本就同与之相联系的图片、视频和动画共同完成概念、规则、原理以及理解过程方面的教学目标。

(2) 时序组合

将媒体元素在时间序列上进行排列。这些媒体元素包括音频、视频和动画序列,以及一些非时序媒体,但它们在时间序列上可以延伸。时间合成需要计算各构成元素的相互关系,这种关系可以是自然形成的(如现场录制的音频和视频图像),也可以是合成的。最常见的是视频和音频材料的同时回放,使看到的与听到的相一致。时序组合的实质是在时间线上的多通道聚集。

(3) 语义组合

空间和时序组合产生的信息呈现结构更加注重形式,比较而言,语义组合更直接地与内容相关,例如数学定理与数学家的故事和图片等相关内容的组合。也就是说,语义上的相关性是各种媒体组合在一起的线索。语义组合消除了传统教学中存在的学科间、知识点之间相互隔离的现象。

(4) 过程组合

在过程组合中,各媒体对象通过高级语言的命令被"粘"在一起。命令包括控制结构命令和用于构造原始媒体对象的命令,可以处理与用户的交互作用,并控制呈现。

1.4.6 多媒体课件的测试与评价

作为大型的课件开发项目,对正在制作中的或是已经制作完成的课件进行反复调试和修改是必不可少的。对于教师自己制作的课件,在正式应用于教学之前,也必须进行必要的测试和评价。

1. 课件的调试修改

多媒体课件是面向用户的最终产品,无论在正式使用之前,还是正式使用之后,用户对它的要求会随着时间的推移和环境的变化而不断改变。另外,在编辑过程中,开发人员和最终用户对产品的理解上也存在一定偏差,这就要求开发人员经常修改调试,以适应各方面的需求。

动态调试技术包括跟踪调试和运行调试。

(1) 跟踪调试

跟踪调试是在课件的编制过程中随时进行的。系统编辑过程中,开发人员可以运行系统,并设置断点,跟踪系统的运行状态;也可以逐段运行,观察系统编辑后的效果,并可随时中断系统运行,返回编辑状态。

(2) 运行测试

在较为正式的开发过程中,在课件基本完成后,通常要通过 α 测试和 β 测试两级测试。α 测试是典型的内部循环测试,测试者一般为选好的模拟用户,测试的目的是排除软件中较为明显的错误与缺陷,尤其是技术方面的缺陷。通过 β 测试后的软件是该产品的最初级版本,β 测试的测试范围要广泛得多,测试者应该是实际的用户。

(3) 修改完善

测试中若发现课件的设计或技术方面存在问题,要及时修改。修改工作可能涉及教学设计,软件系统设计,课件稿本编写,素材制作,课件合成步骤中的一步、多步或者全部。

教育工作者结合自己的教学实际开发的多媒体课件,在初步完成后,也应该经同行、学生进行一定的测试,然后再使用,并在使用过程中不断完善。

2. 多媒体课件的评价

对多媒体课件的评价过程就是衡量和估计这个课件对于学生的教育价值,判断它的实际应用效果,按照对该课件的总体价值的判断来估计、评定课件的等级,并提出改进建议的过程。

课件评价一般分为两类。第一类是形成性评价,就是在开发过程中收集方方面面的有效数据,作出分析判断,向课件开发者提供反馈信息,帮助他们改进和完善开发工作,以获得价值较高的课件。第二类是总结性评价,就是在课件开发过程结束后,通过课件之间的比较,或者课件与某种标准的比较,对课件的价值作出判断、划分等级。

常用的课件评价方法有如下三种。

第一,指标体系法。采用指标体系对课件进行评价,是各种评价活动中使用最多的方法。使用这种方法必须有一套科学完善的评价指标体系,许多教育行政部门、学术团体以及软件出版者都规定了自己的评价指标,以判断课件的价值。

第二,专家分析法。这种评价方法是组织一些有经验的计算机辅助教育评价人员,或者模仿学生使用课件进行教学活动,亲身体会作为学生应用该课件时的感觉和接受知识的情况,观察教学效果;或者由学生使用课件来进行学习活动,评价人员观察并记录有关情况,根据学生的各种反应,进行分析总结,最后通过对文档资料的分析和观察结果的判断形成对课件的评价结论。

第三,实验对比法。这种评价方法是选择两组学生,一组作为实验组,另一组作为控制组,在其他条件相同的情况下,对实验组使用课件进行教学,而对控制组使用传统方法进行教学。通过对两组学生的学习效果的分析和研究,作出对课件的教学质量的评价。

无论采用什么方法对课件进行评价,都必须依据一定的评价标准。CAI课件涉及认知科学、教育学及计算机科学等多个知识领域,教学性要求是它与其他软件最大的区别,对于不同的具体学科,又与学科本身的特点密切相关。因此,应该根据一般的评价原则结合具体情况确定相应的评价标准。可以依据课件的设计与开发过程,从以下 3 个方面对课件的评价标准进行思考和研究。

第一,课件的教学设计。对于课件评价必须考虑其教学功能。从教学设计的角度看,一个优秀的课件应该满足教学目标明确、教学理念先进和教学思路清晰,体现学生的主体地位;教学内容选择恰当,适合使用多媒体进行教学,知识的深度和广度适合学生的认知需要和能力;教学内容组织结构合理,注意解决重点、难点问题,能较好地调动学生学习的主动性,激发学生的学习兴趣。

第二,课件的系统设计。课件是实现教学目的的软件,因此课件的系统设计也是评价课件质量的重要内容。从课件的系统结构和页面结构设计角度看,对课件的评价要注意课件设计的整体风格协调统一,页面布局合理,色彩搭配协调;语言表述准确简练,文字符合使用规范,图像、音频及视频清晰;各种媒体使用设计合理,配合得当,能有效地解释教学内容,符合教学需要;具有合理的导航结构,内容之间的跳转关系清晰。

第三,课件的技术实现。课件良好的设计必须通过一定的技术手段来实现,技术性能是课件质量优劣的重要方面。一个优秀的课件应能充分利用编辑系统的特点实现课件的相关功能;也应具有稳定的人机交互功能,交互界面直观友好;还应运行可靠,使用操作方便,并且具有必要的文档资料。

第2章　PowerPoint演示型教学课件的制作

PowerPoint 是 Microsoft 公司推出的办公软件 Office 中的一个组件,它是一个功能非常强大的制作和演示幻灯片的软件。通过 PowerPoint 能够制作出集文字、图形、动画、声音和视频等多媒体信息形式于一体的演示型课件。特别是在 PowerPoint 中绘制各种基本图形的方法极其简单有效,动画效果的设置非常方便灵活,所以 PowerPoint 正是依其灵活性、易用性,使它成为演示型课件制作的首选工具。

2.1　PowerPoint 课件制作基本方法

2.1.1　PowerPoint 2010 使用基础

1. PowerPoint 2010 工作窗口界面组成

单击【开始】→【应用程序】→【Microsoft Office】→【Microsoft Office PowerPoint 2010】菜单命令,即可打开如图 2-1 所示的 PowerPoint 2010 的主要工作窗口界面。

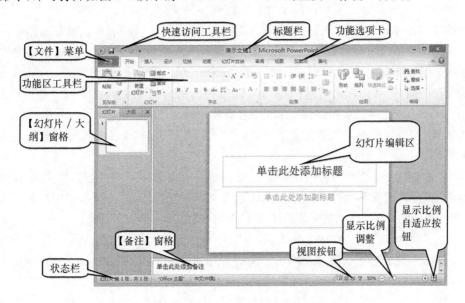

图 2-1　PowerPoint 2010 使用界面

对于"标题栏"、"快速访问工具栏"、"文件菜单"、"功能区工具栏"、"状态栏"等几个组成部分这里不再讲解。需要说明的是,PowerPoint 2010 与 2003 版本在选择功能上有所不同。2003 版本主要是使用菜单命令的方式操作的,而 2010 版本取消了功能菜单,取而代之的是各种工具栏按钮。每选中一个功能选项卡,在工具栏区就转变为相应选项卡的工具栏。

幻灯片/大纲窗格:以缩略图的形式显示每个幻灯片的具体内容或简要显示整个文件主体大纲结构。

幻灯片编辑区:幻灯片编辑区位于 PowerPoint 窗口中间,是制作演示文稿的主要工作区域。在幻灯片编辑区,可以编辑、修改文本、图片和表格等对象的大小、形状、位置和颜色等,也可以清晰地观察演示文稿的显示效果。

备注窗格:备注窗格用于显示、输入和编辑演讲者的备注。窗格中的备注通常是对幻灯片页面中内容的说明,或者是提示演讲者的一些演讲重点。每个幻灯片页面对应一页备注。放映演示文稿时,备注窗格中的内容不会显示。

2. PowerPoint 2010 的视图形式

视图是显示演示文稿内容并给用户提供与其进行交互的界面。PowerPoint 2010 共有 5 种主要视图:普通视图、幻灯片浏览视图、阅读视图、幻灯片放映视图和备注页视图。其中,备注页视图可在【视图】功能选项卡中找到。另外,该功能选项卡中还有几种母版视图。

① 普通视图。普通视图又包括幻灯片视图和大纲视图,是 PowerPoint 最主要的编辑视图。在这种视图中,用户可以进行编写和制作演示课件。该视图有 2 个工作区域,左侧为幻灯片视图和大纲视图切换窗格,右边为幻灯片编辑区。

幻灯片视图:在【幻灯片/大纲】窗格中选择"幻灯片"选项卡。在这种方式下,窗格内以缩略图的形式顺序显示演示文稿的每一张幻灯片,通过滚动条可以依次看到所有的幻灯片。可以在窗格内查找和选中某张幻灯片;用鼠标拖动改变幻灯片的顺序;添加或删除某一张幻灯片。被选中的幻灯片显示在幻灯片窗格中,可以对其进行各种编辑操作。幻灯片视图是最常用的编辑状态,图 2-1 所示的就是"幻灯片"视图的界面。

大纲视图:在【幻灯片/大纲】窗格中选择"大纲"选项卡,可以将演示文稿各张幻灯片的文本内容以提纲的形式显示出来,每张幻灯片都有编号和图标并显示标题。大纲视图常用于创建和组织演示文稿的内容,也可以在演示文稿中插入大纲和使用大纲视图调整幻灯片的顺序。

② 幻灯片浏览视图。幻灯片浏览视图以缩略图的形式显示演示文稿中的幻灯片,如图 2-2 所示,是演示文稿"示例课件 1.pptx"的幻灯片浏览视图。可以看到,可以非常方便地进行重新排列、添加或删除幻灯片以及设置幻灯片的切换效果,也便于检查整个演示文稿的外观和结构。

③ 阅读视图。阅读视图可以在一个设有简单控件以方便审阅的窗口中查看演示文稿的放映效果,而不是全屏放映。如果要更改演示文稿,可随时从阅读视图切换至某个其他视图。该视图适用于通过计算机屏幕向少数人介绍演示文稿(非受众形式)。

④ 幻灯片放映视图。幻灯片放映视图以放映形式显示演示文稿。单击右下方视图按钮区的【幻灯片放映】按钮,演示文稿从当前幻灯片开始播放。如果要从头开始放映,则应执行【幻灯片放映】选项卡→【从头开始】功能按钮,或者按 F5 快捷键。

⑤ 备注页视图。演示文稿的每张幻灯片中,都有一个被称为备注页的特殊类型输出页,它用来记录演示文稿设计者的提示信息和注解。在备注页视图中,备注页分为两个部

分:上半部分显示幻灯片,下半部分显示备注内容。一般文字备注可以在普通视图窗格中添加,而要添加图形、表格等对象,则必须在备注页视图中操作,如图2-3所示。

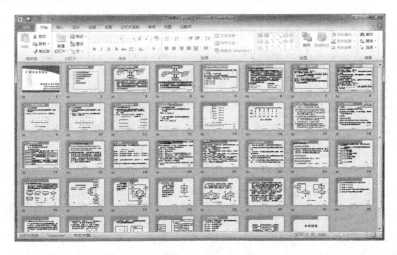

图2-2 幻灯片浏览视图

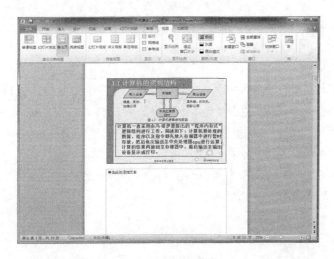

图2-3 备注页视图

由于备注页视图使用较少,要切换到备注页视图方式,只能通过【视图】功能选项卡的【备注页】功能按钮来实现。

3. 课件的创建与保存

PowerPoint编辑建立的文件称为演示文稿。创建一个PowerPoint教学课件就是创建一个PowerPoint的演示文稿,其中的内容是根据具体教学内容所确定的。执行【文件】→【新建】菜单命令,选择一个合适的模板。

创建一个空白演示文稿的方法如下:

① 启动PowerPoint 2010时,默认新建一个空白演示文稿。还可以执行【文件】→【新建】菜单命令,双击"空白演示文稿"模板。

② 在【设计】功能选项卡中选择一种适当的主题。系统默认的第一张幻灯片的版面形式(简称版式)是"标题幻灯片",可以直接输入该演示文稿的标题内容。

③ 单击【开始】→【新建幻灯片】功能按钮上半部分，即可新建一张默认版式的幻灯片。或单击该按钮下半部分，可选择新建幻灯片的版式。

④ 单击"快速访问工具栏"中的【保存】图标按钮，在弹出的【另存为】对话框中确定该文件保存的位置，并输入文件的名称，单击【保存】按钮，完成一个空白演示文稿的创建。

2.1.2 课件中基本对象的创建与编辑

1. 文本对象的添加与编辑

设置好幻灯片之后，需要为每张幻灯片添加各种对象。文本是演示型课件中使用频率最高的内容，可以在每张幻灯片中添加各种类型的文本。但在 PowerPoint 里所有幻灯片上的文字都必须放置在文本框中。用户可在文本框中对文本进行字体、字号等设置，具体操作方法如下。

（1）使用相应版式的占位符输入文本内容

对于选定的版式，幻灯片上都有一些默认对象（显示为虚线方框），称为"占位符"。使用占位符可以根据系统预设的要求，快速地在幻灯片中添加标题及正文等的文本对象。一般的幻灯片版式中都有文本占位符，如"标题幻灯片"版式中有"单击此处添加标题"提示和"单击此处添加副标题"提示 2 个占位符。根据提示直接单击某个占位符，即可在其中输入文本内容，该文本以预设格式显示在幻灯片中。同时，相关的提示不再显示。如果不需要在占位符中输入文本内容，通常直接使用"空白"版式即可。

（2）使用文本框输入文本内容

在"空白"版式中，根据文本内容的需要，执行【插入】→【文本框】→【横排文本框】选项，或者执行【插入】→【形状】选项，选择"文本框"图形，在幻灯片中拖动鼠标即可绘制横排文本框。同样方法也可绘制垂直文本框。插入文本框之后，其边框会变成虚线，这时在文本框中可输入文本内容，完成相关的文字在幻灯片中的显示。

另外，对于外部文件中的一段文字，使用复制、粘贴命令，也可将该段文字复制到幻灯片中，同时幻灯片中会自动生成一个文本框。

（3）文本框的设置

文本框还具有大小、边框及填充等属性。文本框被选中后，四周出现 8 个空心圆点式样的控制点，文本框的上方出现绿色的角度调节控点。将鼠标移动到白色控点上，拖动任意一个控制点即可改变文本框的大小；将鼠标移动到角度调节控点，拖动鼠标，文本框则以中心为圆心旋转，可以改变文本框的角度。拖动文本框的边框，可移动文本框的位置。可以选择、复制、剪切、粘贴、删除、查找及替换文本框中的文本。

右击文本框边框区域，选择"设置形状格式"菜单，弹出"设置形状格式"对话框，如图 2-4 所示。可设置该文本框的各种显示效果。

（4）文本格式的设置

输入文本后，和 Word 中设置文本格式一样，可以设置改变字体、字形、大小及颜色，为文本添加下画线、阴影和浮凸等效果。

选中需要设置格式的文本，单击【开始】功能选项卡，在【字体】工具栏内即可设置文本格式。或者右击选中的文本，在显示的快捷菜单中，选择"字体"，弹出"字体"对话框，如图 2-5 所示。

图 2-4 "设置形状格式"对话框

图 2-5 "字体"对话框

使用"中文字体"和"西文字体"选项,可以设置文本的中文和西文字体;使用"字体样式"选项,可以为文本内容选定一种字形;使用"字号"选项可以设定文字的大小;使用"颜色"选项,可以为文本选择一种颜色;使用"效果"可以为文本添加下画线、阴影和上、下标等特殊效果。

实例 2.1 创建一张只有标题的幻灯片,输入有关文字,并进行设置。

① 打开 PowerPoint 2010,单击【文件】→【新建】菜单,双击"空白演示文稿"模板。

② 单击【设计】功能选项卡,选择名称为"波形"的主题,如图 2-6 所示。

图 2-6 应用"波形"主题

③ 右击幻灯片空白区域,在弹出的快捷菜单中选择"版式"→"仅标题"版式,如图 2-7 所示。

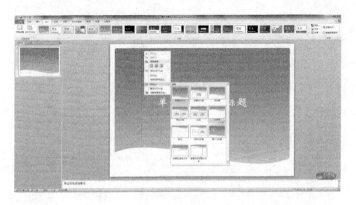
图 2-7 应用"仅标题"幻灯片版式

④ 在幻灯片的标题占位符中输入文字"散文欣赏"。选中占位符文本框中的文字,功能

选项卡区即多出一个【格式】选项卡,在该功能选项卡的"字体"工具栏内,选择"黑体",字号设置为"36",字形设为"加粗",颜色设为"黄色",对齐方式设为"左对齐"。

⑤ 选择【插入】→【文本框】→【垂直文本框】选项,在幻灯片中添加一个垂直文本框并在其中输入文字:"匆匆"。选择【格式】→【字体】选项,将字体设置为"华文琥珀",字形采用默认或选择"常规",字号设置为"40",颜色设置为"绿色"。

⑥ 右击垂直文本框边框区,选择【设置形状格式】快捷菜单,弹出"设置文本框格式"对话框。在【填充】选项中选择"纯色填充",在填充颜色列表中选择"金色",如图2-8所示。

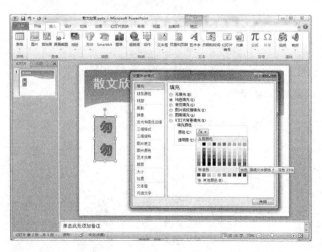

图2-8 设置文本框填充颜色

⑦ 在【线条颜色】选项中选择"实线",颜色选择"蓝色",在【线型】选项的样式列表中选择"双线"样式,宽度设定为"6磅"。

⑧ 同第⑤步,再插入一个垂直文本框,输入作者姓名"朱自清",字体设置为"华文新魏",字号设置为"24",颜色设置为"蓝色"。

⑨ 再插入一个横排文本框,在其中输入散文前两段的内容。将字体设为"华文行楷",字号为"24",颜色选为"紫罗兰"色,如图2-9所示。

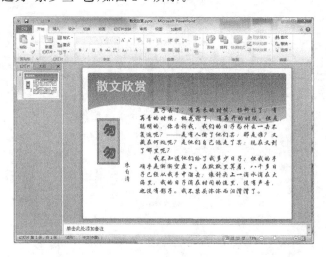

图2-9 "幻灯片"效果

⑩ 执行【文件】→【保存】菜单命令,保存演示文稿并命名为"实例 2_1.pptx"。

单击"幻灯片放映视图"按钮,或者执行【幻灯片放映】→【从头开始】操作,观看放映效果。

2. 图像对象的添加与编辑

在 PowerPoint 中既可以使用系统自身提供的图片文件,也可以调用外部的图片文件。在演示文稿中添加图像的方式主要有两种:一是通过复制、粘贴的方式粘贴到幻灯片中;二是单击【插入】功能选项卡,在图像工具栏中选择相应选项。这样插入的图像包括多种格式的外部图片文件、Office 剪贴画、艺术字,以及组织结构图等。

(1) 直接插入外部图片文件

PowerPoint 可以在演示文稿中插入多种常见格式的图片文件,包括 bmp、gif、jpg、jpeg、png 格式及 Windows 图元文件(.wmf)、增强型图元文件(.emf)等格式。

要插入一个外部图片文件,选择【插入】→【图片】功能按钮,弹出"插入图片"对话框,选中要插入的图片文件,如图 2-10 所示,单击"插入"按钮,完成图片的插入操作。

图 2-10 "插入图片"对话框

选中插入的图片对象,在图片的四边会像文本对象一样出现白色的大小调整按钮,在图片上方出现绿色的角度调节控点,可以使用鼠标调整相关控点,改变图片的大小和旋转角度。将鼠标直接放在图片上按下左键拖动,可以改变图片的位置。

选中图片后,功能选项卡区即多出一个【格式】选项卡,单击该选项卡,在其工具栏中有各种对图片进行修饰的工具。如图 2-11 所示。或者右击图片,在快捷菜单中选择【设置图片格式】,弹出"设置图片格式"对话框,也可对图片进行修饰。例如:使用"裁剪"工具可以从左、右、上及下 4 个方向裁剪图片;使用"更正"工具,可以对图片的"颜色"、"亮度"和"对比度"进行设置。

图 2-11 图片格式工具

(2) 插入剪贴画

通常有两种方法在幻灯片中插入剪贴画。一种方法是使用含有剪贴画占位符的幻灯片版式,单击占位符中的剪贴画图标,出现"剪贴画"选择窗格,在其中选择要插入的剪贴画;另一种方法是使用【插入】→【剪贴画】功能按钮,打开"剪贴画"任务窗格。在"搜索文字"输入框中输入剪贴画的关键字,单击"搜索"按钮开始搜索,结果显示在窗格下部的列表框中,如图 2-12 所示。单击要插入的图片,该图片即出现在幻灯片中。

(3) 插入艺术字

执行【插入】→【艺术字】功能按钮,选择一种艺术字样式,如图 2-13 所示选择的是第五行第三列样式。

单击后即可在幻灯片中插入所选样式的艺术字。然后,修改其中的文字,并进行字体、字号和字形设置,如图 2-14 所示。

图 2-12 "剪贴画"任务窗格

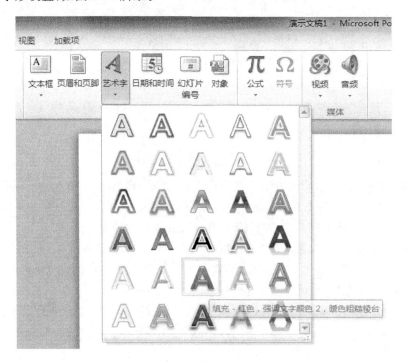

图 2-13 "艺术字"样式

插入艺术字后,在功能选项卡区出现绘图工具【格式】选项卡,可对艺术字文字本身以及整个艺术字文字框进行各种修饰。例如:对文字进行颜色填充、添加阴影、改变形状等。

图 2-14 编辑"艺术字"文字

3. 使用图形工具绘制图形

PowerPoint 中的图形绘制操作主要通过【插入】选项卡的【形状】功能按钮来完成。单击【插入】→【形状】,如图 2-15 所示,从中可以选择常用的各种图形。

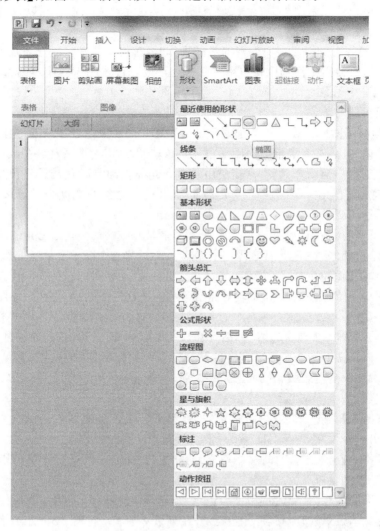

图 2-15 图形工具

插入图形后,在功能选项卡区单击【格式】选项卡,可对插入的图形进行各种修饰和转换。例如:将一个图形进行翻转,将多个图形按某种方式对齐,改变图形之间的叠放次序,将多个图形组合为一个图形,等等。有些操作也可以通过右击图形的快捷菜单来实现。

4. 图形绘制的若干技巧

PowerPoint 具有非常便捷的图形绘制功能,用户可以方便地绘制出各种类型的直线、曲线、矩形、圆形、阴影图和立体图等。使用图形工具绘制的图形,以及它们的组合图形,都可以进行缩放、调整、旋转和翻转等操作,这对数学作图是非常有益的。在图形绘制过程中,注意一些操作技巧,对图形绘制会有很大帮助。

① 控制多边形的绘制。绘制一些比较特殊的多边形时,对顶点的选择要求较高,多边形绘制难以控制。这时可以注意以下几点:

- 使用"任意多边形"工具而不是"自由曲线"工具。
- 增加"显示比例",比如显示比例在 200% 时,绘制图形的细节更加容易控制。
- 在 Windows"控制面板"中,将鼠标的跟踪速度设置为最慢。当以很慢的速度绘图时,也会更容易控制。

② 选择距离邻近的对象。对图形对象的操作时,首先要选中它。但当几个对象相距很近,甚至重合时,直接用鼠标选取就很困难。这时可以先选取临近一个容易选取的对象,然后按 Tab 键在各个对象之间切换,直到选中需要的对象。当然,在较大的视图中工作,也更易于选择相距较近的对象。

③ 准确地移动对象。在绘制图形时经常需要将几个对象组合在一起,这时就要求对象的位置非常准确。比如,为了给一个图形添加一条辅助线,有时需要让一条线段的端点和一个图形的一个顶点完全重合,如果直接使用鼠标和光标移动有时很难得到预想的效果。可以按住 Ctrl 键后再使用方向键进行移动,这时将以一个像素的宽度为增量来微移对象,这样做就很容易达到要求。

④ 利用"设置形状格式"快捷菜单。比如,要绘制轴对称的两个任意三角形,但两个图形的填充形式不同。先用多边形工具任意画一个三角形,然后将这个图形再复制一个。选中复制的图形,然后使用快捷菜单中的"设置形状格式""三维旋转"功能,将其在水平方向(x 方向)翻转 180°。将两个图形的位置摆好,为确保轴对称,还可以选中这两个图形,然后用"绘图格式"功能区菜单中的对齐按钮,将它们按某一基础(如顶端)对齐,并对两个图形进行不同填充操作。

实例 2.2 制作一个包含艺术字、图片和自选图形的"圆的认识"的课件封面幻灯片。

① 打开 PowerPoint 2010,单击【文件】→【新建】菜单,双击"空白演示文稿"模板。

② 右击幻灯片空白区域,在弹出的快捷菜单中选择"版式"→"空白"版式,对其进行保存并命名为"实例 2_2.pptx"。

③ 执行【插入】→【艺术字】功能按钮,选择第五行第三列艺术字样式。然后输入文字"圆的认识",并选中文字,将字体设置为"隶书",字号设置为"96"磅。

④ 单击【格式】选项卡,选择【文本填充】功能按钮→【渐变】→【其他渐变】菜单,打开"设置文本效果格式"对话框。

⑤ 单选"渐变填充"选项,在"预设颜色"中选择"彩虹出岫","角度"中填入"180°"。

⑥ 选择【文本效果】功能按钮→【阴影】,在列表中选择"透视"形式第一种。再次单击【文本效果】功能按钮→【阴影】,选择列表下部的"阴影选项",如图 2-16 所示。打开"设置文本效果格式"对话框,设置阴影参数,这里仅把"虚化"设置为"0 磅"。

⑦ 选择【文本效果】功能按钮→【转换】→【波形 1】形式,并使用边框上出现的菱形调整控点调整对象的形状。然后用鼠标将其移动到幻灯片上部中间位置。

⑧ 选择【插入】→【形状】功能,在图形工具栏中选择"椭圆"图标,此时光标变成"十"字

形状,按住键盘"Shift"键拖动鼠标,画出一个圆。

⑨ 右击该圆,打开"设置形状格式"对话框,设置填充颜色为"无填充颜色",线条颜色设为"蓝色"。

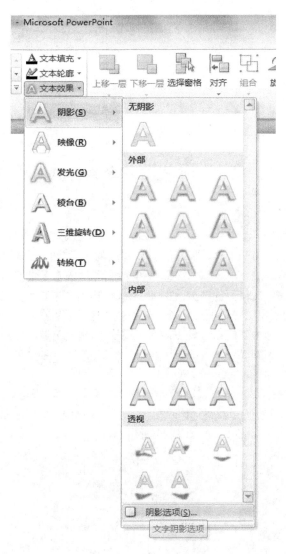

图 2-16　文字阴影设置

重复⑧⑨两步,再画出几个不同大小,不同颜色的圆。

执行【插入】→【图片】选项按钮,选择"第二章素材"文件夹下的"圆的认识背景图.jpg"图片作为背景,并调整它的大小使它覆盖整个幻灯片。

右击该图片,选择"置于底层"选项,如图 2-17 所示。

该封面幻灯片最终效果如图 2-18 所示。

5. 图表、表格和 SmartArt 图形的使用

在 PowerPoint 中可以使图表、表格、SmartArt 图形等多种对象元素,这极大地丰富了演示文稿中内容的呈现形式。

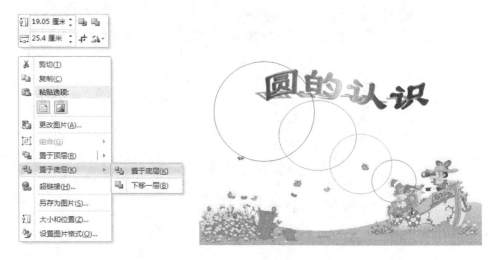

图 2-17 设置图片的叠放次序　　　　　　图 2-18 "幻灯片"效果

使用表格可以条理清晰地呈现有关内容。图表是基于数据表的,可以以多种形式形象地展示各种数据之间的关系。SmartArt 图形是信息和观点的视觉表示形式,用于演示流程、层次结构、循环或关系等,是 PowerPoint 2010 中组织结构图和图示等对象的整合和扩展。熟悉这一工具,可以使你制作出的演示文稿更加精美。例如,层次结构图用来表示具有层次结构的对象之间的关系。棱锥图可以用来说明各种概念性资料的关系。这些元素在各种演讲报告中的作用十分明显,在教学课件制作过程中若能结合具体内容合理使用,也会为课件增加独特的效果。

实例 2.3　建立一个能说明 SmartArt 图形、图表、表格等对象使用方法的演示课件。

(1) 建立封面幻灯片

① 新建一个空白演示文稿,单击【设计】选项卡→【背景样式】功能按钮,选择"设置背景格式"菜单选项,弹出"设置背景格式"对话框。或者在幻灯片上右击鼠标,在快捷菜单中选择"设置背景格式"菜单。如图 2-19、图 2-20 所示。

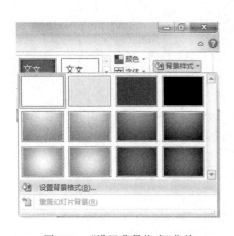

图 2-19 "设置背景格式"菜单　　　　　　图 2-20 "设置背景格式"对话框

② 选择"图案或纹理填充"选项，单击【插入自】→【文件】按钮，选择"第二章素材"文件夹下的"背景1.jpg图案，单击"全部应用"按钮，使该演示文稿所有幻灯片使用同一背景，关闭对话框。

③ 对第一张幻灯片使用"标题幻灯片"版式，分别在占位符中输入标题文字"在课件中使用新元素"和副标题文字"——图表、表格、SmartArt 图形的使用"。

④ 选中"标题文字框"，右击鼠标，打开"设置形状格式对话框"，为主标题文本框填充"黄色"的背景色，设置线形为"三线"宽度为"8 磅"的褐色边框线，将主标题的字体设为"华文新魏"，颜色设为红色，"加粗"显示如图 2-21 所示。

图 2-21　封面幻灯片

（2）创建使用层次结构图表示集合概念的幻灯片

① 在新建的演示文稿中插入一张新幻灯片，对该幻灯片应用版式"标题和内容"。

② 在标题中输入文字"插入层次结构图"，颜色设为"红色"。在文本框中输入插入层次结构的方法，并对文字及对象大小做合适的调整。具体内容和操作过程如图 2-22 所示。

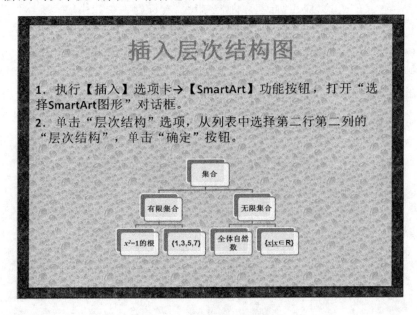

图 2-22　层次结构图的使用

如果结构图中的结点或层次不够，可在结构图左边的编辑框中进一步编辑，如图 2-23 所示。在编辑框中按键盘 Enter 键即可增加一结点，通过右击鼠标的快捷菜单对结点进行移动或升/降级操作。

（3）创建使用"棱锥图"表示不同三角形之间关系的幻灯片

① 在演示文稿中插入一张新幻灯片。

② 在标题中输入文字"棱锥图的使用"。

③ 在文本框中输入本例的操作步骤,并设置文字和字体、大小及颜色。具体内容与操作过程如图 2-24 所示。

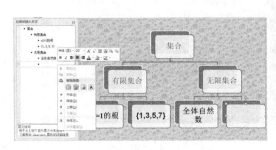

图 2-23　层次结构图的编辑　　　　　图 2-24　棱锥图的使用

(4) 创建使用图表来表示在某些点的函数值的幻灯片

PowerPoint 2010 提供了多种形式的标准类型的图表,并且每种图表类型还有若干子类型,可以满足多种需求。PowerPoint 中图表的使用 Word 中的使用方法是一致的。

① 插入一张新幻灯片,应用"标题和内容"版式,在标题占位符中输入文字"函数 $y=x^2$ 的值"。

② 在内容预留区域的图标中单击"插入图表"标志,弹出"插入图表"对话框。选择"XY 散点图"→"仅带数据标记的散点图",单击"确定"按钮,如图 2-25 所示。

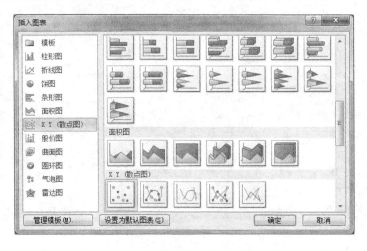

图 2-25　选择图表类型

③ 此时屏幕分成左右两部分,左边为 PowerPoint 窗口,右边为 Excel 窗口。在 Excel 窗口内填入函数相关数据,如图 2-26 所示。同时在 PowerPoint 窗口便得到函数 $y=x^2$ 的散点图表,如图 2-27 所示。

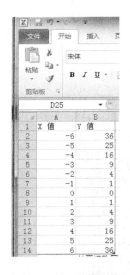 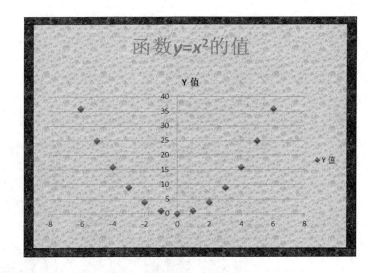

图 2-26　填入函数数据　　　　图 2-27　函数 $y=x^2$ 的散点图表

在坐标轴、数据点、网格线或绘图区上右击,弹出快捷菜单,或者双击鼠标,可以设置坐标轴的格式和点的大小,设置或取消标注和网格线等操作。

(5) 使用表格创建一张课程表的幻灯片

在 PowerPoint 中,表格的编辑和设置方法与 Word 中表格的编辑和设置方法是相同的。通过执行【插入】→【表格】选项按钮,在幻灯片中插入自动表格,或手工画出自由表格。建立幻灯片的具体操作步骤如下:

① 插入一张"空白"版式的新幻灯片,应用"标题和内容"版式,在标题占位符中输入文字"课程表"。

② 执行【插入】→【表格】选项按钮,选择"插入表格"菜单选项,弹出"插入表格"对话框,在"列数"中输入数字"7"、"行数"中输入数字"8"后,单击"确定"按钮,会自动建立一个7列、8行的表格。

③ 在【表格工具】→【设计】工具栏中选择"擦除"按钮,擦除表格中不需要的线段。

④ 在表格中输入如图 2-28 所示的文字,合理设置大小,并选中"中部居中"的对齐方式。

图 2-28　表格的使用

6. 数学公式的创建

数学公式在教学过程中会经常碰到,如何建立数学公式也是理科课件制作的重要内容。在 PowerPoint 中建立数学公式,简单的公式可以在文本框中直接输入,复杂的公式要使用【插入】选项卡→【公式】选项按钮来实现。当然,也可以将在 Word 程序中编辑好的数学表达式通过剪贴板复制到 PowerPoint 的幻灯片中。

实例 2.4 建立一个幻灯片,说明插入数学公式的方法,幻灯片内容如图 2-29 所示。

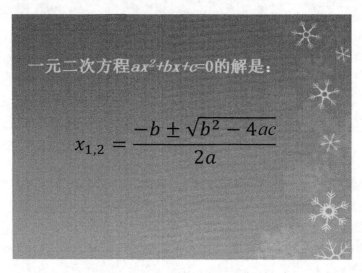

图 2-29 数学公式的建立

① 创建一个新演示文稿,使用"冬季"设计主题,版式选择"仅标题"。

② 在标题占位符中输入文字"一元二次方程 $ax^2+bx+c=0$ 的解是:",并将文字颜色设置为浅绿色。

③ 鼠标拖动方式选中文本框中的字符"2",然后同时按键盘上的"Ctrl"+"Shift"+"="组合键,使之变为上标。再选中"ax^2+bx+c"设置为"Times New Roman",字形设为"倾斜"。

④ 在幻灯片空白处单击一下,取消对标题的选择。执行【插入】→【π】功能按钮,此时选项工具栏区变为各种公式编辑工具,如图 2-30 所示。

图 2-30 "公式"编辑工具栏

⑤ 同时在幻灯片上出现一个"公式"对象,在此处就可以进行数学公式的输入。首先选择【上下标】按钮中的"下标"选项,编辑框呈现 状态,左移光标,并配合键盘左、右移动键依次输入公式即可。

输入过程中,按照书写公式的顺序习惯,遇到分式即选【分数】功能按钮,遇到根式即选【根式】按钮。

对于建立的数学公式,在选中后可以移动,可以进行各种"形状格式"的设置,也可以对公式中的字符进行字体、字号、字形和颜色等设置。

2.2 在课件中设置动画效果

为了进一步增强文稿的表现力和感染力,使幻灯片更加生动、逼真。PowerPoint 特别提供了一些预设的"动画方案",用户还可以使用"自定义动画"对幻灯片上的文本、图形、图表和其他对象的动画效果进行相关的设置。为幻灯片内部各对象设置的动画称为"片内动画";为各幻灯片之间的切换方式设置的动画称为"片间动画"。通过这两种方式使 PowerPoint 的动画效果十分丰富,而且设置非常简单,从而为制作形象、生动的教学课件提供了极大的方便。

2.2.1 课件中对象的动画效果

1. 自定义动画的使用

PowerPoint 2010 提供内容丰富的自定义动画效果,可以对幻灯片中的各种对象添加自定义动画效果,形成主观、生动有趣的动画顺序,从而增强课件的演示效果。具体操作为:在幻灯片中选中一个要添加动画的对象,单击【动画】选项卡,在动画工具栏内选择一种动画即可,如图 2-31 所示。

图 2-31 动画工具栏

动画工具栏内的动画形式较少,如果要获得更多的动画效果,可以单击动画工具栏右边的" "按钮,或单击【添加动画】功能按钮,如图 2-32 所示。

从列表中可以看出,对象的动画设置包括"进入效果"、"强调效果"、"退出效果"和"动作路径"4 种。"进入效果"是指对象以何种形式进入、出现于幻灯片内;"强调效果"是指让幻灯片内已经呈现的对象产生一个特殊的动作,以进一步引起观众的注意;"退出效果"是指对象以何种形式从幻灯片中退出、消失;"动作路径"是指对象运动轨迹的人为设置。

选中上图中"更多…"菜单选项,会弹出"添加效果"对话框,使用这些选项可以自定义设置更多的动画效果,如图 2-33 所示。

在为一个对象或多个对象设置动画效果后,"动画窗格"中列出了动画设置的有关信息,可以对各种对象的动画顺序及每个动画的开始时间与结束时间进行修改,如图 2-34 所示。对于动画开始与结束时间点的修改,可以控制动画的快慢程度和时长。

单击"播放"按钮在编辑视图中可预览该张幻灯片的动画效果。

单击其中一项动画右边的下拉菜单标志,出现下拉菜单,如图 2-35 所示。

图 2-32 更多动画列表

图 2-33 添加更多动画效果对话框

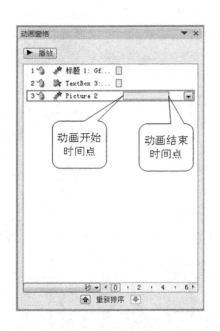
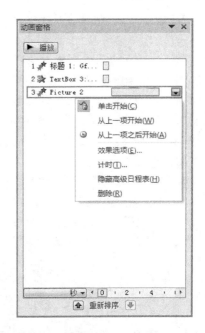

图 2-34　动画窗格　　　　　　　图 2-35　动画菜单

前三项用来设置该动画效果的触发动作。"单击开始"用于设置该动画在鼠标"单击"时开始;"从上一项开始"用于设置该动画在上一项动画开始时同时开始;"从上一项之后开始"用于设置该动画在上一项动画结束后自动开始。

单击菜单中的"效果选项"或"计时"命令,会弹出"效果设置"对话框。对于文本对象"效果设置"对话框中有"效果"、"计时"和"正文文本动画"3 个选项卡,其他对象通常有"效果"和"计时"2 个选项卡,如图 2-36 和图 2-37 所示。

图 2-36　动画"效果"选项卡　　　　　　　图 2-37　动画"计时"选项卡

"效果"选项卡的"设置"栏中的"方向"选项的功能也是用于设置动画的变化方向,可以根据不同的动画效果设置不同的动画方向。

"效果"选项卡中的"增强"栏主要包括"声音"、"动画播放后"和"动画文本"3 个选项。

"声音"选项:用于设置动画播放过程中不伴随声音或者是从列表中选择一种伴随声音。

"动画播放后"选项:用于设置对象在动画播放完毕后的效果。可以设置对象在动画播放完毕后"不变暗",也可以设置对象在动画播放完毕后改变为某种颜色,还可以设置在动画播放完毕后隐藏对象,或者在动画播放完毕后单击时隐藏对象。

"动画文本"选项:该选项只对文本对象有效,用于设置文本在动画过程中的发送形式。"整批发送"即将文本对象作为一个对象发送;"按字/词"将选中文本中的字词作为独立对象发送;"按字母"将文本中的字母作为独立对象发送。后两种情况下,可以选择"字/词"或"字母"之间的延迟时间。

"计时"选项卡的"期间"选项调节的是动画的快慢。"延迟"选项用于设置动画开始的延迟时间,"重复"选项用于设置动画重复运行的次数,还可以设置为"直到下一次单击"或"直到幻灯片末尾"形成循环动画。选中"播完后快退"复选框,动画完成后对象快速返回原来位置。

实例 2.5 制作一个多米诺骨牌演示课件,要求能表现出骨牌翻倒的动态过程,幻灯片如图 2-38 所示。

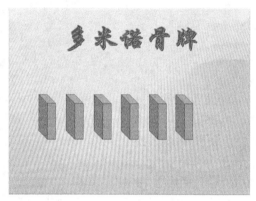

图 2-38 多米诺骨牌演示课件

① 创建一个新演示文稿,使用"跋涉"设计主题,版式选择"空白",然后对其进行保存并命名为"实例 2_5.pptx"。

② 执行【插入】→【艺术字】工具按钮,选择第二行第五列艺术字样式,输入文字"多米诺骨牌",并将字体设置为"华文行楷",字号设置为"72"磅,颜色为"浅蓝",单击"确定"按钮,适当调整大小后,放在幻灯片的上部。

③ 执行【插入】→【图片】工具按钮,插入"多米诺骨牌"图片。

④ 执行【插入】→【文本框】→【横排文本框】,输入关于多米诺骨牌的文字介绍。

⑤ 新建一张幻灯片,选取"空白"版式。并将第一张幻灯片的艺术字复制过来。

⑥ 执行【插入】→【形状】功能按钮,选择"立方体"图标。在幻灯片上拖动鼠标,画出一个立方体,并设置一种颜色,如图 2-39(a)所示。

⑦ 向右拖动立方体上的"调整控点",改变其形状为长方体。然后向左拖动右边中间的那个尺寸控点,使立方体左右翻转,如图 2-39(b)所示。

⑧ 再复制一个相同的长方体,使两个长方体上下对接起来,如图 2-39(c)所示。

⑨ 右击下面那个长方体,打开"设置形状格式"对话框,将其填充颜色设置为"无填充",线条颜色设为"无线条",如图 2-39(d)所示,然后将上下两个立方体进行组合。此操作的目的是,图形沿中心翻转时看起来骨牌有沿底边翻倒的效果。

第 2 章　PowerPoint 演示型教学课件的制作

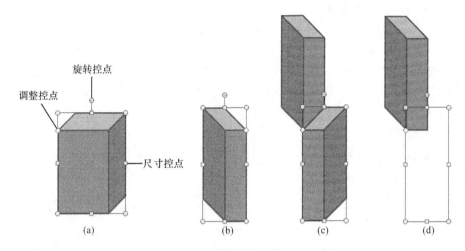

图 2-39　立方体图形

⑩ 再复制出 5 个这种组合的立方体，从左向右按一定间距排列好。

⑪ 选中左边第一个组合体，单击【动画】功能选项卡，在"动画工具栏"内选择"强调"中的"陀螺旋"效果。

⑫ 在"动画窗格"中打开该动画的"效果选项"对话框，修改"陀螺旋"的参数。"开始"设为"单击时"；"期间"设为"非常快(0.5 秒)"；数量设为自定义"70°"即旋转角度，按 Enter 键确认，如图 2-40 所示。

⑬ 选中左边第二个组合体，设置动画为"陀螺旋"效果，参数"开始"设为"从上一项开始"，"数量"设为"70°"，"期间"设为"非常快"，"延迟"设为"0.2"秒，单击"确定"按钮。

⑭ 重复第⑬步，分别设置第 3、4、5、6 个组合体的动画效果及参数。不同的是，"延迟"参数依次设为"0.4"、"0.6"、"0.8"、"1"秒，最后一个组合体的旋转角度设为"90°"。

⑮ 右击第 6 个组合体，选择"叠放次序"菜单，选择"置于顶层"命令，如图 2-41 所示。

⑯ 重复第⑮步，从后往前分别设置其他组合体的"叠放次序"为"置于顶层"。课件制作完成。

图 2-40　设置"陀螺旋"参数

图 2-41　叠放次序的设置

· 47 ·

2. 动作路径的设置与使用

在 PowerPoint 中可以为一个文本或图形对象设置一个动作路径,在演示过程中,该对象将按照设定的路径运动。PowerPoint 预设了大量的路径效果,不但有简单的"向上"、"向下"、"向左"和"向右"等路径,也有一些较复杂的路径,如"五角星"路径、"弹簧"路径等。另外,用户也可以根据需要自己绘制一些特定的曲线路径,从而实现特殊的动画效果。动作路径设置使得 PowerPoint 的动画效果大大增强,这对于较复杂课件的开发是非常有益的。

(1) 应用预设动作路径

选择要添加动画的对象元素,在【动画】功能选项卡的"动画"工具栏内选择"动作路径"栏中的一种,如图 2-42 所示。

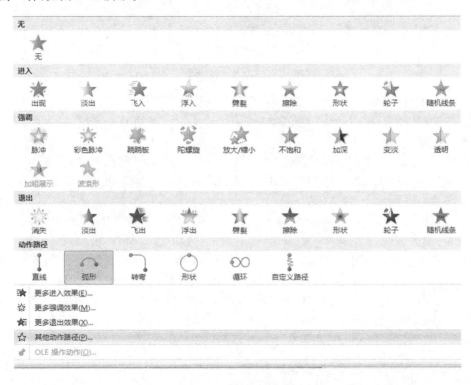

图 2-42 动作路径选择

或者选择"其他动作路径"菜单,可得到更多的预设路径效果,如图 2-43 所示。

选择一种路径效果,在动画设置过程中相应的路径形式出现在幻灯片中。图 2-44 是 5 个"矩形"的不同动作路径。选中一个路径,可直接进行删除,或通过路径上的控制点也可以对路径的动作范围、方向、起止点的位置进行调整。

(2) 应用自定义动作路径

如图 2-42 所示,选择"自定义路径"选项,即可使用鼠标单击、移动或拖动在页面中绘制路径。

将鼠标指针放在动作路径上,当指针变为带有箭头的十字时,按住鼠标可以将路径拖动到其他位置,但与此路径相关联的对象此时位置不变,动画播放时对象会跳到起点并沿路径移动。

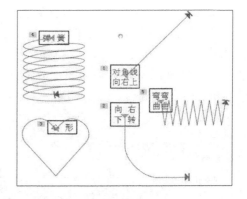

图 2-43 其他动作路径　　　　　　　　图 2-44 一些动作路径效果

2.2.2 幻灯片之间的切换方式

1. 幻灯片切换的设置方法

① 打开设置幻灯片切换的演示文稿。

② 选择【切换】功能选项卡,单击"切换的此幻灯片"工具栏的下拉按钮,可显示出各种切换效果,如图 2-45 所示。

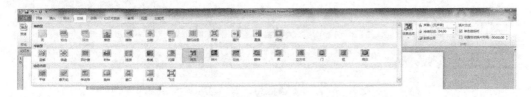

图 2-45 幻灯片切换的各种效果

③ 选择其中一种切换效果,该效果便自动应用到演示文稿当前幻灯片上。

④ 单击右侧的"效果选项"按钮,可以对该切换效果进行更具体的设置。

⑤ 在"效果选项"按钮右边可以设置切换声音和切换时间。

⑥ 如果要将同一种切换效果应用于整个演示文稿的每一张幻灯片,单击"全部应用"按钮。

⑦ 在"换片方式"复选框中可以设置"单击鼠标时"换页,也可以选中"自动设置换片时间"复选框,并输入希望切换的间隔时间,幻灯片在达到时间后自动切换;也可以同时将两种方式都选中,此时两种方式都可以触发切换。

利用最左边的"预览"按钮可以查看当前幻灯片的切换效果,利用"幻灯片放映"按钮可以从当前幻灯片开始查看幻灯片的切换效果。

2. 利用浏览视图设置切换效果

幻灯片的浏览视图最大的特点是，可以在屏幕上尽量多地显示课件的幻灯片。通过浏览视图不但可以对演示文稿有一个整体的了解，而且可以非常快地定位需要进行某些设置的幻灯片。结合"切换到此幻灯片"工具栏，既可以在设置切换效果时自动预览，又可以使用"预览"按钮再次查看切换效果。因此，在演示文稿内容编辑完成后，使用浏览视图设置幻灯片的切换方式，不但可以提高效率，也可以对设置的效果有一个整体的把握，收到事半功倍的效果。

实例 2.6 为一个演示型课件添加幻灯片切换效果。

① 打开演示型课件"示例课件 1.pptx"，将其另存为"实例 2_6.pptx"。

② 在【视图】功能选项卡中选择"幻灯片浏览"视图按钮。"工具栏"的"显示比例"对话框中可以调整其显示比例，如图 2-46 所示。

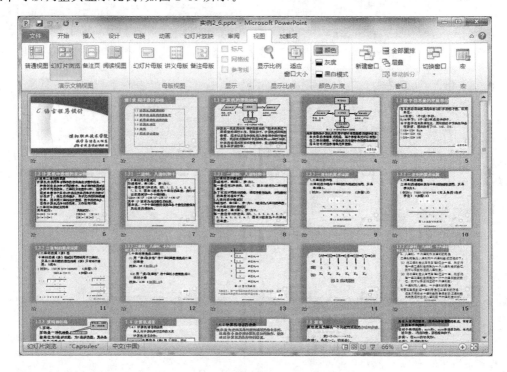

图 2-46 在浏览视图中设置幻灯片切换

③ 选中第 1 张幻灯片，在【切换】工具栏中选取一种切换效果，如"百叶窗"，这时幻灯片缩略图会自动显示该张幻灯片的放映切换效果。

④ 单击"全部应用"按钮，③所进行的设置被应用于所有的幻灯片。

⑤ 选中第 1 张幻灯片，在【切换】工具栏中选取"形状"切换效果，单击"效果选项"，选择"菱形"效果。在"换片方式"栏中选中"单击鼠标时"复选框和"设置自动换片时间"复选框，并将间隔时间设置为"3"秒，放映本幻灯片时，单击可以换片；如果不单击鼠标，3 秒后也将自动放映下一张幻灯片。

如果幻灯片中有动画效果，设置的幻灯片切换间隔时间会影响到幻灯片内的动画播放。

⑥ 选中第 4 张幻灯片，在【切换】工具栏中选取"擦除"，在"效果选项"中选择"从左上方"。

⑦ 使用【幻灯片放映】功能，演示幻灯片切换的整体效果。

2.3 课件的导航与超文本结构

PowerPoint 的演示文稿是一种线性结构,按幻灯片的排列顺序依次呈现。使用动作按钮或者动作设置可以实现幻灯片之间的跳转,建立课件的导航结构。使用超链接可以实现从一个幻灯片到另一个幻灯片,以及网页或文件的跳转。

2.3.1 课件的导航设置

1. 动作按钮设置

PowerPoint 2010【插入】功能卡的"形状"里面提供了一组动作按钮,包含"开始"、"结束"、"后退"和"前进"等一些常见动作。这些按钮都是预先定义好的,各对应一种相应的动作设置,可以直接将动作按钮添加到课件中,运行课件时该按钮会起作用。

可以一次只为某一张幻灯片添加动作按钮,也可以在幻灯片母版上插入动作按钮。幻灯片母版是存储有关应用的设计模板信息的幻灯片,其中的信息对整个设计模板起作用。在幻灯片母版上添加了动作按钮,会对课件中使用该设计模板的所有幻灯片起作用。在幻灯片上添加动作按钮,和在幻灯片母版上添加动作按钮的方法是一样的。

实例 2.7 为演示型课件"示例课件 2.pptx"的每一张幻灯片添加一组动作按钮,实现幻灯片页面之间的跳转。

① 打开课件"示例课件 2.pptx",执行【文件】→【另存为】菜单命令,将其另存为文件"实例 2_7.pptx"。

② 选择【视图】功能选项卡,执行【母版视图】中的"幻灯片母版"工具按钮,打开幻灯片母版,如图 2-47 所示。在母版视图窗口的左侧窗格有一些缩略图,分别对应几种常用版式的母版。母版是一张特殊的幻灯片,对于母版可以像对其他幻灯片一样进行各种编辑操作。

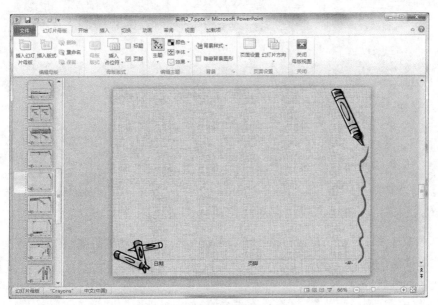

图 2-47 母版视图

③ 选中"空白"版式的母版;执行【插入】→【形状】按钮命令,在形状列表中最后有一组动作按钮。

④ 选中动作按钮"第一张",在幻灯片母版上拖动鼠标画出一个按钮,同时弹出"动作设置"对话框,如图2-48所示。

"动作设置"对话框中的2个选项卡是"单击鼠标"和"鼠标移过",用于设置在这2种情况下的动作。动作设置中,"无动作"表示单击时不产生任何动作;"超链接到"表示产生超链接到下方下拉列表框中确定位置的动作。此处,系统默认为"第一张幻灯片",虽然可以重新进行设置,但使用动作按钮时一般都采用系统规定的动作。单击"确定"按钮,完成"第一张幻灯片"动作按钮的设置。

⑤ 在幻灯片母版上设置动作按钮的大小和位置,和其他对象的设置是一样的,可以通过各种控点调整形状,也可以设置填充的颜色。

图2-48 "动作设置"对话框

⑥ 用同样的方法设置"后退"、"前进"和"结束"3个按钮,并排列好它们的位置。

⑦ 单击【幻灯片母版】选项卡中的【关闭母版视图】图标按钮,返回普通视图。演示文稿中的每一张幻灯片上都出现了4个按钮,如图2-49所示。

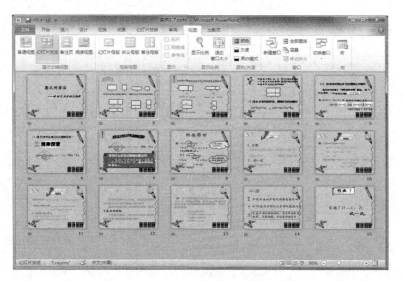

图2-49 在幻灯片母版中设置动作按钮效果

本例中课件未使用标题母版,否则,也应对标题母版进行相应设置,才能保证每一张幻灯片都有同样的效果。

单击不同按钮,放映演示文稿,就会产生相应的动作,从而实现在幻灯片之间的切换。如果幻灯片中未使用动画效果,将换片方式中的"单击鼠标时"和"设置自动换片时间"两个选项都取消,演示文稿的放映完全在按钮的控制下进行。如果幻灯片中的对象使用了动画,这种换片方式会影响动画的播放。

2. 应用动作设置命令

动作按钮是系统设置好形状和动作的按钮,它是将规定动作应用于幻灯片的特定图片。对于幻灯片或幻灯片母版中一个普通对象,如一个文本、一个图形等,执行【插入】选项卡→【动作】命令按钮,也可以为它设置相应的动作,这样就可以像使用动作按钮一样,为文本、图形等其他对象创建各种导航动作,使得控制导航结构的对象更加丰富。

实例 2.8 为课件"示例课件 2.pptx"的每一张幻灯片添加自己设置动作的按钮对象。

① 打开演示文稿"示例课件 2.pptx",执行【文件】→【另存为】菜单命令,将其另存为文件"实例 2_8.pptx"。

② 选择【视图】功能选项卡,打开幻灯片母版视图,选中"空白"版式的母版。

③ 使用【插入】→【形状】里面的"圆角矩形"工具在幻灯片母版的左下方画一个小的圆角矩形,并将这个小圆角矩形再复制 3 个,分别均匀地排列在母版幻灯片的下部。

④ 右击圆角矩形,在弹出的快捷菜单中选择"添加文字"菜单命令,分别为 4 圆角矩形添加标注文字"首页"、"上一页"、"下一页"和"结束",效果如图 2-50 所示。

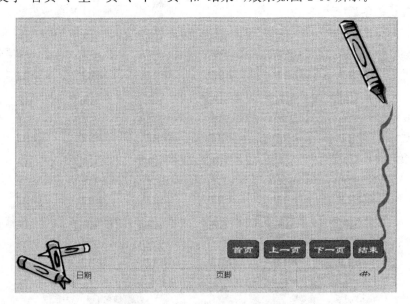

图 2-50 制作圆角矩形按钮对象

⑤ 选中标有"结束"的圆角矩形,执行【插入】→【动作】命令按钮,弹出"动作设置"对话框。选中"超链接到"选项,并在下拉菜单中选择"结束放映"选项,如图 2-51 所示。单击"确定"按钮,完成设置。

⑥ 分别选中标注有"首页"、"上一页"和"下一页"的圆角矩形,进行"第一张幻灯片"、"上一张幻灯片"和"下一张幻灯片"的动作设置。

⑦ 选择【母版视图】功能选项卡,单击执行【关闭母版视图】图标按钮,关闭母版视图,完成设置。本例的效果与实例 2.7 类似,但使用动作设置较之动作按钮更加灵活,可以对各种不同的对象进行动作设置。

图 2-51 为按钮对象设置动作

2.3.2 课件的超文本结构

1. 超链接的创建

我们可以为幻灯片中不同的对象建立超链接,还可以为文本对象中的某些文字设置超链接。设置好超链接后,代表超链接的文本会添加下画线,并显示为所选主题预置的颜色。一般地,在超链接被访问后,超链接的颜色会改变,这样可以通过颜色分辨访问过的超链接。当然也可以设置超链接使用前后为同一颜色。

实例 2.9 创建一个名人介绍演示型课件。

① 新建一个"空白"演示文稿,将新幻灯片版式设为"空白",保存为"实例 2_9.ppt"。

② 在幻灯片【设计】选项卡的【主题】工具栏内"暗香扑面"。

③ 建立两个文本框分别输入文字"名人介绍"和"——让我们认识名人",设置合适的字体、字号、字形与颜色。

④ 执行【插入】选项卡→【图片】按钮,插入一些事先准备好的名人图片,调整其大小、放置位置,如图 2-52 所示。

图 2-52 建立超链接的文字内容

⑤ 执行【开始】选项卡→【新建幻灯片】按钮,选择"空白"版式,创建毛泽东简介幻灯片。
⑥ 重复⑤步操作,分别建立后面每个名人的简介幻灯片。如果介绍内容较多,一位名人可用多张来展示。每个名人介绍完后,建立一个"返回"动作按钮,返回位置设为第一张幻灯片。所有幻灯片的浏览视图如图 2-53 所示。

图 2-53　全部幻灯片的浏览视图

⑦ 所有幻灯片全部设计好后,返回第一张幻灯片。右击"毛泽东"图片,选择快捷菜单下的"超链接"命令,如图 2-54 所示。

图 2-54　"超链接"菜单

⑧ 打开"插入超链接"对话框窗口,选择"本文档中的位置"选项,在右边"请选择文档中的位置"列表中选择有关"毛泽东"介绍的那张幻灯片,单击"确定"按钮,如图 2-55 所示。

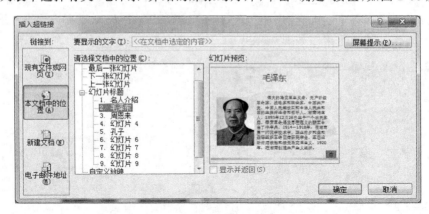

图 2-55　"插入超链接"对话框

⑨ 用同样的方法重复⑦⑧两步,分别设置其他名人的超链接位置。

按 F5 键,放映幻灯片,当鼠标移到这些设置了超链接的对象上时,鼠标指针变为手形指针,这时单击,课件即跳转到链接的幻灯片进行放映。由于每一张幻灯片都有一个返回按钮,在放映过程中,单击该按钮,返回到第一张幻灯片,可以重新选择不同的链接。

2. 文字超链接及其颜色设置

上面均是在图片上设置的超链接,下面说明如何在文字上设置超链接。

① 如图 2-56 所示,将第一张幻灯片上的人物图片删除,改用文本框表示的人名。

② 选中第一个文本框中的文字,使其反色显示,右击,选择"超链接"命令,为其设置超链接。

③ 重复②步为所有人名设置超链接,如图 2-57 所示。

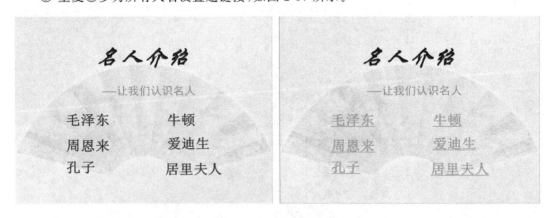

图 2-56　修改后的第一张幻灯片　　　　图 2-57　设置超链接后的文字

下面说明如何通过修改主题颜色来设置超链接的颜色。

对于选定的主题,都有一套默认的主题颜色,又称为"配色方案"。只要通过编辑配色方案,把"超链接"与"已访问的超链接"的颜色设为同样的颜色,这样创建超链接和访问超链接前后颜色都不再改变。

编辑配色方案,改变超链接在访问前后的颜色的具体方法是:

① 选择【设计】选项卡,单击【主题】工具栏中的【颜色】按钮,下拉出各种主题的颜色配

置方案,如图 2-58 所示。

②选择单击"新建主题颜色"选项,弹出"新建主题颜色"对话框,如图 2-59 所示。

③单击"超链接"或"已访问的超链接",改变其颜色,并保存,完成超链接颜色的修改。

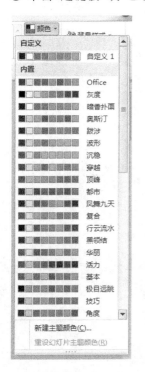

图 2-58 主题颜色方案

图 2-59 "新建主题颜色"对话框

2.4 PowerPoint 课件制作技巧

2.4.1 课件版面设置技巧

PowerPoint 演示文稿的版面主要是通过模板、主题、母版和配色方案进行控制的。可以使用 PowerPoint 提供的模板和主题快速地建立专业化的演示文稿,也可以在此基础上进行修改、编辑,建立个性化的演示文稿。

1. 使用模板、主题和版式

PowerPoint 2010 的"模板"和"主题"是包含演示文稿样式的文件,主要包括背景设计、配色方案、字体类型和大小等内容,以便为演示文稿提供设计完整、专业的外观。"版式"指一张幻灯片中内容的排列方式。

在执行【文件】主菜单的【新建】演示文稿命令时,我们可对所使用的模板进行选择,如图 2-60 所示。一般默认的是"空白演示文稿"模板。

在【设计】选项卡中的【主题】工具栏内可以预览和选择各种幻灯片主题,幻灯片编辑过程中可以随时将其应用于演示文稿。单击【主题】工具栏右边的下拉按钮,即列出计算机内存储的所有主题,如图 2-61 所示。

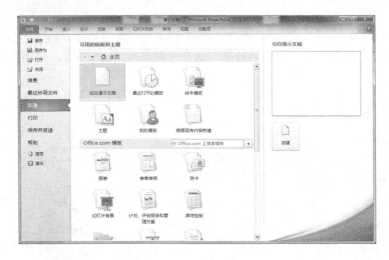

图 2-60　新建演示文稿时对模板的选择

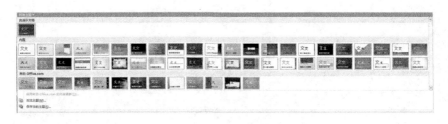

图 2-61　"全部主题"列表

将鼠标移到某个主题上右击,会出现一个下拉菜单,选择"应用于所有幻灯片",当前演示文稿中所有的幻灯片使用所选中的主题模板;选择"应用于选定幻灯片",则当前选中的幻灯片使用该主题模板。

每次添加的新幻灯片时,都可以通过【开始】选项卡的【版式】命令按钮,为其选择一种版式,如图 2-62 所示。

"版式"指的是幻灯片内容在幻灯片上的排列方式。版式由占位符组成,而占位符可放置文字、表格、图表、图片、形状和剪贴画等。比如,"标题幻灯片"版式通过占位符给出一个标题和一个副标题 2 个占位符,可以直接输入相应文字建立演示文稿的标题和副标题;"标题和内容"版式给出了标题、文本和表格、图表、图

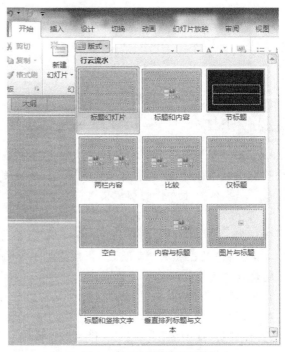

图 2-62　幻灯片版式应用

片、形状或剪贴画的排列方式。

设计演示文稿最基本的方法是选用一种适当的主题,并根据内容需要选择不同的幻灯片版式;然后根据设计需要再做一些基本的修改,比如修改幻灯片母版,为所有的幻灯片统一添加动作按钮;也可以在占位符中输入相关内容后,改变它的大小、颜色等其他属性。

2. 设计个性化的演示文稿

设计个性化的演示文稿,主要是通过对演示文稿的背景设计和填充、幻灯片母版以及配色方案等内容的创建和修改来完成的。

母版是一种特殊的幻灯片,幻灯片母版中保存了下列信息:标题、文本和页脚文本的字形,文本和对象的占位符位置,项目符号样式,背景设计、模板设计、配色方案与动画方案。

演示文稿中的一套母版有11个,分别对应于幻灯片的11个版式。幻灯片母版存储所应用的设计模板中有关幻灯片样式的信息,对任何一个母版的修改,将会影响到应用该版式的所有幻灯片。因此,如果要对演示文稿中的幻灯片进行统一修改或设置,可以通过修改母版来实现。对母版的编辑与对一般幻灯片的编辑完全一样。

实例 2.10 通过修改母版的方式,创建一个讲解课文《荷塘月色》的模版,如图 2-63 和图 2-64 所示。

图 2-63 幻灯片母版设置

① 新建一个空白演示文稿,这时设计模板为"默认设计模板",幻灯片版式为"标题幻灯片"。

② 单击【视图】选项卡,执行【母版视图】工具栏中的【幻灯片母版】按钮,打开幻灯片母版视图,如图 2-65 所示。

③ 为标题幻灯片母版添加背景。单击【幻灯片母版】选项卡,执行【背景样式】功能按钮,选择【设置背景格式】菜单,在弹出的"设置背景格式"对话框中选择"填充"选项,并选择"图片或纹理填充",单击"文件"按钮,将"荷塘月色图片1.jpg"插入。然后,在"设置背景格式"对话框中单击"关闭"或单击"全部应用"按钮。

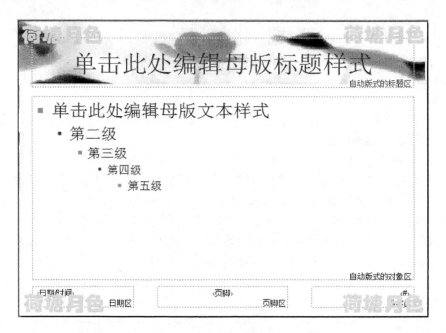

图 2-64 标题母版设置

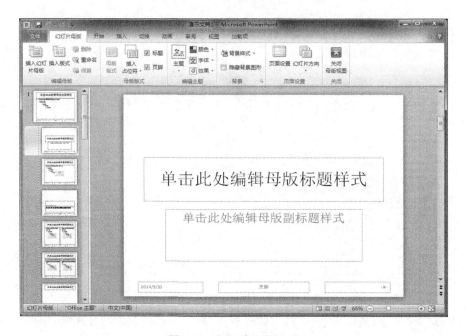

图 2-65 幻灯片母版视图

④ 插入一个文本框,输入文字"荷塘月色",字体设为"华文琥珀",字号为"36"磅,颜色设为"灰色"。然后,再复制出 3 个文本框,将 4 个文本框放在幻灯片四角。

⑤ 选中"标题和内容版式母版",将"荷塘月色图片 2.jpg"设为背景,再将上一张母版的文本框复制过来。

⑥ 单击"关闭母版视图"按钮,返回到普通视图。

⑦ 执行【文件】→【另存为】菜单命令,在"另存为"对话框中,将保存类型设为"Power-

Point 模板(＊.potx)",并命名为"荷塘月色",这时模板文件将被自动保存在 Microsoft 文件夹下的 Templates 文件夹中。

以后再新建演示文稿时,就可以像使用其他设计模板一样在"我的模板"中选择使用这一模板了,如图 2-66 所示。

图 2-66　用自建模板新建演示文稿

2.4.2　媒体对象使用技巧

1. 插入 Flash 动画

Flash 是一款流行的优秀矢量动画制作软件,它简单易学,功能强大,能制作出图文并茂的多媒体动画文件,并且文件体积很小,对动态演示教学内容极为有效。将 Flash 动画与 PowerPoint 结合使用,能大大丰富 PowerPoint 教学课件的表现形式,提高教学课件的演示效果和使用质量。

在 PowerPoint 中可以使用不同的方法调用 Flash 动画文件,下面通过实例具体说明调用方法。

实例 2.11　使用两种不同方法在演示文稿中插入 Flash 影片。

(1) 使用"Shockwave Flash Object"控件法插入 Flash 影片

① 设置"开发工具"功能选项卡"。

执行【文件】主菜单下的【选项】命令,打开"PowerPoint 选项"窗口,选择"自定义功能区"菜单命令,在右边"自定义功能区"中将"开发工具"复选框选中,如图 2-67 所示。单击"确定"按钮。此时可看到 PowerPoint 主窗口的功能选型卡区多出一个"开发工具"选项卡。

② 新建一个 PowerPoint 演示文稿,任意选择一种模板,在第一张幻灯片中选用"空白"版式。

③ 单击【开发工具】选项卡,选择【控件】工具拦的"其他控件"按钮,打开"其他控件"选择窗口,选择"Shockwave Flash Object"控件,如图 2-68 所示,单击"确定"按钮。

图 2-67 设置"开发工具"选项卡

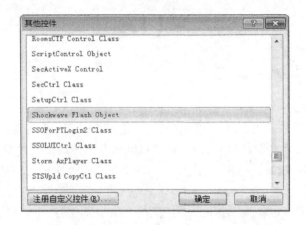

图 2-68 Shockwave Flash Object 控件

④ 将光标移动到 PowerPoint 的编辑区域中,光标变成"十"字形,按下鼠标后拖动,画出适当大小的矩形框;设定的矩形框的大小就是放映时动画窗口的大小,它的大小可以通过拖动矩形框的调整点随意改变,如图 2-69 所示。

⑤ 右击矩形框,在出现的快捷菜单中单击"属性",出现"属性"窗口。在"属性"窗口的 Movie 选项一栏右侧的文本框中直接输入 Flash 动画文件的绝对路径(如果 Flash 动画与 PowerPoint 文件处于同一目录中,也可以只输入 Flash 动画文件名),且必须带后缀名".swf"。本例中输入"荷塘月色.swf",如图 2-70 所示。其他项目采用系统默认值即可,关闭属性窗口,返回 PowerPoint。

图 2-69 设置动画放映窗口　　　　图 2-70 控件的"属性"窗口

⑥ 按 F5 键,播放该幻灯片,则"荷塘月色"Flash 动画自动开始播放,如图 2-71 所示。Flash 动画播放时,鼠标处在 Flash 播放窗口内,响应 Flash 动画的鼠标事件;处在 Flash 播放窗口外,响应 PowerPoint 的鼠标事件。

图 2-71 插入了 Flash 影片的幻灯片

(2) 使用"插入对象法"插入 Flash 影片

① 插入一张新幻灯片。

② 插入一个文本框,输入文字"使用插入对象法调用 Flash 动画"。

③ 执行【插入】选项卡中的【对象】命令按钮,弹出"插入对象"对话框。

④ 选择"由文件创建",单击"浏览"按钮,在出现的"浏览"对话框中找到要插入的 Flash 文件并双击,Flash 动画文件的路径便会出现在"插入对象"对话框中的文本框中,如图 2-72 所示。单击"确定"按钮返回 PowerPoint。

图 2-72 "插入对象"对话框

⑤ 这时幻灯片上不是出现 Flash 文件的界面,而是出现一个 Flash 动画图标。可以根据需要改变图标的大小和位置。

⑥ 激活对象。单击选中 Flash 图标,执行【插入】选项卡中的【动作】命令按钮,出现"动作设置"对话框。激活对象的方式可以为"单击鼠标"也可以是"鼠标移过"。选中"单击鼠标"选项卡的"对象动作"按钮,选择"激活内容",如图 2-73 所示。最后单击"确定"按钮,完成激活动画按钮操作,返回 PowerPoint 编辑窗口。

⑦ 放映该幻灯片。此时幻灯片不能自动播放 Flash 影片,必须单击 Flash 动画图标才能激活动画对象。在出现一个询问框后,单击"是"按钮,系统便会调用播放器来播放动画。

说明:要想用这种方式播放 Flash 动画,该动画文件必须事先与播放器软件相关联才行。关联方法:右击动画文件,选择"打开方式""选择默认程序"菜单命令,如图 2-74 所示。

图 2-73 激活动作对象操作　　　　图 2-74 选择打开文件的默认程序

弹出"打开方式对话框",选中一个播放器软件,然后勾选"始终使用选择的程序打开这种文件"选项,单击"确定"即可,如图 2-75 所示。

图 2-75 文件的"打开方式"对话框

还可以通过建立一个到 Flash 影片文件的超链接来调用 Flash 动画,或者通过对一个对象的动作设置来建立链接关系的方法来调用 Flash 动画,这种方法前面做过介绍,只不过此处超链接或动作的目标对象是一个外部的 Flash 文件。

2. 插入多媒体素材

在课件中合理地使用声音、视频等多媒体素材,可以增加课件的表现力,PowerPoint 提供了在幻灯片放映时播放音乐、声音和影片的功能。

(1) 在演示文稿中插入声音

在演示文稿中插入声音,单击【插入】选项卡→【媒体】工具栏中的【音频】按钮下半部,弹出三项选择菜单:文件中的音频、剪贴画音频、录制音频,可通过这三种方式插入音频。

插入声音文件后,幻灯片上会出现声音图标,如图 2-76 所示。

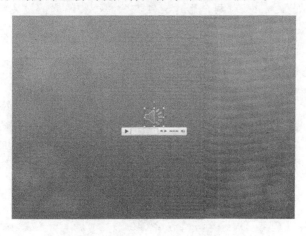

图 2-76 幻灯片上的声音图标

选中声音图标,此时功能选项卡区出现一个"音频工具"选项卡,单击该选项卡下的"播放"子选项卡,出现"音频选项"工具栏,可以设置是否循环播放声音,可以调节音量的大小,可以设置是否在放映时隐藏声音图标,如图 2-77 所示。

图 2-77 "音频选项"工具栏

(2) 在幻灯片中插入影片

插入影片的步骤与添加声音非常相似。单击【插入】选项卡→【媒体】工具栏中的【视频】按钮下半部,弹出选择菜单,选择"文件中的视频",则可以选择一个影片文件,将其插入到幻灯片中。

插入声音时,在幻灯片上显示的是声音图标,而插入影片后,幻灯片上将以静止图片的方式,显示影片的第一帧。其他操作与插入声音文件类似。

实例 2.12 在幻灯片中添加声音和影片的实例。

① 新建一个 PowerPoint 演示文稿,使用默认设计模板的"空白"版式,将幻灯片的背景用图片文件"边框.jpg"进行填充。

② 在幻灯片中插入一个文本框,输入文字"在幻灯片中加入声音",并对文本框进行填充和边框设置操作。在幻灯片中插入另一个文本框,在其中输入关于在幻灯片中插入声音文件方法的描述并进行设置,如图 2-78 所示。

③ 执行【插入】→【音频】→【文件中的音频】,在弹出的查找框中找到 PowerPoint 素材文件夹中的声音文件"背景音乐 1",单击"确定"。

④ 在"音频工具"选项卡的"音频选项"工具栏内将"开始"设为"自动"。

⑤ 插入一张新幻灯片,在其中插入文本"视频文件的使用"并进行填充和设置边框操作。执行【插入】→【视频】→【文件中的视频】,选择影片文件"钟摆.avi",将其插入。再插入"中国第一颗原子弹爆炸.avi",对两个影片文件进行大小和位置的设置,如图 2-79 所示。

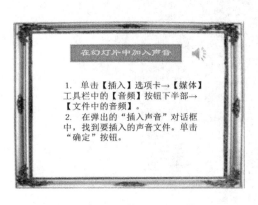

图 2-78 在幻灯片中插入声音文件

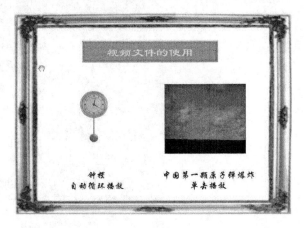

图 2-79 在幻灯片中插入影片文件

⑥ 设置"钟摆",播放方式为"自动"、"循环播放,直到停止"。设置"中国第一颗原子弹爆炸"为"单击时",再分别输入两个提示文本对象。

⑦ 插入一张新幻灯片,插入影片文件"太阳风暴.wmv",设为"单击时"播放。

放映过程中,放映第一张幻灯片时,自动播放背景音乐,在声音文件播放过程中单击,则停止播放;放映第二张幻灯片时,"钟摆"会自动播放并循环进行,直到单击停止播放。将鼠标移到第二个影片文件上单击,触发该影片文件进行播放。

2.4.3 放映方式设置技巧

对于使用 PowerPoint 制作的演示型课件,如何设置放映方式,以及如何控制放映过程,也是发挥课件效果的重要因素。

1. 设置放映方式

点击【幻灯片放映】选项卡,出现设置放映方式工具栏,如图 2-80 所示。

图 2-80 幻灯片放映工具栏

选择"设置幻灯片放映"工具按钮,弹出"设置放映方式"对话框,其中的"放映类型"包括演讲者放映、观众自行浏览和在展台浏览 3 种情况。

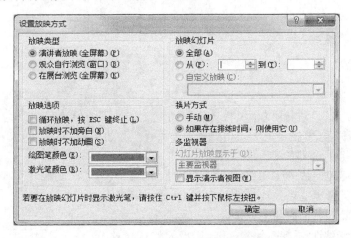

图 2-81 "设置放映方式"对话框

在演讲者放映方式下,教师具有对放映的完全控制,并可以用自动或手动方式进行幻灯片放映。演讲者放映方式在全屏幕上实现,显示鼠标指针,放映过程中允许激活控制菜单,进行画线、漫游等操作,还可以在放映过程中录下旁白。

观众自行浏览方式,可以提供学生使用课件自学的方式。利用这种方式提供的菜单可以进行翻页,但此时不能通过单击或按键来进行放映,只能自动放映或利用滚动条进行放映。在这种方式下,"循环放映,按 Esc 键终止"复选框有效。

在"放映选项"栏中,选中相应的复选框,可以设置循环放映方式,也可以设置在放映时不使用旁白或不使用动画。

2. 设置放映时间

"切换"选项卡中的"设置自动换片时间",可以设置演示文稿中每张幻灯片的放映时间。在幻灯片自动放映方式下,每隔一定时间,即可自动换页,而无须人工干预。如果每张幻灯片的内容不相同,则放映需要的时间也不同,这时可以使用"幻灯片放映"选项卡中的"排练计时"功能,事先设定幻灯片各页的放映时间。

3. 控制放映进程

在课件的放映演示过程中,可以使用鼠标和键盘控制课件的放映进程。教师还可以使用屏幕注释工具,对重点内容加以标记。

(1) 使用注释工具

PowerPoint 允许在幻灯片放映时使用墨迹在幻灯片上进行注释。在课件的放映过程中,在幻灯片放映视图的左下角,会显示一个放映控制条,如图 2-82 所示。除包含"上一张"、"下一张"两个按钮外,"指针"按钮用于设置鼠标指针的形状,"选项"按钮用于显示控制放映的选项。

单击控制条中的"指针"按钮,弹出如图 2-83 所示的快捷菜单。

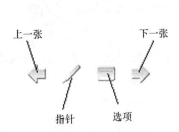

图 2-82　放映控制条

图 2-83　"指针"快捷菜单

选择"笔"或"荧光笔"之后,拖动鼠标,可以在幻灯片页面上留下注释墨迹。

选择"墨迹颜色",可以通过调色板选择"笔"或"荧光笔"的墨迹颜色。

选择"橡皮擦"命令,在墨迹上点击鼠标,擦除墨迹。如果选择"擦除幻灯片上的所有墨迹"命令,则页面上的全部墨迹立刻被清除。

(2) 使用鼠标控制放映

如果是以演讲者浏览模式放映演示文稿,放映者可以右击,弹出一个控制幻灯片放映的快捷菜单,如图 2-84 所示。

选择"下一张"或"上一张"命令,可以从当前幻灯片前、后跳转。

选择"上次查看过的"命令,将跳转到最近刚浏览过的幻灯片。选择"定位至幻灯片"命令时,将打开一个子菜单,子菜单中显示演示文稿中全部幻灯片页面的标题(或幻灯片编号),单击其中任意一个,即可进入相应的幻灯片页面。

选择"屏幕"命令时,将打开一个子菜单,其中可以选择"显示/隐藏墨迹"命令,显示或隐藏墨迹;也可以选择"黑

图 2-84　幻灯片放映控制菜单

屏"或"白屏"选项,隐藏幻灯片中的对象。

选择"指针选项"命令时,将打开一个子菜单,其内容与在控制条中选择"指针"按钮时弹出的菜单完全一样。

选择"结束放映"命令,可以随时结束放映演示文稿,返回到幻灯片普通视图。

2.4.4 综合应用举例

实例 2.13 制作语文教学课件"望庐山瀑布"。

1. 设计思想

本实例是为一篇古诗讲解制作课件。通常在学习古诗时,老师都会朗读课文,因此在这里设置了"诗歌朗诵"并配上声情并茂的课文录音。而"理解诗意"、"诗歌诠释"可以让我们更深地领会这首诗的诗意。

2. 制作重点

课件中的文字不仅可以是静态的,也可以是动态的。为贴切"望庐山瀑布"的意境,在课件中插入一张"庐山瀑布"图片,使整个课件看上去更真实、生动。

要让课件"动"起来,需要掌握的是:

(1) 用复制文本框的方式来制作相同的文字显示效果;
(2) 为幻灯片设置旁白声音,为文字设置动画效果;
(3) 为"作者简介"、"诗歌朗诵"、"理解诗意"、"诗歌诠释"设置超链接;
(4) 制作"返回"按钮并设置链接。

3. 操作步骤

① 执行【文件】→【新建】菜单→【根据现有内容新建】选项。

② 选择素材文件夹中的"诗情画意.pptx"文件,作为该演示文稿的模板,如图 2-85 所示。

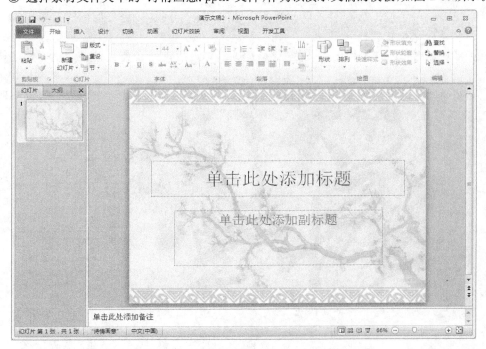

图 2-85 选择"诗情画意.pptx"作为模板

③ 在标题框占位符中录入文字"望庐山瀑布",将字体设为"华文行楷",字号设为"80",将它移动到幻灯片页面中合适的位置,如图 2-86 所示。

④ 在副标题框占位符中录入文字"李白",设置字体"华文行楷",字号"48"。

⑤ 执行【插入】→【文本框】→【垂直文本框】选项,在幻灯片上绘制一个垂直文本框,如图 2-87 所示。

图 2-86 添加标题

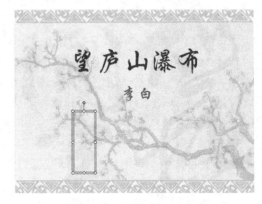

图 2-87 绘制垂直文本框

⑥ 在垂直文本框中录入文字"作者简介",字体设置为"楷体",字号设置为"36"。

⑦ 单击【开始】→【字体】工具栏上的"阴影"按钮 S ,为文字设置阴影效果,如图 2-88 所示。

⑧ 复制"作者简介"文本框,方法有以下 3 种。

选中文本框边框,按下快捷键"Ctrl+C"复制,再按"Ctrl+V"粘贴。

选中文本框边框,按下快捷键"Ctrl+D"。

选中文本框后,按下"Ctrl"键,将鼠标指针移动到文本框的边缘处的同时按下鼠标左键并拖动,到达合适位置后松开鼠标。

⑨ 将复制出来的文本框内容改为"诗歌朗诵",修改后的文字将自动应用文本框的格式属性。

⑩ 按照同样的方法复制出另外 2 个文本框,将文字改为"理解诗意"和"诗歌诠释",并调整 4 个文本框的位置,如图 2-89 所示。

图 2-88 在文本框中输入文字

图 2-89 复制文本框并修改文字

⑪ 对齐文本框。复制出来的文本框可能上下并未对齐,且分布不均匀。这时,可用鼠标框选中这 4 个文本框,然后单击【开始】→【绘图】工具栏上的"排列"下拉按钮,分别选择"对齐"下的"顶端对齐"和"横向分布"命令,如图 2-90 和图 2-91 所示。

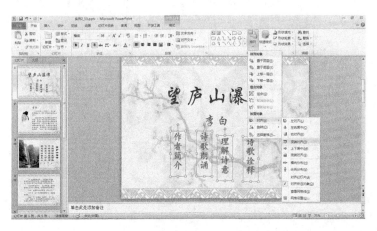

图 2-90 对齐文本框菜单

图 2-91 文本框对齐效果

⑫ 按下快捷键"Ctrl+M",插入一张新幻灯片,删除文本占位符。

⑬ 执行【插入】→【图片】工具栏按钮,打开"插入图片"对话框,将事先准备好的李白头像图片插入到幻灯片中。

⑭ 在幻灯片中绘制一个横排文本框,然后输入或粘贴作者简介文字内容。

⑮ 选中文本框,将字体设置为"华文行楷",首行"李白:"字号设置为"44",其余字号为"27",如图 2-92 所示。

⑯ 按下快捷键"Ctrl+M",插入一张新幻灯片,将所有占位符删除。

⑰ 插入图片"庐山瀑布.jpg"。

⑱ 在插入的图片上右击鼠标,打开"设置图片格式"对话框,单击"大小"选项,取消对"锁定纵横比"的勾选,然后将"高度"设置为"16.41 厘米",宽度设置为"12.4 厘米",单击"确定"按钮,如图 2-93 所示。或者选中图片,通过尺寸控制点调整图片大小。

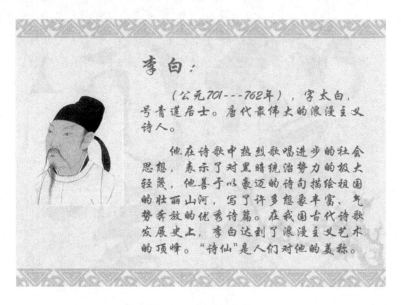

图 2-92 新建幻灯片

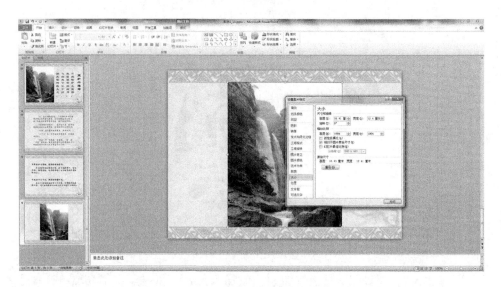

图 2-93 调整插入图片的大小

⑲ 将图片移动到整个幻灯片页面的左半边。

⑳ 在页面上绘制出 5 个垂直文本框,然后分别录入这首诗的题目和内容,字体设置为"隶书",题目的字号设为"44",内容的字号设为"40",文字颜色全部设置为"深蓝"。

㉑ 选中这 5 个垂直文本框,然后右击鼠标,打开"设置图片格式"对话框,单击"阴影"选项,设置"预设"为"右下方偏移","颜色"为"黑色",如图 2-94 所示。

㉒ 选中这 5 个垂直文本框,按 Ctrl+C 键"复制",再按 Ctrl+V 键"粘贴",按四个移动键,使之与原来 5 个文本框完全重合。

㉓ 将题目文字颜色设为"蓝色",内容颜色设为"绿色"。

图 2-94　编辑垂直文本框

㉔ 插入文件中的声音。执行【插入】→【音频】→【文件中的音频】选项,打开"插入声音"对话框,插入音频文件"望庐山瀑布.wav"。

㉕ 设置放映幻灯片时,隐藏声音图标。单击【音频工具】→【播放】选项卡,勾选"放映时隐藏"复选框。

㉖ 单击【动画】选项卡→【动画窗格】按钮,选中"望庐山瀑布"文本框,选择"擦除"动画效果,单击"效果选项",设置擦除方向为"自顶部","开始"设置为"与上一动画同时",持续时间设置为"3.8 秒",延迟设置为"1.2 秒"。

㉗ 后面的四个文本框,"开始"均设置为"与上一动画同时",持续时间和延迟时间分别设置为"4.7""5.2"、"5.1""9.5"、"5.1""14.6"、"4.9""19.1"。设置好的动画窗格显示如图 2-95 所示。

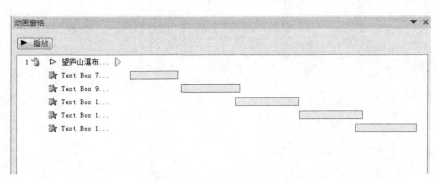

图 2-95　编辑垂直文本框

㉘ 按下"Ctrl+M"插入一张新幻灯片,删除所有占位符,然后在幻灯片上绘制一个横排文本框,输入或粘贴文本,并将字体设置为"华文行楷",字号设置"25"。

㉙ 选中文本框中的第一段文字,设置动画效果为"进入"下的"百叶窗",如图 2-96 所示。

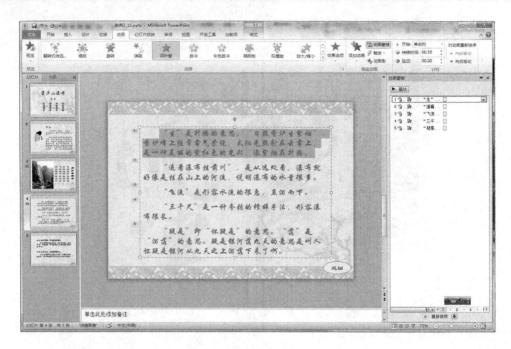

图 2-96 新建幻灯片

㉚ 分别选中其他段落,应用相同的动画效果。

㉛ 以下的幻灯片制作方法与上面类似。

㉜ 设置超链接。选中第一张幻灯片,再选中"作者简介"文本框,接着右击,在弹出的快捷菜单中选择"超链接"命令,打开"插入超链接"对话框。

㉝ 单击对话框中的"本文档中的位置"按钮,再在"请选择文档中的位置"列表中单击"2.幻灯片 2",按下"确定"按钮。

㉞ 类似操作设置后面几个超链接。

第3章　Flash动画基础

Flash 是 Micromedia 公司推出的网页设计和网页动画制作软件。Flash 支持动画、声音和交互,具有强大的多媒体编辑功能。使用 Flash 可以设计出引导时尚潮流的网站、动画、多媒体及互动影像。Flash 动画被广泛应用于网页设计、网页广告、网络动画、多媒体教学课件、游戏设计、企业介绍、产品展示、电子相册等领域,用 Flash 制作的教学课件,不仅操作简单,而且交互性强,非常有利于教学的互动。

3.1　Flash 8 工作环境简介

3.1.1　开始页

运行 Flash 8,首先映入眼帘的是"开始页"。"开始页"将常用的任务都集中放在一个页面中,包括"打开最近项目"、"创建新项目"、"从模板创建"、"扩展"以及对官方资源的快速访问,如图 3-1 所示。

图 3-1　开始页

如果要隐藏"开始页",可以单击选择"不再显示此对话框",然后在弹出的对话框中单击"确定"按钮。

如果要再次显示开始页,可以通过选择"编辑"→"首选参数"命令,打开"首选参数"对话框,然后在"常规"类别中设置"启动时"选项为"显示开始页"即可。

3.1.2 工作窗口

在"开始页",选择"创建新项目"下的"Flash 文档",这样就启动 Flash 8 的工作窗口并新建一个 Flash 文档,如图 3-2 所示。

图 3-2 Flash 8 的工作窗口

Flash 8 的工作窗口由标题栏、菜单栏、主工具栏、文档选项卡、编辑栏、时间轴、工作区和舞台、工具箱以及各种面板组成。

1. 标题栏

标题栏包括软件的名称,用户目前正在编辑文档的名称和控制工作窗口的按钮。

2. 菜单栏

菜单栏位于标题栏的下方,其中包含控制 Flash 动画的常用命令。菜单栏中包括"文件"、"编辑"、"视图"、"插入"、"修改"、"文本"、"命令"、"控制"、"窗口"和"帮助"10 个菜单项。

3. 主工具栏

Flash 8 主工具栏中的按钮与 Word 文字处理系统常用工具栏中的按钮功能相同,用户可以使用这些按钮,快速地进行文件的打开、保存、打印等操作。

4. 时间轴面板

时间轴面板位于菜单栏的下方,它是处理帧和层的地方,而帧和层是动画的重要组成部分。时间轴显示动画中各帧的排列顺序,同时也包括各层的层次顺序。使用时间轴,可以更方便地控制动画。时间轴面板由左侧的层操作区、右侧的时间线操作区和底部的状态栏组成,如图 3-3 所示。

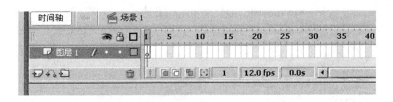

图 3-3　时间轴

5．舞台

时间轴下方是舞台。舞台,也可称为场景,是用来存放 Flash 动画内容的矩形区域。在舞台中可放置矢量图、文本框、按钮、导入的位图或视频等。制作动画时,适当地放大舞台显示比例,可以对图形的细微处进行精确处理;适当地缩小舞台显示比例,可以更好地把握图形的整体形态以及在舞台上的位置。

如果要放大舞台中某个特定的对象,可先选择缩放工具，然后在该工具选项区中单击"放大"按钮 选择放大工具,使用该工具在对象上单击即可。选择工具箱中的"手形工具" ,在舞台上拖动鼠标可平移舞台。

6．工具箱

Flash 8 的工具箱中包含绘制、编辑图形的所有工具,如图 3-4 所示为 Flash 8 的工具箱。该工具箱可分为 4 个区域,分别为工具区、视图区、颜色区和选项区。选项区显示用户当前正在使用工具的补充说明,该区域中的内容会随着用户当前选择工具的不同而变化。

7．浮动面板

Flash 8 将常用的面板显示在工作窗口

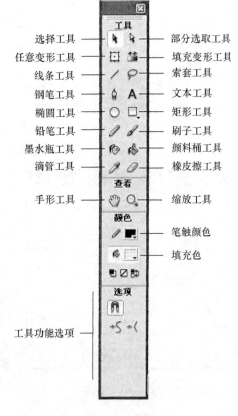

图 3-4　工具箱

中。利用这些面板,可以实现编辑功能,如设置实例的坐标位置;也可以对图形进行各种属性的设置,如颜色、字体和字号等。默认情况下,属性面板、滤镜面板、参数面板和动作面板嵌入到工作窗口的下方,颜色和库面板嵌入到工作窗口的右侧。

3.2　Flash 文档的基本操作

对于初步接触 Flash 的人来说,掌握 Flash 制作动画的工作流程,掌握 Flash 文档的基本操作方法是最迫切的一个要求。下面通过一个实例,学习如何新建 Flash 文档,如何设置文档属性及保存文件,测试影片,导出影片,打开文件和修改文件,输入文本的方法,如何设置文本的滤镜效果以及认识 Flash 8 工作环境,认识 Flash 所产生的文件类型等。

3.2.1 创建、存储文件

实例 3.1 利用投影滤镜制作一个阴影文字特效,制作步骤如下。

1. 新建 Flash 文档和设置文档属性

① 启动 Flash 8,出现"开始页",选择"创建新项目"下的"Flash 文档",这样就启动 Flash 8 的工作窗口并新建一个 Flash 文档。

② 展开"属性"面板,单击"大小"右边的"文档属性"按钮 550×400 像素 ,弹出"文档属性"对话框,如图 3-5 所示。在"标题"文本框中输入"文字效果",在"描述"列表框中输入对影片的简单描述,设置"尺寸"为 300×200 像素,设置"背景颜色"为蓝色,其他保持默认。

2. 创建文字

① 在"工具箱"中选择"文本工具" A 。在"属性"面板中,设置"字体"为黑体,"字体大小"为 45,"文本颜色"为白色,文字加粗显示,其他属性保持默认。

② 将鼠标移向舞台上单击,在出现的文本输入框中输入"计算机辅助教学"。

③ 在"工具箱"中选择"选择工具",拖动文字到舞台中央位置,效果如图 3-6 所示。

图 3-5 "文档属性"对话框　　　　图 3-6 创建文本对象

3. 保存和测试影片

① 选择【文件】→【保存】命令(快捷键 Ctrl+S),弹出【另存为】对话框,指定影片保存的文件夹"示例程序-ch3",输入文件名"实例 3_1",单击【保存】按钮。这样就将 Flash 文档保存起来了,文件的扩展名是.fla。

② 选择【控制】→【测试影片】命令(快捷键 Ctrl+E),弹出测试窗口,在窗口中可以观察到影片的效果,并且还可以对影片进行调试。关闭测试窗口可以返回到影片编辑窗口,对影片继续进行编辑。

4. 导出影片

① 选择【文件】→【导出】→【导出影片】命令,弹出"导出影片"对话框,指定导出影片的文件夹,输入导出影片文件名"实例 3_1",单击"保存"按钮,弹出【导出 Flash Player】对话框。

② 在这个对话框中可以设置导出影片的相关参数。这里不做改动,保持目前的默认参

数。单击【确定】按钮,导出影片。导出的影片文件类型是播放文件,文件扩展名为.swf。

5. 关闭和打开 Flash 文档

① 单击 Flash 文档窗口右上角的关闭按钮,关闭影片。

② 在"开始"页面,选择"打开最近项目"下的"打开"按钮,弹出"打开"对话框。在"查找范围"中定位到要打开影片文件所在的文件夹,选择要打开的影片文件(实例 3_1.fla)。单击"打开"按钮,就把 Flash 文档打开了。

③ 单击舞台上的文本对象。接着展开"滤镜"面板,单击"+"号按钮,在弹出的下拉菜单中选择"投影"滤镜。此时,舞台上文本对象产生了滤镜效果,如图 3-7 所示。

图 3-7 设置文字滤镜效果

④ 按下快捷键"Ctrl+S"保存文件。按下快捷键"Ctrl+E"测试影片效果,得到一个具备阴影效果的文字特效。

3.2.2 标尺、辅助线和网格

在绘图或移动对象时在 Flash 中绘制图形,离不开使用标尺、辅助线和网格。使用它们可以帮助用户轻松地进行图形的定位,使绘制的图形更加精确。

1. 标尺

在菜单栏中,选择【视图】→【标尺】命令,可在工作区中显示标尺,Flash 8 中的标尺分为水平标尺和垂直标尺,如图 3-8 所示。如果要隐藏标尺,再次选择【视图】→【标尺】命令即可。利用网格、标尺和辅助线可以精确调整对象在舞台上的位置,并使不同对象相互对齐。

图 3-8 显示标尺

标尺默认的单位是像素，如果用户要更改其度量单位，可选择【修改】→【文档】命令，弹出"文档属性"对话框，如图 3-5 所示。单击"标尺单位"右侧的下拉按钮，在弹出的下拉列表中选择相应选项即可更改标尺的单位。

2. 辅助线

当用户要绘制大小及位置十分精确的图形时，可使用辅助线来进行定位。如果标尺已显示在工作区中，可在标尺上单击，当光标变为 形状时，向舞台中央拖动鼠标，到达目的位置后释放，即可创建辅助线，如图 3-9 所示。

图 3-9　创建辅助线

3. 网格

在菜单栏中，选择【视图】→【网格】→【显示网格】命令，可以在舞台上显示网格，如图 3-10 所示，再次选择该命令，即可隐藏网格。

默认情况下，网格由多个 18 像素×18 像素的小方格组成，且小方格的边线为浅灰色。如果用户要更改其大小及颜色，可在菜单栏中选择【视图】→【网格】→【编辑网格】命令，在弹出的"网格"对话框中对网格间的距离以及对象是否贴紧网格对齐等属性进行设置，如图 3-11 所示。

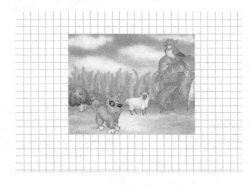

图 3-10　显示网格　　　　　　　图 3-11　编辑网格对话框

3.3　绘制和填充图形

3.3.1　矢量图和位图

1. 矢量图

矢量图像是用包含颜色和位置属性的点和线段来描述的图像。以直线为例，它利用两端的端点坐标和粗细、颜色来表示直线,因此对矢量图进行缩放时,不会发生任何偏差,依旧保持其原有的清晰度。与分辨率无关。通常情况下,矢量图像的文件体积要比位图图像的小。Flash 中绘制的图形属于矢量图形,它是 Flash 动画的最主要组成元素。

2. 位图

位图图像是由像素点构成的。像素点的多少将决定位图图像的显示质量和文件大小,位图图像的分辨率越高,其显示越清晰,文件所占的空间也就越大。因此,位图图像的清晰度与分辨率有关。位图图像能够精确地记录图像丰富的色调,可以逼真地表现自然图像。对位图图像进行放大时,放大的只是像素点,位图图像的四周会出现锯齿状。

3.3.2 Flash 的两种绘图模式

1. 合并绘制模式

合并绘制模式是 Flash 默认的绘图模式。在该模式下绘制的图形是分散的,两个图形之间如果有交接,后绘制的图形会覆盖先绘制的图形,此时移动后绘制的图形会改变先绘制的图形,如图 3-12 所示。为方便对绘制的图形进行形状调整,通常使用合并绘制模式。

图 3-12 合并绘制模式下绘图

2. 对象绘制模式

选中绘图工具后单击工具箱选项区的"对象绘制"按钮,可在对象绘制模式下绘图,在该模式下绘制出的图形会自动组合成一个整体对象,这样两个图形叠加时可以互不影响,如图 3-13 所示。

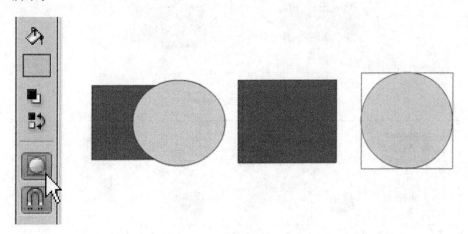

图 3-13 对象绘制模式下绘制的图形

3.3.3 绘图工具的使用

Flash 提供了各种工具来绘制自由形状或准确的线条、形状和路径,并可用来对填充对象涂色。本节通过一些实例,学习选择工具、部分选取工具、线条工具、滴管工具、墨水瓶工具、刷子工具、任意变形工具、颜料桶等工具的基本用法。

1. "选择工具"

选择工具 主要用来选取对象,以便对该对象进行操作,如删除、移动等。利用选择工具还可以方便地将线条或图形调整为需要的形状,例如将直线调成曲线、改变曲线的弧度、改变线条节点位置等。

单击舞台上需要选取的图形,如果要选择多个对象,可以按住键盘上的 Shift 键依次选择对象;或者在舞台中要选择的对象外面按住鼠标左键并拖曳,拖曳出一个矩形框,将要选择的对象全部框住。

单击选择该对象后,可用 Delete 删除,如图 3-14 所示,用鼠标按住不松开,然后拖动到所需要的位置,如图 3-15 所示。

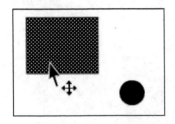
图 3-14　选中图形

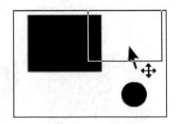
图 3-15　移动图形

鼠标移到图形边线上,当光标变成 形状时,单击并拖动鼠标,即可调整图形中曲线的形状,如图 3-16 所示。另外它还具有切割和变形的功能。用工具箱中的工具绘制出圆、矩形、线条等形状时,用鼠标可以将他们切割。按住鼠标拖动,将不需要的部分选中,如图 3-17 所示。

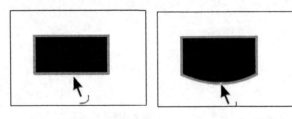
图 3-16　变形轮廓

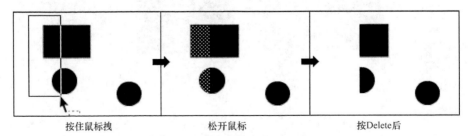
图 3-17　割图

2. "部分选取工具"

使用"部分选取工具" 可以调整图形中的锚点或调节杆,可以方便地移动锚点位置和调整曲线路径的弧度,以改变图形的形状。选择需要调整路径的图形,会显示图形路径的结点,单击需要修改的结点,此时在图形路径上将会显示该结点及和该结点相邻的两个结点靠近被单击结点一侧的控制手柄,如图 3-18 所示。

使用"部分选取"工具拖曳结点,可以改变图形的形状。

使用"部分选取"工具拖曳图形上的结点的控制手柄,可以将结点两侧的曲线改变,如图 3-19 所示。如果按住 Alt 键,则可以拖动一边的控制手柄,改变一边的曲线的形状。

图 3-18　用部分选取工具显示锚点　　　　图 3-19　用部分选取工具调节曲线

3. "线条工具"

"线条工具" 能画出许多风格各异的线条。选中"线条工具",打开属性面板如图 3-20 所示。在其中,可以定义直线的颜色、粗细和样式。单击"线条工具",移动鼠标指针到舞台上,在直线开始的地方按住鼠标拖动,到结束点松开鼠标,一条直线就画好了。

图 3-20　直线属性面板

如果需要更改这条直线的方向和长短,单击选择工具,然后移动鼠标指针到直线的端点处,指针右下角变成直角状,这时拖动鼠标可以改变直线的方向和长短,如图 3-21 所示。

如果鼠标指针移动到线条中任意处,指针右下角会变成弧线状,拖动鼠标,如图 3-22 所示。这是一个很有用处的功能,在鼠标绘图还不能随心所欲时,它可以帮助我们画出所需要的曲线。

图 3-21　鼠标移到端点处　　　　　　　图 3-22　鼠标移到线条中间

技巧

使用线条工具绘图时,按住"Shift"键的同时,按水平方向、垂直方向、左上角或右下角拖动鼠标可以绘制角度为 0°、45°和 90°等按照 45°整数倍角度变化的直线。

实例 3.2 画一片树叶。

① 新建一个 Flash 文档。文档的属性，使用其默认值。

② 新建图形元件。执行【插入】→【新建元件】命令，或者按快捷键"Ctrl+F8"，弹出创建新元件对话框，如图 3-23 所示，在【名称】文本对话框中输入元件名称"树叶"，【类型】选择"图形"，单击【确定】按钮。这时工作区变为"树叶"元件的编辑状态，如图 3-24 所示。

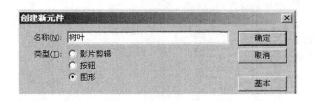

图 3-23　创建图形元件　　　　　　　　　图 3-24　"树叶"图形元件编辑场景

③ 绘制树叶图形。在"树叶"图形元件编辑场景中，首先用"线条工具"画一条直线，"笔触颜色"设置为深绿色，然后用"选择工具"将它拉成曲线，再用"线条工具"绘制一条直线，用这条直线连接曲线的两端点。用"选择工具"将这条直线也拉成曲线，一片树叶的基本形状已经出来了，如图 3-25 所示。

画叶脉，在两端点间画直线，然后拉成曲线，再画旁边的细小叶脉，可以全用直线，也可以略加弯曲，这样，一片简单的树叶就画好了，如图 3-26 所示。

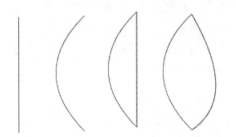
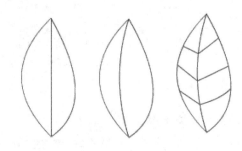

图 3-25　绘制树叶轮廓　　　　　　　　　图 3-26　画叶脉线

④ 编辑和修改树叶。如果在画树叶的时候出现错误，比如说，画出的叶脉不理想，可以执行【编辑】→【撤销】命令或按快捷键"Ctrl+Z"撤销前面一步的操作，也可以用"选择工具"单击想要修改的直线，这条直线变成网点状，说明它已经被选取，如图 3-27 所示。要移动它，就按住鼠标拖动，要删除它，就直接按"Del"键。按住"Shift"键连续单击线条，可以同时选取多个对象。如果要选取全部的线条，用选择工具拉出一个选取框来，就可以将其全部选中了。

⑤ 给树叶上色。在工具箱中找到【颜色】选项。单击【填充色】按钮，会出现一个调色板，同时光标变成吸管状，如图 3-28 所示。说明除了可以选择调色板中的颜色外，还可以点选屏幕上任何地方吸取所需要的颜色。

第 3 章 Flash 动画基础

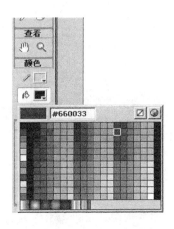

图 3-27　被选取状态　　　　　　　　　　　图 3-28　调色板

现在从调色板里选取绿色，单击工具箱里"颜料桶"工具，在画好的叶子上单击一下，效果如图 3-29 所示，只有一小块颜色。原来，这个颜料桶只能在一个封闭的空间里填色。取消刚刚的填色，用"橡皮擦工具"将线条擦出一个缺口，再看效果，如图 3-30 所示。可以看到，残缺线条的两边都填上了颜色。将树叶图形恢复到使用"橡皮擦"工具擦除操作前的模样，然后一块一块地填上颜色。至此，一个树叶图形就绘制好了，如图 3-31 所示。执行【窗口】→【库】命令，打开【库】面板，会发现【库】面板中出现一个"树叶"图形元件，如图 3-32 所示。

图 3-29　填充颜色　　图 3-30　填充封闭空间　　图 3-31　颜色填充后效果　　图 3-32　树叶图形元件

4．"颜料桶工具"

"颜料桶工具"是对某一区域进行单色、渐变色或位图进行填充，不能作用于线条。单击"颜料桶工具"后，在工具箱下边的【选项】里有四个选项，如图 3-33 所示。单击"锁定填充"按钮，当填充内容为渐变色或位图时，系统将填充内容看作一个整体（相当于将渐变色映射到整个舞台中）。

5．"刷子工具"

"刷子工具" 可以随意地画色块。单击工具箱中的"刷子工具"后，工具箱下边就会显示它的【选项】，如图 3-34 所示。在这里，可以选定画笔的大小和样式以及它的填色模式。下面利用刚刚画成的树叶来详细讲解它的填色模式。在图 3-34 所示的【选项】下单击【填充模式】按钮，则弹出填充模式下拉列表。

· 85 ·

图 3-33 颜料桶工具选项　　　　　　　　图 3-34 刷子的填色模式

(1) 标准绘画。选择"刷子"工具,并将【填充颜色】设置为黄色,当然也可以是其他色。先选择【标准绘画】模式,移动笔刷到舞台的树叶图形上,拖动鼠标在叶子上乱抹几下,观察一下效果,如图 3-35 所示,不管是线条还是填色范围,只要是画笔经过的地方,都变成了画笔的颜色。

(2) 颜料填充。它只影响填色的内容,不会遮盖住线条,如图 3-36 所示。

(3) 后面绘画。无论怎么画,它都在图像的后方,不会影响前景图像,如图 3-37 所示。

(4) 颜料选择。先用画笔抹几下,好像丝毫不起作用。这是因为没有选择范围。用选择工具选中叶片的一块,再使用画笔,颜色就上去了,如图 3-38 所示。

(5) 内部绘画。在绘画时,画笔的起点必须在轮廓线以内,而且画笔的范围也只作用在轮廓线以内,如图 3-39 所示。

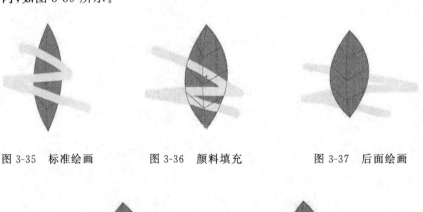

图 3-35 标准绘画　　　　　图 3-36 颜料填充　　　　　图 3-37 后面绘画

图 3-38 颜料选择　　　　　　　　图 3-39 内部绘画

6. "任意变形工具"

"任意变形工具"可以旋转缩放元件,对图形对象进行扭曲、封套变形。当在工具箱中选择"任意变形工具"后,工具箱的下边就会出现相应的【选项】,如图 3-40 所示。"任意变形工具"的【选项】中共包括 4 个按钮,从上向下依次是:【旋转与倾斜】、【缩放】、【扭曲】和【封套】。可以用鼠标指向这些按钮,相应的按钮功能就会显示出来。另外,当选择了"任意变形"工具后,【选项】中的按钮并不是马上都被激活,只有在场景中选择了具体的对象以后,4 个按钮才变成可用状态。

图 3-40　任意变形工具选项

实例 3.3　画一个树枝。

现在要把上例画的一片树叶组合成树枝。利用"任意变形"工具 ,可以将前面绘制的那个树叶改变成需要的形状。

① 旋转树叶。

执行【插入】→【新建元件】命令,或者按快捷键"Ctrl+F8",弹出创建新元件对话框,在【名称】文本对话框中输入元件名称"三片树叶",【类型】选择"图形",单击【确定】按钮。

执行【窗口】→【库】命令,或者按快捷键"Ctrl+L",打开【库】面板,可以看到,【库】面板中出现"树叶"图形元件,用鼠标选中"树叶"元件,拖到舞台。

选择"任意变形工具",单击舞台上的树叶,这时树叶被一个方框包围着,中间有一个小圆圈,这就是变形点,当进行缩放旋转时,就以它为中心,如图 3-41 所示。这个点是可以移动的。将光标移近它,光标下面会多了一个圆圈,按住鼠标拖动,将它拖到叶柄处,这样就可以绕叶柄旋转,如图 3-42 所示。再把鼠标指针移到方框的右上角,鼠标变成圆弧状 ,表示这时就可以进行旋转了。向下拖动鼠标,叶子绕控制点旋转,到合适位置松开鼠标,效果如图 3-43 所示。

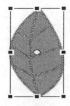　　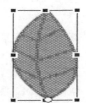　　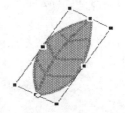

图 3-41　变形点　　　　图 3-42　拖动变形点到叶柄处　　　图 3-43　旋转后的树叶

② 复制树叶。用"选择工具"单击舞台上的树叶图形,执行【编辑】→【复制】命令,然后执行【编辑】→【粘贴】命令,这样就复制得到一个同样的树叶,如图 3-44 所示。按住 Alt 键用鼠标拖动图形也可以复制对象。

③ 变形树叶。将粘贴好的树叶拖到旁边,再用"任意变形"工具进行旋转。使用"任意变形"工具时,也可以像使用"箭头"工具一样移动树叶的位置。拖动任一角上的缩放手柄,可以将对象放大或缩小。拖动中间的手柄,可以在垂直和水平方向上放大缩小,甚至翻转对象,将树叶适当变形,如图 3-45 所示。再复制一张树叶,用"任意变形"工具将三片树叶调整成如图 3-46 所示形状。

 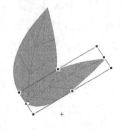 

图 3-44　复制树叶　　　　图 3-45　变形树叶　　　　图 3-46　树叶组合

④ 绘制树枝。注意，以上的绘图操作是在"三片树叶"编辑场景完成的，现在返回到主场景【场景 1】。单击时间轴左上角的【场景 1】按钮，如图 3-47 所示。

单击"刷子工具"，选择"画笔形状"为圆形，大小自定，选择"后面绘画"模式，移动鼠标指针到场景中，画出树枝形状，如图 3-48 所示。

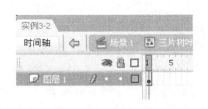 

图 3-47　切换到【场景 1】　　　　　　图 3-48　"刷子"画出的树枝

⑤ 组合树叶和树枝。执行【窗口】→【库】命令，或者按快捷键"Ctrl＋L"，打开【库】面板，可以看到，【库】面板中出现两个图形元件，这两个图形元件就是前面绘制的"树叶"元件和"三片树叶"元件，如图 3-49 所示。

单击"树叶"或"三片树叶"图形元件，将其拖放到场景的树枝图形上，用任意变形工具进行调整。元件库里的元件可以重复使用，只要改变它的长短、大、小方向就能表现出纷繁复杂的效果来，完成效果如图 3-50 所示。

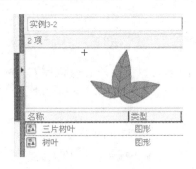 

图 3-49　元件库　　　　　　　　图 3-50　完成后的树枝效果

⑥ 按快捷键"Ctrl＋E"测试，按快捷键"Ctrl＋S"保存，文件名为"实例 3_2.fla"。

7．"钢笔工具"

使用钢笔工具可以绘制直线、折线和曲线。选中"工具箱"中的"钢笔工具"，打开"属性"面板,发现其与"线条工具"的"属性"面板完全一样。

(1) 画直线。将光标移动到舞台上的适当位置并单击,确定起始锚点,锚点在舞台上表现为一个小圆圈。将光标移动到舞台的另一处,单击创建第二个锚点,此时在起始锚点和第二个锚点之间会出现一条直线段。继续在其他位置单击,创建第三个锚点,最后将光标移动到起始锚点处,光标呈如图 3-51 所示形状。此时,单击可创建封闭图形,图形绘制完成后,在工具箱中选择除"钢笔工具"和"部分选取工具"以外的任意工具,或按【Esc】键结束绘制。

(2) 画曲线。选择"钢笔工具"后,在舞台上单击确定起点,然后在另一处按住鼠标左键并拖动,可拖出一个调节杆,向任意方向拖动调节杆,可调整曲线弧度,如图 3-52 所示。对曲线弧度满意后,释放鼠标左键即可创建一个曲线锚点。在起始锚点下方单击创建第三个锚点,由于前一个锚点是曲线锚点,所以此时的线段不是直线而是一条与曲线锚点相切的曲线。

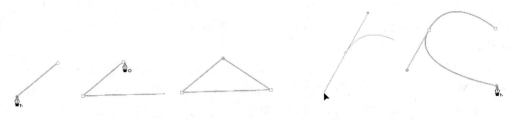

图 3-51 创建直线线段和封闭图形图　　　　图 3-52 创建曲线

使用"钢笔工具"单击生成的锚点称为直线锚点,通过拖动生成的锚点称为曲线锚点。可以利用"部分选取工具"拖动锚点,以改变图形形状;另外,还可以通过拖动曲线锚点的调节杆,改变曲线弧度将光标移动到曲线锚点处,光标将显示为 形状,此时单击该锚点即可将曲线锚点转换为直线锚点,将光标移动到拐角锚点处单击,光标将显示为 形状,单击该锚点即可将其删除;将光标移动到图形曲线上非锚点位置处,光标将显示为 形状,此时单击即可在该位置添加一个锚点。

8. "填充变形工具"

填充图形时,既可以使用纯色填充,也可以使用渐变色和位图填充,还可以使用"填充变形工具"对其填充效果进行缩放、旋转、拉伸和倾斜等操作。

(1) 选中图形的填充区域,用线性渐变填充,在工具箱中选择"填充变形工具",在图形的填充区域单击,此时,图形上出现两条渐变控制线,且该渐变控制线还包括两个渐变控制点,如图 3-53 所示。单击并拖动渐变中心控制点,可以移动渐变中心的位置,单击并拖动渐变大小控制点,可以调整填充效果的渐变大小,即可对渐变内容进行缩放;单击并拖动渐变方向控制点,可以调整填充效果的渐变方向。

(2) 选中图形的填充区域,用放射状渐变填充,使用填充"变形工具"在图形的填充区域单击,此时,在图形周围将出现一个圆形的控制圈,且该控制圈包括 4 个控制点,如图 3-54 所示。单击并拖动渐变长宽控制点,可调整渐变效果的长宽比;单击并拖动渐变中心控制点,可移动渐变中心点的位置;单击并拖动渐变大小控制点,可调整渐变效果的大小,从而缩放渐变填充;单击并拖动渐变方向控制点,可调整渐变效果的倾斜方向。

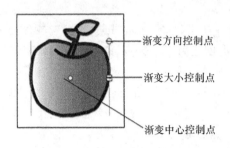
图 3-53　线性渐变填充控制

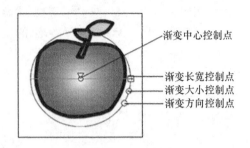
图 3-54　放射渐变填充控制

实例 3.4　制作心形。

① 新建文档,舞台背景设置为黑色。执行【视图】→【标尺】命令,在舞台中启用标尺。

② 从垂直标尺中创建垂直辅助线。在舞台上方的标尺处按住鼠标左键并拖动,可拖出水平辅助线,在舞台左侧的标尺处按住鼠标左键并拖动,可拖出垂直辅助线,反复操作可拖出多条辅助线。不用时可以直接拖回。

③ 选择"钢笔工具",笔触颜色选白色。在垂直辅助线上添加第一个锚点,按住鼠标左键不放在辅助线左侧合适位置创建第二个锚点,在辅助线的下方创建第三个锚点,如图 3-55 所示形状。形状不满意可用"部分选取工具"调整。

④ 移去辅助线,选中该曲线,执行【编辑】→【复制】命令,再执行【编辑】→【粘贴】(或按住 Alt 键用鼠标拖动),选择粘贴得到的曲线,执行【修改】→【变形】→【水平翻转】命令,如图 3-56 所示。

⑤ 选中右边曲线,将鼠标放在端点拖动,将两条曲线连接好,成为一个心形,如图 3-57 所示。

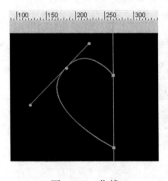
图 3-55　曲线

图 3-56　复制曲线后水平翻转

图 3-57　完成心形

⑥ 执行【窗口】→【混色器】命令,在"类型"下拉列表中选择"放射状",在【颜色】面板中会出现一个渐变条;双击渐变条左侧的色标,在打开的"拾色器"中选择黄色,这样便将渐变的起始颜色设为黄色。将右侧的色标设为红色,如图 3-58 所示。可以左右拖动色标来调整颜色在整个渐变色中的比例,在渐变条上单击可以添加色标,将色标向下拖离渐变条可以删除它。

⑦ 使用"颜料桶工具"填充颜色,选中"颜料桶工具"在图形上单击,可以改变填充色的高光点。用"选择工具"删除白色边框线,如图 3-59 所示。选中这个心形,按 F8 键转换成元件。

⑧ 将心形填充好颜色后,可使用"填充变形工具"调整渐变色填充的方向、角度和大小等属性,从而使填充效果更加符合要求。为了清楚起见,暂将背景改为白色,选择"填充变形工具"将光标移到心形上并单击,会出现一个渐变控制圆,如图 3-60 所示。

 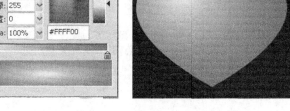 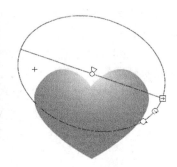

图 3-58　设置填充色　　　图 3-59　填充颜色　　　图 3-60　填充变形

9．"椭圆工具"

使用"椭圆工具"可以绘制椭圆形和圆形，"椭圆工具"属性面板与线条工具基本相同，只是多了一个"填充颜色"按钮；单击该按钮，弹出颜色调节面板，可在该面板中选择一种颜色作为图形的填充色。使用"椭圆工具"绘制图形的具体操作如下：在工具箱中选择"椭圆工具"，在该工具属性面板中设置合适的参数，使用该工具在舞台中拖动，即可绘制一个椭圆形，按住"Shift"键的同时拖动鼠标，即可绘制一个正圆形。

10．"矩形工具"和"多角星形工具"

使用"矩形工具"可以绘制矩形、正方形和圆角矩形。在工具箱中选择"矩形工具"，在属性面板中设置合适的参数，使用该工具在舞台中拖动鼠标，即可绘制一个矩形，按住"Shift"键的同时拖动鼠标，即可绘制一个正方形。当用户选择该工具后，工具箱中的选项区中会出现"边角半径设置"按钮，单击该按钮，弹出"矩形设置"对话框。可在该对话框中的"边角半径"文本框中输入数值设置边角的半径，其取值范围是 0～999。该值越大，矩形的圆角半径就越明显；当该值为 0 时，可绘制矩形；当该值为 999 时，可绘制圆形。设置好参数后，单击"确定"按钮，即可使用该工具绘制圆角矩形。

按住"矩形工具"不放，可以选择"多角星形工具"，绘制多边形和星形。"多角星形工具"属性面板与"椭圆工具"基本相同，只是多了一个"选项"按钮。单击该按钮，弹出"工具设置"对话框，如图 3-61 所示，各选项的含义如下。

图 3-61　"工具设置"对话框

(1)"样式"：用于设置使用多角星形工具绘制图形的样式。

(2)"边数"：用于设置所绘图形的边角数，其取值范围为 3～32。

(3)"星形顶点大小"：用于设置绘制的星形顶角的深度，其取值范围为 0～1。该值越接近 0，顶点的深度就越深。如果绘制的图形为多边形，应保持该值为默认值不变。

实例 3.5　使用多角星形工具绘制五角星。

① 在工具箱中选择"多角星形工具"，在其【属性】面板内单击【选项】按钮，弹出【工具设

置】对话框。

② 在该工具属性面板中设置合适的参数。在对话框内的【样式】下拉列表框中选择星形,在【边数】文本框内输入 5,在【星形顶点大小】文本框中输入 0.5,如图 3-61 所示,单击"确定"按钮。

③ 设置填充颜色为无,笔触颜色为红色,笔触高度为 2,在舞台中拖动鼠标,即可绘制出一幅五角星轮廓线,如图 3-62 所示。使用"任意变形工具"调整五角星的大小、位置和旋转角度。

④ 使用"线条工具"在五角星内部绘制五条粗为 1 的浅红色直线,如图 3-63 所示。

⑤ 调出混色器面板,设置红白放射渐变,用颜料桶工具单击内部各区域填充颜色。

⑥ 删除五角星轮廓线,然后按快捷键"Ctrl+G"将五角星组合,最终效果如图 3-64 所示。

图 3-62　轮廓线　　　　　图 3-63　添加内部线　　　　图 3-64　效果

11. "滴管工具"

"滴管工具"主要用于从线段、图形和文本中吸取填充颜色、笔触属性和文字属性,然后将它们应用到其他对象上。例如,从场景中导入一张图片,执行【修改】→【分离】命令将图片打散。此时用"滴管工具"单击该图片,用"椭圆工具"去画椭圆,发现导入的图片做椭圆的填充,如图 3-65 所示。用"填充变形工具"进行修改,如图 3-66 所示。注意,导入的图片只有打散才可以使用滴管工具。

图 3-65　"滴管工具"填充　　　　　图 3-66　"填充变形工具"变形效果

12. "铅笔工具"

使用"铅笔工具"可以绘制直线、折线和曲线。"铅笔工具"属性面板与线条工具基本相同,只是多了一个平滑选项。该选项用于设置使用铅笔工具绘图时笔触的平滑程度,该值越大,笔触越平滑。

13. "套索工具"

使用"套索工具"可以在图形中创建不规则选区。因此,使用该工具创建选区比使用选择工具创建选区更加灵活方便。当用户选择套索工具后,该工具选项区中会显示该工具的相关选项按钮,如图3-67所示。

当用户选择"套索工具"后,默认工作在自由选取模式下,使用鼠标在舞台中单击并拖动,沿鼠标拖动的轨迹会产生一个不规则的黑线,如图3-68所示。无论鼠标拖动的轨迹是闭合区域还是不闭合区域,系统都会自动创建闭合选区。

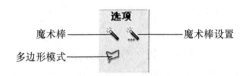

图3-67 "套索工具"选项

单击该工具选项区中的"魔术棒"按钮 ,即可进入魔术棒模式。单击"魔术棒设置"按钮 ,弹出"魔术棒设置"对话框,如图3-69所示。

图3-68 "套索"选取

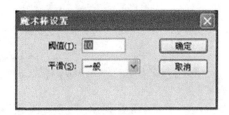

图3-69 "魔术棒设置"对话框

阈值:用来设置所选颜色的近似程度,参数值越大,选择的颜色越多,参数值为0~200之间。

平滑:用于定义选取范围的平滑程度,可以选择"像素"、"粗略"、"一般"和"平滑"。

单击该工具选项区中的"多边形模式"按钮 ,即可进入多边形模式。在该模式下,将鼠标光标移到舞台中单击,移动光标位置后再次单击,重复该操作,即可创建多边形选区。要结束并创建闭合选区,双击即可,"多边形模式"一般用于选取比较规则的图形区域。

14. "墨水瓶工具"

"墨水瓶"工具主要功能是用来改变已有直线、曲线的颜色、粗细和线型等属性,还可以为没有边框的图形添加轮廓线。在使用"墨水瓶"工具填充线段颜色时,可以使用"颜色"面板将"笔触颜色"设置为渐变颜色或者位图,从而将线段颜色填充为渐变颜色或位图。

15. "橡皮擦工具"

"橡皮擦"工具可以擦除图形的填充颜色和线条,擦除打散的位图,还可以一次性擦除图形的填充颜色和线条。选择"橡皮擦"工具后,在工具箱中会出现"橡皮擦模式"、"水龙头"和"橡皮擦形状"3个选项按钮。

水龙头:选择"橡皮擦"工具后,单击工具箱中的"水龙头"按钮,将鼠标移动到舞台上,在想要擦除的填充色或者线条上单击,填充色或者线条就被擦除了。

3.4 位图处理

3.4.1 导入位图

(1) 选择【文件】→【导入】→【导入到舞台】,将文件直接导入到舞台,同时也导入到文档库中。选择【文件】→【导入】→【导入到库】，将文件导入到当前 Flash 文档库中。

（2）在打开的"导入"对话框中选择要导入的文件，单击"打开"按钮，即可将所选位图导入到文档中。

（3）如果导入的文件名称以数字结尾，并且在同一文件夹中还有其他按顺序编号的同名文件，会出现导入图像序列对话框，如图 3-70 所示。在该对话框中，单击【否】按钮，则只导入指定的文件；单击【是】按钮，则导入所有的顺序文件。通过导入图像序列可以创建简单的逐帧动画。

图 3-70　导入图像序列对话框

3.4.2　位图区域的选取和裁剪

在选取位图区域前，需要先使用"选择工具"选中位图，按"Ctrl＋B"组合键将其分离，然后使用"套索工具"进行选取。"套索工具"有"套索"、"多边形"和"魔术棒"3 种模式，利用这 3 种模式可按照不同方式选取分离位图的部分区域。

实例 3.6　更改盒子顶面的图案。

① 新建一个 Flash 文档。

② 创建填充图案。先导入"图案.jpg"文件作为填充，按快捷键"Ctrl＋B"将其分离，如图 3-71 所示。

③ 导入"首饰盒.jpg"文件，然后按快捷键"Ctrl＋B"将其分离，选择"套索工具"，然后在工具箱"选项"区中单击"多边形模式"按钮。将光标移动到盒子左上方的棱角处单击确定起点，然后沿逆时针方向依次在盒子顶面的各个棱角处单击，如图 3-72 所示。最后在起点处双击，此时四边形轨迹内的图像区域将被选取，如图 3-73 所示。

④ 此时选取"滴管工具"，在"图案"上单击，"首饰盒"顶面就被填充上颜色，还可以用"填充变形工具"改变填充效果，如图 3-74 所示。

图 3-71　填充图案　　图 3-72　"多边形模式"选取　　图 3-73　顶面被选中后　　图 3-74　顶面填充后

实例 3.7　花丛中的蝴蝶。图像如 3-75 所示。它是将如图 3-76 所示的"蝴蝶"图像裁剪出来，再与如图 3-77 所示的"花丛"图像合并获得的。

图 3-75　花丛中的蝴蝶　　　　图 3-76　蝴蝶图像　　　　图 3-77　花丛图像

① 新建一个 Flash 文档,背景改为蓝色(也可以是除白色外的其他颜色)。导入素材文件夹中的"蝴蝶.jpg"文件到舞台,然后按快捷键"Ctrl+B"将其分离,选择"套索工具",然后在工具箱"选项"区中单击"魔术棒"按钮,再单击"魔术棒设置"按钮。在打开的"魔术棒设置"对话框的"阈值"对话框中输入"10",在"平滑"选项的下拉列表中选择"像素"选项,然后单击"确定"按钮。

② 将鼠标移动到位图的白色区域上,单击鼠标,即可选中白色区域,按"Del"键将选中的白色区域删除,利用相同操作,删除残留的白色区域。如果部分区域还有残留,可使用"橡皮工具"和"放大镜工具"将细微的地方擦除干净,选中蝴蝶图像,按快捷键"Ctrl+G"组成组合。

③ 在舞台中导入图片"花丛.jpg",使用对齐面板并将图片设置为与舞台大小一致或者相对舞台居中对齐。但此时只能看到"花丛","蝴蝶"被覆盖了,如图 3-77 所示。因为后导入的图像在上面,选中"花丛"图像,执行【修改】→【排列】→【下移一层】,就出现图 3-75 所示的效果,可选中"蝴蝶"用"任意变形工具"调整其大小、位置和角度。

3.5　编辑图形

3.5.1　移动、复制、粘贴和删除对象

1. 移动对象

(1) 使用选择工具选中对象后,当光标变成 形状时,单击并拖动对象,即可移动该对象。如果在移动对象的同时按住"Shift"键,则只能沿 45°的整数倍角度移动对象。

(2) 按键盘上的方向键,可使对象每次移动 1 像素。在按住"Shift"键的同时按方向键,可使对象每次移动 10 像素。

(3) 打开被选中对象的属性面板,在其左下角的坐标区域中输入 X 坐标和 Y 坐标的值,通过更改对象的坐标值来移动对象。

(4) 在菜单栏中执行【窗口】→【信息】命令,打开信息面板。用户可在该面板右上角的坐标区域中输入 X 坐标和 Y 坐标的值,通过更改对象的坐标值来移动对象。

2. 复制和粘贴对象

(1) 将对象选中后,在菜单栏中选择【编辑】→【复制】命令,可将复制的对象暂时放置于剪贴板中。

(2) 将对象选中后,在按住"Ctrl"键的同时拖动鼠标,即可复制并粘贴选中的对象。

(3) 将对象选中后,在按住"Alt"键的同时拖动鼠标,即可复制并粘贴选中的对象。

(4) 将对象选中后,按"Ctrl+C"组合键可将复制对象暂时放置于剪贴板中。

(5) 在菜单栏中选择【编辑】→【粘贴】命令,可将剪贴板中的对象粘贴到舞台的中心位置。

(6) 按"Ctrl+V"快捷键,也可将剪贴板中的对象粘贴到舞台的中心位置。

(7) 在菜单栏中选择【编辑】→【复制粘贴到当前位置】,可将剪贴板中的对象原位粘贴。

(8) 按"Ctrl+Shift+V"快捷键,也可将剪贴板中的对象原位粘贴。

(9) 在菜单栏中选择【编辑】→【选择性粘贴】命令,弹出【选择性粘贴】对话框。在【作为】列表框中选择合适的粘贴类型,单击"确定"按钮,即可将对象粘贴到舞台中。

3. 删除对象

使用"选择工具"将需要删除的对象选中。在菜单栏中选择【编辑】→【清除命令】,可将选中的对象删除。选择【编辑】→【剪切】命令,可将选中的对象剪贴到剪贴板中,使该对象不显示在舞台中。按"Del"键,可将选中的对象删除,按"Back Space"键,也可将选中的对象删除。

3.5.2 自由变换对象

1. 缩放对象

(1) 在菜单栏中选择【修改】→【变形】→【缩放】命令,被选中的对象周围将会出现调节框,可将鼠标光标放置于调节框中的任意一个调节点上,拖动鼠标放大或缩小对象。

(2) 在菜单栏中选择【修改】→【变形】→【缩放和旋转】命令,弹出"缩放和旋转"对话框,如图 3-78 所示。在该对话框中用户可直接在"缩放"文本框中输入数值,设置对象的缩放比例。

(3) 在菜单栏中选择【窗口】→【变形】命令,打开变形面板,如图 3-79 所示。在变形面板中,在 ↔ 文本框中输入数值,设置对象在水平方向的缩放比例;在文本 ↕ 框中输入数值,设置对象在垂直方向的缩放比例。选中"约束"复选框,可控制对象在水平方向和垂直方向同时缩放。

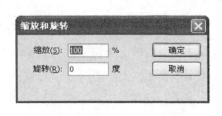

图 3-78 "缩放和旋转"对话框

图 3-79 变形面板

2. 旋转对象

(1) 在菜单栏中选择【修改】→【变形】→【顺时针旋转 90°】命令,可使选中对象顺时针旋转 90°。

(2) 在菜单栏中选择【修改】→【变形】→【逆时针旋转 90°】命令,可使选中对象逆时针旋转 90°。

(3) 在菜单栏中选择【修改】→【变形】→【旋转与倾斜】命令,选中的对象周围将出现调节框,如图3-80所示。可将鼠标光标放置于调节框中4个顶点的任意一个调节点上,拖动鼠标旋转对象。

(4) 在菜单栏中选择【修改】→【变形】→【缩放和旋转】命令,弹出【缩放和旋转】对话框,如图3-78所示。在该对话框中用户可直接在【旋转】文本框中输入数值,设置对象的旋转角度,此种方法可精确地控制对象的旋转。

(5) 在菜单栏中选择【窗口】→【变形】命令,打开变形面板。在变形面板中选中【旋转】单选按钮,在 0.0度 文本框中输入数值设置对象的旋转角度,如图3-81所示,旋转后的效果如图3-82所示。

图 3-80　旋转对象　　　　图 3-81　输入旋转角度　　　　图 3-82　使对象旋转 30°

3. 翻转对象

使用"选择工具"将对象选中。在菜单栏中选择【修改】→【变形】→【水平翻转】命令,可使对象水平翻转,选择【修改】→【变形】→【垂直翻转】命令,可使对象垂直翻转。

4. 扭曲对象

执行【修改】→【变形】→【扭曲】命令,或单击"任意变形工具",选中的对象四周会出现8个黑色方形控制柄,再单击"选项"栏内的"扭曲"按钮。将鼠标指针移到四周的控制柄处,当鼠标指针呈白色箭头状时,拖曳鼠标,可使对象扭曲,如图3-83所示。按住 Shift 键,用鼠标拖曳四角的控制柄,可以对称地进行扭曲调整(也称透视调整)。

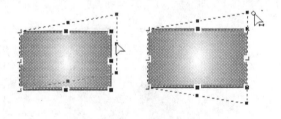

图 3-83　扭曲对象

3.5.3　对齐对象

1. 对象的对齐

在菜单栏中选择【窗口】→【对齐】命令,或者按快捷键"Ctrl＋K",打开对齐面板,如图3-84所示。

- 左对齐:单击"左对齐"按钮,可使选中的对象以所选对象中最左边的对象为基准对齐。
- 水平中齐:单击"水平中齐"按钮,可使选中的对象以所选对象集合的垂直中线为基准对齐。
- 右对齐:单击"右对齐"按钮,可使选中的对象以所选对象中最右边的对象为基准对齐。
- 上对齐:单击"上对齐"按钮,可使选中的对象以所选对象中最上边的对象为基准对齐。
- 垂直中齐:单击"垂直中齐"按钮,可使选中的对象以所选对象集合的水平中线为基准对齐。
- 底对齐:单击"底对齐"按钮,可使选中的对象以所选对象中最下边的对象为基准对齐。

选中舞台中的对象,单击不同的对齐按钮,各种对齐效果如图3-85所示。

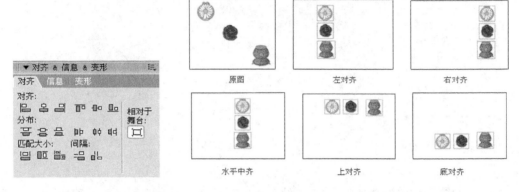

图 3-84　对齐面板　　　　　　　　　图 3-85　各种对齐效果

2. 对象的分布

- 顶部分布:可使选中的对象以所选对象中最上边的对象为基准等距离分布。效果如图 3-86 所示。

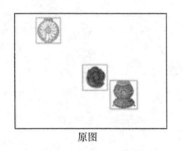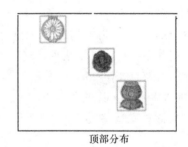

图 3-86　顶部分布

- 垂直居中分布:可使选中的对象以所选对象集合的垂直中心线为基准等距离分布。
- 底部分布:可使选中的对象以所选对象中最下边的对象为基准等距离分布。
- 左侧分布:可使选中的对象以所选对象中最左边的对象为基准等距离分布。
- 水平居中分布:可使选中的对象以所选对象集合的水平中心线为基准等距离分布。
- 右侧分布:可使选中的对象以所选对象中最右边的对象为基准等距离分布。

3. 匹配对象的尺寸

(1) 单击"匹配宽度"按钮,可使选中的对象以所选对象中最宽的对象为基准,调整其他对象的宽度。

（2）单击"匹配高度"按钮，可使选中的对象以所选对象中最高的对象为基准，调整其他对象的高度。

（3）单击"匹配宽和高"按钮，可使选中的对象以所选对象中最高、最宽的对象为基准，调整其他对象的宽度和高度。选中舞台中的对象，单击不同的匹配尺寸按钮，效果如图 3-87 所示。

图 3-87　匹配对象的尺寸

4．调整对象的间隔

（1）单击"垂直平均间隔"按钮，可使选中的对象垂直间隔相等；

（2）单击"水平平均间隔"按钮，可使选中的对象水平间隔相等，效果如图 3-88 所示。

图 3-88　调整对象间隔

> **注　意**
>
> 在对齐面板中单击"相对于舞台居中"按钮 ，可使选中的对象以舞台的四条边线为基线对齐、分布、匹配尺寸和调整间隔。

5．调整对象的叠放顺序

在 Flash 中，系统会自动将同一层中创建的对象按照先后顺序层叠放置，最先创建的对象放置于最底层，最后创建的对象放置于最顶层。使用"选择工具"将需要查看的对象选中，选择【修改】→【排列】→【移至顶层】命令，可将选中的对象移至顶层。图 3-89 所示是执行【上移一层】命令后的效果。

原图　　　　　　　　　　　　　　　上移一层

图 3-89　调整叠放顺序

3.5.4　组合和分解对象

1. 组合对象

绘制的图形在未组合之前被称为形状。可以将组成一个对象的多个组成部分组合，也可以将多个独立的对象组合为一个整体，使用"选择工具"将需要组合的对象选中，执行【修改】→【组合】命令，或按"Ctrl＋G"快捷键，即可将选中的对象组合为一个整体，组合后的对象周围被蓝色的细线包围。

2. 分解对象

制作动画时，有时需要将组合对象、元件实例、位图等整体对象分离。选中要分离的对象，然后选择【修改】→【取消组合】命令，或按"Ctrl＋B"组合键即可。当一个整体对象还包含其他整体对象时，要执行多次分离操作，才能将其完全分离。

实例 3.8　电影胶片。

① 新建 Flash 文档。选中"矩形工具"，画一个无边框的黑色矩形，再画一个无边框的红色矩形（颜色除黑色任意），选中红色矩形，按"Ctrl＋G"组合键，将红色矩形移动到黑矩形上，调好位置，如图 3-90 所示。复制红色矩形若干，放好第 1 个和最后一个矩形位置。

② 选中所有矩形，按"Shift"单击黑色矩形，使黑矩形处于非选中状态（"Shift"既可以加选，也可以减选），也就是选中所有红色矩形。打开对齐面板，单击"水平平均间隔"按钮，可使选中的对象水平间隔相等，再单击"上对齐"按钮，如图 3-91 所示。位置如果不合适，按方向键微调。

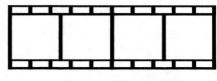

图 3-90　绘制矩形 　　　　　　　　　　图 3-91　对齐小矩形

③ 按"Ctrl＋B"组合键将所有红矩形打散，按"Del"键删除，出现"镂空"效果，如图 3-92 所示。然后全选，按"Ctrl＋G"组合键，按"Alt"键拖动复制一个。选"矩形工具"，按下选项中"组合"按钮，在两者之间画黑色，复制若干，对齐，效果如图 3-93 所示。

图 3-92　镂空效果　　　　　　　　　　图 3-93　组合成胶片

④ 执行【文件】→【导入】→【导入到库】，导入几张图片，打开【库面板】，拖第一张图片到舞台，用"任意变形工具"调节图片大小放入第一黑框中，同样的方法放其他图片，最后效果如图 3-94 所示。

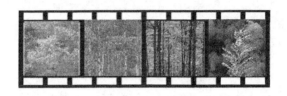

图 3-94　胶片效果

3.6　文本的使用

3.6.1　创建文本

使用"文本工具"在舞台中创建文本的方法有两种：一种是单击后输入文本；另一种是拖出文本框后输入文本。

1. 宽度可变的文本框

单击选中工具箱中的"文本工具"，即可创建一个文本框，在该文本框中输入文字，即可创建文本。默认情况下，使用文本工具创建的文本被放置于同一行中，该行的长度会随着文本的输入逐渐扩展，并且文本框右上角有一个圆形手柄，表示该文本框为宽度可变的文本框，如图 3-95 所示。

2. 创建固定宽度的文本

选择"文本工具"并设置好属性后，将光标移动到舞台中，按住鼠标左键并拖动，可拖出一个用来规定文本宽度的文本框；当输入的文字达到文本框边缘时会自动换行，如图 3-96 所示。将光标移动到文本框的 4 个边角上，当光标呈双向箭头形状时，按住鼠标左键并拖动可改变文本框宽度。双击文本框右上角的小方块，可使文本框自动适应输入文字的宽度。双击固定宽度文本框中的方形手柄，可将其转换为宽度可变的文本框。

图 3-95　单击输入文字 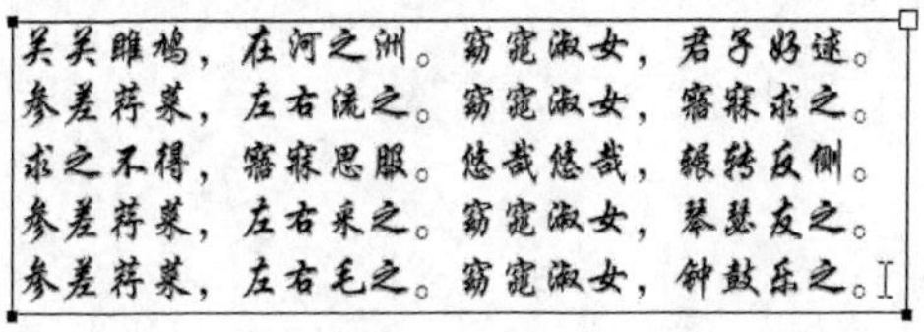　　　　　　图 3-96　拖出文本框后输入文字

3.6.2　设置文本的属性

使用文本工具创建好文本后，可使用属性面板设置各种文本的属性，其属性面板如图 3-97所示。

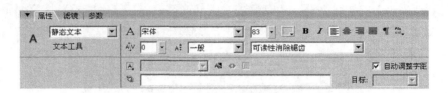

图 3-97 "静态文本"属性面板

(1) A 宋体：单击其右侧的下拉按钮，弹出"字体"下拉列表，用户可在该列表中选择一种字体作为文本的字体，也可以直接在字体文本框中输入字体的名称选择相应的字体。

(2) 83：在文本框中输入数值或单击其右侧的下拉按钮，在弹出的滑杆上拖动滑块可以调整字体的大小。

(3) "字体颜色"按钮：单击该按钮，打开颜色调节面板，可在该面板中选择一种颜色作为文本的颜色。

(4) "格式"按钮 ¶：单击该按钮，弹出"格式选项"对话框，如图 3-98 所示，用户可在该对话框中设置文本的格式。

(5) "更改文本方向"按钮：单击该按钮，弹出其下拉列表。该列表中包含 3 个选项，分别为水平、垂直，从左向右、垂直，从右向左；用户可根据需要选择相应的选项设置文本的方向，效果如图 3-99 所示。

(6) ：在该文本框中输入数值或单击其右侧的下拉按钮，从弹出的滑杆上拖动滑块可调整字符之间的间距。选中"自动调整字距"复选框，可使 Flash 自动微调输入文本的间距。

(7) ：单击其右侧的下拉按钮，弹出"字符位置"下拉列表。该列表中包含 3 个选项，分别为一般、上标和下标，用户可根据需要设置字符的位置，三种效果如图 3-100 所示。

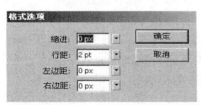
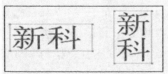
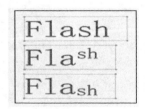

图 3-98 "格式选项"对话框　　图 3-99 不同方向的文本　　图 3-100 不同位置的文本

3.6.3 编辑文本

1. 选取文本

使用"选取工具"在文本框中单击，即可将文本框选中；如果在按住"Shift"键的同时用鼠标单击多个文本框，可将它们全部选中。还可以使用选择工具拖出一个矩形框，将舞台中的所有文本框包括在内，即可将它们全部选中。

2. 分离文本

使用文本工具创建的文本是一个整体，用户只能对该文本进行改变颜色、大小等常规编辑操作。如果要创建描边文字等其他效果,必须将文本分离成图形,才能像编辑图形一样编辑文字。

使用"选择工具"将文本选中,在菜单栏中选择【修改】→【分离】命令或按"Ctrl+B"组合键,可将文本分离为单独的字符,如图 3-101 所示。再次选择该命令,可将字符分离成图形,打碎的文字上面有一些小白点,如图 3-102 所示。

图 3-101　文本分离成单个字　　　　　　　图 3-102　文本分离成图形

3. 文字的编辑

(1) 对于没有打碎的文字,只可以进行缩放、旋转、倾斜和移动的编辑操作。可以通过使用"任意变形工具"和"选择工具"来完成,也可以选择【修改】→【变形】的子菜单命令来完成,如图 3-103 所示,且变形后的文本仍然可以编辑。

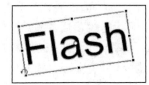

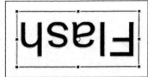

图 3-103　变形文本

(2) 对于打碎的文字,可以像编辑操作图形那样进行各种操作,可以使用"选择工具"进行打碎文字的变形和切割等操作,可以使用套索工具进行打碎文字的选取和切割等操作,可以使用"任意变形工具"进行打碎文字的扭曲和封套编辑操作。

4. 将文本分散到图层

在制作文字类动画时,经常需要在不同的图层创建文字。此时,可先创建一个整体的文本块,然后将其打散,并分散到不同的图层。这样,既节省时间,又可以快速地在多个不同图层中创建文本,操作步骤如下:

(1) 使用"选择工具"将文本选中,输入文本如"Flash"。

(2) 在菜单栏中选择【修改】→【分离】命令,可将文本分离为单独的字符。

(3) 在菜单栏中选择【修改】→【时间轴】→【分散到图层】命令,即可将字符分散到不同的图层中去,如图 3-104 所示。

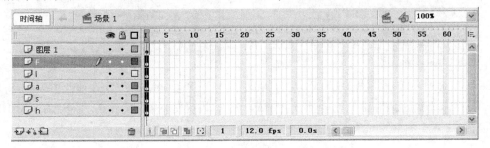

图 3-104　将字符分散到图层

实例 3.9 制作特效字,效果见实例 3-8.swf,如图 3-105 所示。

① 空心字:用文本工具输入文字"空心字",打散两次,用墨水瓶工具描边,选中填充颜色,删除。

② 五彩字:用文本工具输入文字"五彩字",打散两次,用"颜料桶工具"在文字笔画上单击填色,做好一种效果;选中文字,用"颜料桶工具"在文字笔画上拖曳,起始点在文字笔画上,即做好另一种文字效果。

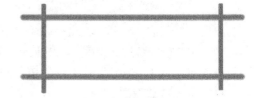

图 3-105 特效字

实例 3.10 制作霓虹灯字。

① 新建 Flash 文档,舞台高设为 200 像素,其他默认。

② 选择"线条工具",笔触高度为 3,颜色为红色,在舞台上画一条直线。选中直线,执行【修改】→【形状】→【将线条转换为填充】命令,再执行【修改】→【形状】→【柔化填充边缘】命令,弹出对话框,如图 3-108 所示,在其中进行设置,"距离"设为 10,"方向"选扩展,"步骤数"为 5,然后单击"确定"按钮。效果如图 3-106 所示,上面是原直线,下面是柔化后的直线。

③ 选中直线,按"Ctrl+G"组合键,再按"Alt+Shift"组合键,垂直向下复制一条直线。再复制一条,用"任意变形工具",缩短并垂直翻转,移动到左边合适位置,选中竖直线复制一条;移动到右边合适位置,至此边框制作完成,如图 3-107 所示。

图 3-106 "柔化填充边缘"效果　　　　图 3-107 边框效果

④ 选择"文本工具",设置字体 Arial Black,字号 50,输入文本"Flash 8",选中文本,按两次"Ctrl+B"快捷键,将文本变成图形,执行【修改】→【形状】→【柔化填充边缘】命令,弹出"柔化填充边缘"对话框,如图 3-108 所示,在其中进行设置,"距离"设为 10,"方向"选插入,"步骤数"为 5,效果如图 3-109 所示。

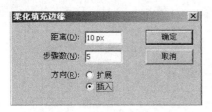

图 3-108 设置文字的柔化参数　　　　图 3-109 霓虹灯字柔化

⑤ 整体选中,按 F8 键转换为元件,按"Ctrl+S"快捷键保存,文件名为"实例 3_9.fla"。动画制作在第 4 章继续完成。

第4章　Flash动画制作

4.1　时间轴和帧

4.1.1　Flash动画原理

动画通过连续播放一系列连续的画面,给人的视觉造成连续变化的感觉。它的基本原理跟电影、电视一样。人在观看动画时,动画中每帧的图像停留在眼睛中的时间大约是1/24秒,所以电影和动画片等都采用一秒钟拍摄和播放24幅图像。其实,动画就是欺骗人们视觉的一种把戏,Flash正是根据这一原理制作动画的。它是以时间轴为基础的动画,由先后排列的一系列帧组成,且帧的多少与动画播放时间有关系。

4.1.2　时间轴的概念和基本操作

时间轴是Flash编辑动画的主要工具,用于组织和控制动画中的帧和层在一定时间内播放的坐标轴。时间轴面板位于主工具栏的下方,如图4-1所示,它是整个Flash的核心,使用它可以组织和控制动画中的对象在特定的时间出现在动画中。

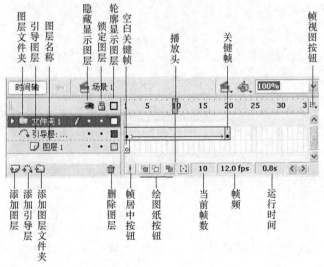

图4-1　时间轴面板

时间轴是创作动画时使用层和帧组织和控制动画内容的窗口,层和帧中的内容随时间的改变而发生变化,从而产生了动画。时间轴主要由层、帧和播放头组成。

1. 时间轴标尺

时间轴标尺由帧标记和帧序号两个部分组成。帧标记为标尺上的垂直短线,每一个刻度代表一帧,每 5 帧显示一个帧序号。在默认情况下,帧序号居中显示在两个帧标记之间,帧的序号值为 10 以上的帧序号与它们所表示的帧居左对齐,如图 4-1 所示。

2. 播放头的使用

播放头为时间轴标尺中红色的小矩形图。播放头主要有两个作用:一是拖动播放头可以浏览动画效果。二是在动画中选择当前需要处理的某个帧。创建动画的过程中,在时间轴标尺中拖动播放头,可以浏览动画效果,且随着播放头位置的变化,动画会根据播放头的拖动方向向前或向后播放。

3. 更改时间轴面板的外观

当时间轴中包含多个图层时,有些图层可能显示不出来。此时,可更改时间轴面板的大小,将所有图层显示出来,将鼠标光标置于时间轴和舞台的分界线上,光标将变成双向箭头,此时按住鼠标左键并拖动可更改时间轴面板的大小。如果要将时间轴面板折叠起来,可单击时间轴面板左上方的"时间轴"按钮,可将时间轴面板折叠起来;再次单击该按钮,可将时间轴面板展开。

4.1.3 帧的概念

帧是构成 Flash 动画的最基本单位,表示动画的一个画面。帧中可以包含图形、文字和声音等多种对象,当帧所代表的对象在舞台上发生形状或位置的变化,且当这些变化被连续播放时,就形成了动画。在时间轴上,帧用一方格表示。场景中的一段动画有多个不同性质的帧构成。

空白关键帧:先看图 4-2 第一个小格子,它里面有一个白色的小圆圈,它就是空白关键帧,里面什么内容都没有,一片空白。用鼠标单击该空白关键帧,结果在下面的场景里看到的是一片空白区域。

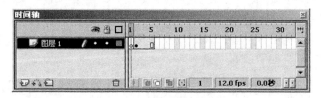

图 4-2 时间轴上的帧

关键帧:第二个小格子里面是个实心的小黑点,它就是关键帧,里面有实际存在的内容,用鼠标单击该关键帧,可看到图形,关键帧和空白关键帧的区别就在于关键帧有实际的内容而空白关键帧没有。

普通帧:里面没有实际的内容,但是它却能将离它最近的关键帧的内容显示出来。

说 明

图 4-2 的第 5 帧代表普通帧的结束。这几个概念在 Flash 制作中非常重要,使用的频率也最高,希望一定要弄明白。

4.1.4 帧的基本操作

编辑帧以前应先选中要编辑的帧。在时间轴上选中若干帧，然后右击，即可调出快捷菜单，可使用快捷菜单中的菜单命令来编辑帧。

1．选择一个帧

可直接在某个帧上单击，即可选中该帧。

2．选择多个帧

（1）要选择一个或几个图层中的一组连续帧，可先单击选中该组的第 1 帧，然后在按住"Shift"键的同时单击选中该组帧中的最后一帧，即可将该组连续帧选取。

（2）要选择一组非连续帧，可在按住"Ctrl"键的同时单击选择多个帧，选取一组非连续帧。

（3）选中一个图层的所有帧：单击控制区域内的某一层，即可选中该图层的所有帧。

（4）选中所有帧：选择快捷菜单中的"选择所有帧"命令。

3．插入帧

（1）插入空白关键帧：选中要插入空白关键帧的帧，右击，在弹出的快捷菜单中，选择"插入空白关键帧"命令，或者按快捷键"F7"。

（2）插入关键帧：选中要插入关键帧的帧，选择快捷菜单中的"插入关键帧"命令，或者按快捷键"F6"。

（3）插入普通帧：选中要插入普通帧的帧，选择快捷菜单中的"插入帧"命令或者按快捷键"F5"。

4．复制、粘贴帧

选择要复制的帧或帧序列，在选择的帧上右击，从弹出的快捷菜单中选择"复制帧"命令，即可复制选取的帧。选择【编辑】→【时间轴】→【复制帧】命令，也可复制选取的帧。右击选中要粘贴帧的位置，从弹出的快捷菜单中选择"粘贴帧"命令，即可将复制的帧粘贴到目的位置。

5．移动帧

选择要移动的帧或帧序列，拖动鼠标将其移动到时间轴面板中的其他位置。如果用户在移动帧的同时按住"Alt"键，即可将选取的帧直接复制到移动后的位置处，如图 4-3 和图 4-4 所示。

6．删除帧

选择帧或帧序列。在菜单栏中选择【编辑】→【时间轴】→【删除帧】命令，即可将选取的帧或帧序列删除。在选取的帧或帧序列上右击，从弹出的快捷菜单中选择"删除帧"命令，也可将选取的帧或帧序列删除。

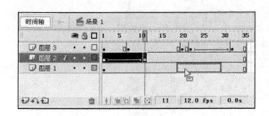

图 4-3 移动并复制帧（1）

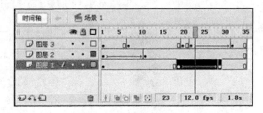

图 4-4 移动并复制帧（2）

清除关键帧:选中要清除的关键帧,选择快捷菜单中的"清除关键帧"命令,此时,原关键帧的内容被其前面关键帧的内容取代。

清除帧:选中要清除的帧或帧序列,选择快捷菜单中的"清除帧"命令或选择【编辑】→【时间轴】→【清除帧】命令,可将选中帧的内容清除,使该帧成为空白关键帧。

删除帧和清除帧的区别:执行"删除帧"命令后,后续帧将自动向前移动;执行"清除帧"命令后,不影响被清除帧后面的帧序列。

7. 翻转帧

选择一组帧序列,且该帧序列中至少有两个关键帧,位于帧序列的开始和结束位置。在菜单栏中选择【修改】→【时间轴】→【翻转帧】命令,即可将选择的帧序列翻转。

8. 调整关键帧的位置

选中动画中的起始或结束关键帧,按住鼠标左键不放在时间线中向左或向右拖动,即可调整关键帧的位置,从而更改动画的长度。

4.1.5 绘图纸外观

一般情况下,在同一时间内只能在 Flash 的舞台中显示动画序列中的一个帧的内容。如果用户想一次查看多个帧,可以使用"绘图纸外观"技术进行多帧的查看,并且用户还可以控制绘图纸外观的显示和标记。

(1) 绘图纸外观:可以同时显示多个关键帧的图像。单击时间线操作区下方的"绘图纸外观"按钮 ,可将位于绘图纸开始标记和结束标记之间的所有帧都显示在舞台中,如图4-5所示。

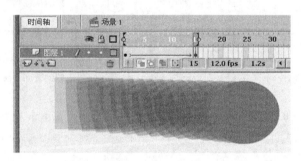

图 4-5 绘图纸外观

(2) 绘图纸外观轮廓:可以同时显示多个关键帧图像的轮廓。"绘图纸外观轮廓"按钮 ,可将位于绘图纸开始标记和结束标记之间的所有帧都以轮廓方式显示,如图4-6所示。

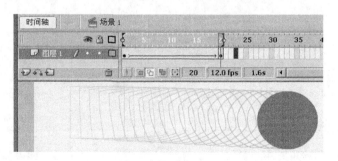

图 4-6 绘图纸外观轮廓

4.2 图层的基本操作

4.2.1 图层的作用和类型

图层就像一张张透明纸,用户可分别在不同的透明纸上绘图。绘制好图形后,将所有的透明纸重叠在一起,就组成了一个完整的图形,且各图层中的对象不会相互影响。图层有两大特点:除了画有图形或文字的地方,其他部分都是透明的,也就是说,下层的内容可以通过透明的部分显示出来;图层又是相对独立的,修改其中一层,不会影响到其他层。使用图层的最大好处就是可以将不同类型的内容放在不同的图层中,利于管理。

Flash 中的图层分为普通图层、遮罩图层、被遮罩图层、引导图层和被引导图层几种类型,其中引导图层又分为普通引导图层和运动引导图层两种。

4.2.2 图层的操作

1. 创建新图层

在默认情况下,用户创建的文档中只包含一个图层,如图 4-7 所示。用户可根据创作需要,在动画中创建多个图层。可以使用以下 3 种方法创建新图层:

(1) 单击时间轴面板下方的"插入图层"按钮 ,可在当前图层上方插入一个新图层。

(2) 在菜单栏中选择【插入】→【时间轴】→【图层】命令,可在当前图层上方插入一个新图层。

(3) 在时间轴面板中的层操作区中右击,从弹出的快捷菜单中选择"插入图层"命令,也可在当前图层上方插入一个新图层。新创建的图层使用系统默认的名称,如图 4-8 所示。

图 4-7 默认图层 1

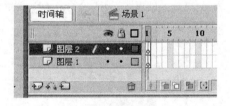

图 4-8 新建图层 2

2. 选取图层

如果要在某个图层中创建图形或进行其他操作,必须先将其选中,使它成为当前图层,才能在该图层中进行操作,且被选中图层名称旁边会显示一个铅笔图标。

(1) 选取单个图层。可以使用 3 种方法选取单个图层:直接在时间轴中的层操作区中单击,在时间轴面板中单击某个图层中的任意帧,在舞台中单击图层中的对象。

(2) 选取多个图层:在按住"Shift"键的同时单击多个图层,可选择多个连续的图层,在按住"Ctrl"键的同时单击多个图层,可选择多个不连续的图层。

3. 删除图层

可使用以下 3 种方法将图层删除:选取图层后,单击时间轴面板中层操作区下方的"删除图层"按钮;选取图层后,将其拖到"删除图层"按钮上;在需要删除的图层上右击,从弹出的快捷菜单中选择"删除图层"命令。

4. 重命名图层

在需要更改的图层名称上双击,即可进入编辑状态,在其中输入文字后,在该图层外的任意位置单击,即可确认更改图层的名称。

5. 修改图层属性

在要修改属性的图层上右击,单击"属性",在"图层属性"对话框中可以设置图层的属性。

6. 隐藏/显示、锁定/解锁图层

(1) 隐藏/显示图层

在默认情况下,所有图层都处于显示状态,用户可根据需要将某个图层隐藏,单击层操作区中 图标对应的眼睛列,该图层中此列显示一个红色的"×",表示该图层不可见,即该层已被隐藏,如图4-9所示。再次单击该眼睛,即可将隐藏起来的图层重新显示。

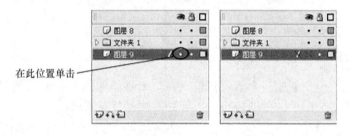

图4-9 隐藏选中的图层

(2) 锁定/解锁图层

在默认情况下,所有图层都处于解锁状态,为了防止对图层中的某些对象进行错误操作,可将已创建完成的对象所在图层锁定,单击层操作区中 图标对应的锁定列,此时,该层的此列显示一个锁图标,表示该层已被锁定,如图4-10所示。再次单击该列,可将该图层解锁。单击层操作区上方的 图标,可将所有的图层锁定,如图4-11所示。

图4-10 锁定图层　　　　　　　　　　图4-11 锁定所有图层

7. 移动图层

在默认情况下,新增加的图层会被建立在旧的图层之上,有时建立了多个图层之后,发现图层之间的顺序不对,需要调整,这时只要按住要移动的图层,直接拖曳到正确的位置松开,就可以将顺序调整好。

4.3 逐 帧 动 画

4.3.1 逐帧动画的概念与特点

逐帧动画在时间帧上表现为连续出现的关键帧。逐帧动画的优点是动作细腻、流畅,适合制作人物或动物行走、跑步等动画。逐帧动画完全由关键帧组成,每个关键帧都可以进行单独编辑。利用逐帧动画可以做出任意的动画效果,但是由于每个关键帧都要进行编辑,所以逐帧动画工作量很大,而且制作出来的作品文件容量也很大。

4.3.2 逐帧动画的创建

创建逐帧动画的几种方法:
(1) 用导入的静态图片建立逐帧动画。用 jpg、png 等格式的静态图片连续导入 Flash中,就会建立一段逐帧动画。
(2) 绘制矢量逐帧动画。用鼠标或压感笔在场景中一帧帧地画出帧内容。
(3) 文字逐帧动画。用文字作为帧中的元件,实现文字跳跃、旋转等特效。
(4) 导入序列图像。可以导入 gif 序列图像、swf 动画文件或者利用第三方软件产生的动画序列。

下面将通过制作几个实例,讲解逐帧动画的制作方法。

实例 4.1 奔跑的马。这是导入一个序列图片生成逐帧动画,效果见实例 4.1.swf,如图 4-12 所示。

① 新建 Flash 文档。在【属性】面板上设置文件为 220像素×200 像素,【背景色】为白色,其他均为默认值。

② 执行【文件】→【导入到场景】命令,将 Flash 素材文件夹中"奔跑的马"系列图片导入。此时,会弹出一个对话框,如图 4-13 所示。选择【是】按钮,Flash 会自动把 gif 中的图片序列按序以逐帧形式导入场景,如图 4-14 所示。

图 4-12 奔跑的马

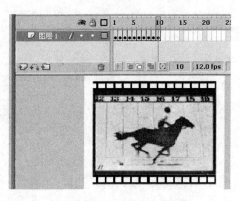

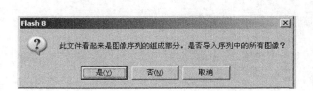

图 4-13 系列图片导入对话框   图 4-14 导入 gif 动画在场景形成的逐帧动画

③ 测试存盘。执行【控制】→【测试影片】命令，执行【文件】→【保存】命令，文件保存成"实例 4_1.fla"。

实例 4.2 流动的方块。效果见实例 4.2.swf，一白色方块从外到内，再从内向外流动。

① 新建 Flash 文档。在【属性】面板上设置大小为 400 像素×400 像素，背景为深红色。按"Ctrl+2"组合键，满画布显示。

② 选择"矩形工具"，设置边框色为黄色，线条粗为 2，填充色为绿色，按"Shift"键画正方形，选中正方形按"Ctrl+G"组合键。按住"Alt"键再复制 3 个正方形。同时选中 4 个正方形打开对齐面板，执行"上对齐"、"水平平均间隔"，再按"Ctrl+G"将 4 个正方形组合，如图 4-15 所示。

③ 按住"Alt"键再复制 3 组正方形，全部选中，在对齐面板中执行"左对齐"、"垂直平均间隔"。按"Ctrl+G"组合键，将所有正方形组合。在对齐面板中，按下"相对于舞台"按钮，执行"水平居中"、"垂直居中"，将图形放在舞台中央，如图 4-16 所示。

④ 选中图形，按 3 次"Ctrl+B"组合键将图形全部打散。用"颜料桶"将第 1 个正方形改成白色，如图 4-17 所示。

⑤ 选第 2 帧按"F6"键插入关键帧。用"滴管工具"将第 2 帧的第 2 个方块改成白色，第 1 个方块改成绿色，如图 4-18 所示。在第 3 帧按"F6"键，用"滴管工具"吸白色，改第 3 个方块为白色，再吸绿色改第 2 个方块为绿色。用同样的方法做其他关键帧，共 16 帧。

 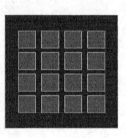  

图 4-15　4 个方块组合　　图 4-16　16 个方块组合　　图 4-17　第 1 方块颜色　　图 4-18　第 2 方块颜色

⑥ 按住鼠标拖动选中所有帧，再按"Alt"键拖动，复制所有帧，如图 4-19 所示。然后再在后面被选中的帧上右击，执行"翻转帧"命令，将前面的 16 帧反向播放。

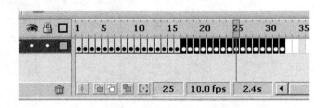

图 4-19　复制帧

⑦ 至此，该动画制作完成，可按"Ctrl+E"键测试，白色方块从外到内，再从内向外反复流动。执行【文件】→【保存】命令，将文件保存成"实例 4_2.fla"。

4.4 补间动画

4.4.1 动作补间动画

1. 动作补间动画概述

动作补间动画是 Flash 中最常使用的一种动画形式,使用动作补间动画可以制作出对象的移动、旋转、色彩、放大缩小、透明度等变化的动画。在动作补间动画中使用的对象只能是元件,包括影片剪辑、图形元件、按钮等;除了元件,其他元素包括文本都不能创建动作补间动画。其他矢量图、位图、文本等都必须转换成元件,才可以利用它们制作动作补间动画。

2. 动作补间动画的创建

创建动作补间动画的两种方法:

(1) 在动画的两个关键帧之间选择任意一帧,然后右击,在弹出的快捷菜单中选择"创建补间动画"命令,就可以创建出动作补间动画,如图 4-20 所示。

(2) 在动画的两个关键帧之间选择任意一帧,在"属性"面板中的"补间"下拉菜单中选择"动画"选项,就可以创建动作补间动画,如图 4-21 所示。

图 4-20 右击弹出菜单　　　　　图 4-21 "属性"面板

3. 动作补间动画的属性设置

在创建动作补间动画后,在"时间轴"面板上单击动画的起始帧,打开"属性"面板,在"属性"面板上可以看到如图 4-21 所示的选项。

(1) "补间"选项

设置动画的类型。单击该选项右侧的下拉按钮,弹出其下拉列表。该列表包含 3 个选项,分别为无、动画和形状。如果要创建运动补间动画,可选择"动画"选项。

(2) "缓动"选项

该项用于设置对象的运动方式,即加速运动或减速运动。在"0"边有一个滑动条,单击后上下拉动滑动条或填入具体的数据,动作补间动画会随之发生相应的变化。输入-1到-100之间的数值,动画运动的速度由慢到快;输入 1 到 100 之间的数值,动画运动的速度由快到慢;在默认情况下,补间帧之间的变化速率是不变的,即"0"。

(3)"旋转"选项

该项用于设置运动对象的旋转方式,其下拉菜单有 4 个选项。

无:禁止元件实例旋转。

自动:使元件实例根据起始帧与结束帧上的放置角度,自动进行旋转。

顺时针:使元件实例在运动时顺时针旋转相应的圈数。

逆时针:使元件实例在运动时逆时针旋转相应的圈数。

(4)"调整到路径"复选框

选中该复选框,将对象的基线调整到运动路径。此项功能是用于引导线运动的,将在下一节介绍它。

(5)"同步"复选框

选中该复选框,可使图形元件实例内部动画地播放和舞台中的动画播放同步。

(6)"对齐"复选框

选中该复选框,可以根据注册点将动画对象吸附到运动路径上,此项功能也是用于引导线运动的。

(7)"缩放"复选框

选中该复选框,可以使对象按一定的缩放比例产生过渡。

(8)"编辑"按钮

单击该按钮,弹出"自定义缓入/缓出"对话框。

4. 渐变动画举例

(1)位移渐变动画

位移渐变动画是指动画对象从一个位置移动到另外一个位置的动画效果。在制作这种类型的动画时可以创建两个关键帧,在这两个关键帧中放置需要运动的对象,然后在这两帧中分别把对象放置到运动的起点和终点上,最后在这两个关键帧中创建动作补间动画,就可以完成对象的位移动画。

实例 4.3 运动的小球。

① 启动 Flash,建立一个 Flash 文档,按"Ctrl+2"组合键,满画布显示。单击菜单栏中的【修改】→【文档】命令,在弹出的"文档属性"对话框中设置舞台的宽度为"500 像素",高度为"200 像素",其他均为默认值。

② 单击第一帧,然后单击左边工具箱中的"椭圆工具",边框选择没有颜色,如图 4-22 所示,填充选择自己所喜欢的颜色,这里选择填充为红色的放射状渐变,按住 Shift 键在舞台的最左面拖出一个正圆,如图 4-23 所示。

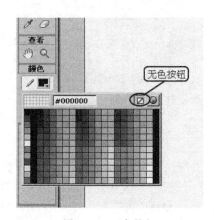

图 4-22 无色按钮

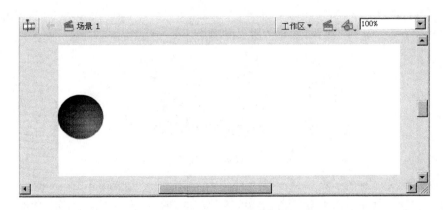

图 4-23 绘制素材小球

③ 选中绘制好的小球,单击菜单栏中的【修改】→【转换为元件】命令,在弹出的"转换为元件"对话框中,设置名称为"小球",类型为"图形"。

④ 选择在"时间轴"面板上"图层1"的第30帧,在键盘上单击F6键,在第30帧插入关键帧,此时第30帧的关键帧上产生了和第1帧完全相同的副本。

⑤ 在"图层1"的第30帧处按住"Shift"键把舞台上的"小球"元件水平拖动到舞台的最右面。

⑥ 在"图层1"的第1帧和第30帧之间选择任意一帧,在"属性"面板中的"补间"下拉菜单中选择"动画"选项,如图4-23所示,或右击在快捷菜单中选"创建补间动画"。

⑦ 到此为止,一个简单的动画就做成了。动作补间动画建立后,时间帧面板的背景色变为淡紫色,在起始帧和结束帧之间有一个长长的箭头,如图4-24所示。

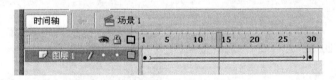

图 4-24 动作补间效果

⑧ 按"Ctrl+E"组合键,对影片进行测试。

说明

图 4-24 中,在30帧处插入关键帧的意思是复制了前面和它最近的关键帧(此处为第1帧),所以此时第30帧和第1帧完全一样,都是关键帧,里面都有一个圆形,连同圆形的大小位置等属性都一样。

(2) 旋转渐变动画

旋转渐变动画就是设置动画对象如何转动,在制作此类动作补间动画时,应注意动画对象的类型必须是元件的形式。对象的旋转一般都是通过"属性"面板进行设置的,通过"属性"面板可以设置对象旋转的方向和旋转的次数等属性。

实例 4.4 滚动的小球。

接上例的文件,在"图层1"的第1帧和第30帧之间选择任意一帧,在"属性"面板中的"旋转"下拉菜单中选择"顺时针",3次,如图4-25所示,按"Ctrl+E"组合键,对影片进行测试。

图 4-25　设置"旋转"属性

(3) 色彩渐变动画

色彩渐变动画就是设置对象颜色、亮度、透明值的变化动画。对象色彩渐变的补间动画与对象旋转渐变的补间动画一样,对象类型必须是元件的形式,因为只有元件的实例才能设置色彩的变化,其他对象不能。

实例 4.5　球体的渐隐渐现。球体从左向右运动的过程中慢慢变小并且不可见,然后变大可见。

① 新建一个 Flash 文档。按"Ctrl+2"组合键,满画布显示。选择"椭圆工具",【笔触颜色】设置为无色,【填充颜色】选择一种渐变色比如绿色渐变。按住"Shift"键,在舞台左侧画一正圆,用"颜料桶"改变球体的高光点,选中球体,按 F8 键,转换为图形元件,如图 4-26 所示。

② 分别在第 15 帧和第 30 帧处按 F6 键或右击选择"插入关键帧"命令,插入关键帧,如图 4-27 所示。选中第 15 帧,按住"Shift"键将球体水平移动到舞台中间;选中第 30 帧,按住"Shift"键将球体移动到舞台右侧。

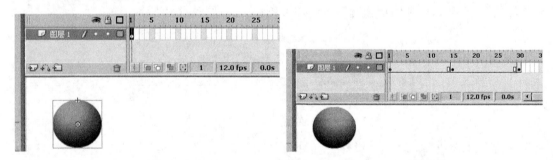

图 4-26　起始关键帧　　　　　　　　图 4-27　插入关键帧

③ 再选中第 15 帧,用"任意变形工具"按住"Shift"键将球体等比例变小。在球体上单击,打开元件的【属性】面板,如图 4-28 所示。将【颜色】"Alpha"透明度的值设为 0,小球变为透明。

图 4-28　设置元件的 Alpha 属性

④ 在第 1~15 两个关键帧之间的任意帧上右击,在弹出的快捷菜单中选择"创建补间

动画";在第 15~30 两个关键帧之间的任意帧上右击,选择"创建补间动画"。

⑤ 至此,该动画已制作完成,按"Enter"键或"Ctrl+E"键测试效果,如图 4-29 所示。

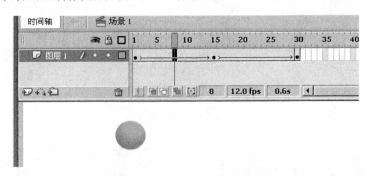

图 4-29 补间动画在时间轴上的效果

实例 4.6　霓虹灯字(颜色变化)。

① 打开实例 3.9.fla,将舞台背景改为黑色。分别在第 10、20、30、40 帧处按 F6 键插入关键帧。在 1~10 帧之间右击,选择插入帧(或按 F5 键)。

② 选中第 2 个关键帧,单击元件,打开元件属性对话框,将元件颜色改为黄色;选中第 3 个关键帧,元件颜色改为绿色;选中第 4 个关键帧,元件颜色改为蓝色;最后一个关键帧不修改。

③ 选中所有帧右击,在弹出的快捷菜单中选择"创建补间动画"。

④ 按"Ctrl+Enter"组合键测试,执行【文件】→【另存为】命令,将文件保存为"实例 4_6.fla"。

(4) 大小渐变动画

对象的大小渐变动画主要指对象形状上的变化,如对象的大小、扭曲、水平和垂直翻转等。在制作大小渐变动画时,对象也必须是元件形式。

实例 4.7　弹跳的笑脸。一张笑脸从上向下运动,在落地的一瞬间变成哭脸,并被压扁,然后再向上运动回到初始位置。要求在笑脸运动时产生阴影效果。最终效果见实例 4.7.swf。

① 制作"笑脸"元件。新建一个 Flash 文档,执行【插入】→【新元件】命令或按"Ctrl+F8"键,创建新元件。元件名称为"笑脸",类型为"图形"。在元件编辑窗口,选择"椭圆工具",设置无边框色,填充色设置为放射状渐变,左边为白色,右边为橙色画椭圆。

选"线条工具",【笔触颜色】选黑色,【笔触高度】为 4,画直线为眼睛,用"选取工具"调节弧度,选中按"Alt"键拖动复制另一只,如图 4-30 所示。用"线条工具"和"选取工具"画嘴巴,如图 4-31 所示。位置不合适可拖动或用方向键微调。

② 制作"哭脸"元件。执行【窗口】→【库】命令或按"Ctrl+L"组合键,打开库面板,可看到"笑脸"元件,右击该元件选择"直接复制",打开【直接复制元件】对话框,将【名称】改为"哭脸",此时两元件图形是完全一样的。用"选取工具"修改眼睛和嘴巴,用"刷子工具"画几滴眼泪(刷子的颜色是填充色),如图 4-32 所示。

③ 切换到场景,舞台大小设为 500 像素×500 像素,颜色为黑色。执行【视图】→【标尺】命令,显示"标尺",从左侧标尺拖出一条竖直辅助线,如图 4-33 所示。将库中的"笑脸"拖到辅助线上方,中心点在辅助线上,如图 4-34 所示。

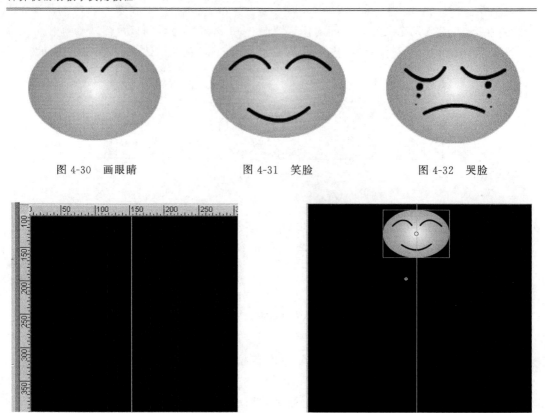

图 4-30　画眼睛　　　　图 4-31　笑脸　　　　图 4-32　哭脸

图 4-33　竖直辅助线　　　　图 4-34　第 1 个关键帧

④ 在第 15 帧按"F6"插入关键帧,按住"Shift"键沿辅助线垂直向下拖到合适位置,在"笑脸"下面添加一条水平辅助线,如图 4-35 所示。

⑤ 在第 16 帧按"F7"键插入空白关键帧,从库中将"哭脸"拖到与第 15 帧"哭脸"重合的位置。为保证两帧位置完全重合,按下"绘图纸外观轮廓"或者"绘图纸外观"按钮,显示前几帧的轮廓或图像,本例使用"绘图纸外观轮廓",效果如图 4-36 所示,用方向键微调,使之完全重合。

⑥ 在第 17 帧按"F6"键插入关键帧,此时两帧一样,选取"任意变形工具"将"哭脸"压扁,注意变形中心点应在辅助线交点,如图 4-37 所示。将"绘图纸外观轮廓"按钮弹起。

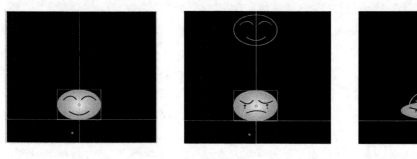

图 4-35　第 15 帧图像　　　　图 4-36　绘图纸外观轮廓　　　　图 4-37　第 17 帧图像

⑦ 在第 20 帧按"F6"键插入关键帧,用"任意变形工具"将"哭脸"压得更扁,横向最宽。

将"绘图纸外观轮廓"按钮弹起。

⑧ 后面各帧是前面对应帧的倒播。在第 23 帧插入空白关键帧,选中第 17 帧按"Ctrl+C"复制,在第 23 帧按"Ctrl+Shift+V"键原位置粘贴,使得 23 帧和 17 帧完全一致。用同样的方法复制第 16 帧到第 24 帧,复制第 15 帧到第 24 帧,复制第 1 帧到第 39 帧。

⑨ 在 1~15 帧、17~20 帧、20~23 帧、25~39 帧间"创建补间动画",如图 4-38 所示。因为物体的上下运动不是匀速的,所以需修改动作补间动画的"缓动"属性,在 1~15 帧之间单击,将【属性】面板的【缓动】设为-100,从上向下加速,值为负数,如图 4-39 所示。鼠标在 25~39 帧之间单击,【缓动】设为 100,从下向上减速,值为正。

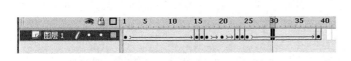
图 4-38 创建补间动画

图 4-39 设置动画的"缓动"

⑩ 制作阴影。新建图层,将"图层 2"移到"图层 1"下面,锁定"图层 1"。选"图层 2"为当前图层,单击"椭圆工具",无边框色,填充色选灰色渐变,画正圆,按 F8 转变为元件,拖至合适位置,并用"任意变形工具"压扁,如图 4-40 所示。在第 15 帧按"F6"键插入关键帧,将阴影变大,在第 20 帧按"F6"键插入关键帧,将阴影变得更大。复制并原位置粘贴第 15 帧到第 25 帧、第 26 帧到第 39 帧。然后"创建补间动画",如图 4-41 所示。按"Ctrl+E"键测试效果。

图 4-40 阴影第 1 帧

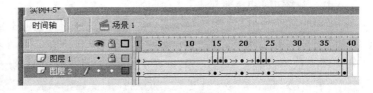
图 4-41 完整动画

实例 4.8 旋转的风车。效果见实例 4.8.swf。

① 制作风车外形:先绘制一个无边框的黄色矩形,利用"部分选择工具"把矩形的左下角删除,左上角往下移,变形成三角形。

用"选取工具"选取矩形,按"Ctrl+G"进行组合操作,选取组合后的矩形,利用"任意变形工具"调整变形中心点到底端,如图 4-42 所示。

选择【窗口】→【设计面板】→【变形】,弹出"变形"对话框,如图 4-43 所示。在旋转文本框中输入"45 度",单击

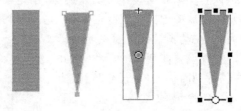
图 4-42 绘制三角形、调整中心点

该对话框右下角的"复制并应用变形"按钮就可完成风车外形的绘制,如图 4-44 所示。

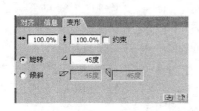
图 4-43 变形面板

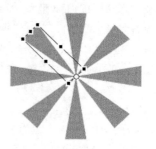
图 4-44 绘制风车

② 选中风车,按 F8 键将风车转化为图形元件。在第 30 帧和 60 帧处分别按 F6 键,各插入一个关键帧。

③ 在第 30 帧,单击风车元件,在【属性】面板中,改变风车的颜色为红色,60%,缩小风车。

④ 在第 1 帧和第 30 帧创建补间动画,在【属性】面板中,设置【旋转】为顺时针,1 次,如图 4-45 所示,在第 30 帧和第 60 帧创建补间动画,设置【旋转】为顺时针,1 次。

图 4-45 设置"旋转"属性

⑤ 按"Ctrl+E"组合键测试效果,保存文件。

4.4.2 形状补间动画

1. 形状补间动画概述

形状补间动画是补间动画的另一种表现形式,它的作用是使一种物体的形状变化为另外一种形状,在形状变化的同时,颜色、大小、位置等也可以随之变化。形状补间动画与动作补间动画的不同在于,形状补间动画是对两个不同的图形对象进行补间,而动作补间动画是针对同一个对象的不同变化进行补间的。因此在形状补间动画中作用的动画对象只能是图形,所以在使用形状变形时,无需也不能把绘制好的形状转换为元件;如果要使用现有的元件或文字创建形状补间动画,也要先将元件实例或文字通过按"Ctrl+B"组合键分离后才能实现,也就是说形状补间动画的对象必需是散件。

2. 形状补间动画的创建

形状补间动画和动作补间动画类似,也是在两个关键帧之间创建动画。在时间轴面板上动画开始播放的地方创建或选择一个关键帧并设置要开始变形的形状,一般一帧中以一个对象为好,在动画结束处创建或选择一个关键帧并设置要变成的形状,离开尾帧,在【属性】面板上单击【补间】旁边的小三角,在弹出的菜单中选择【形状】选项就可以创建形状补间动画,如图 4-46 所示。

下面通过一个简单的"变形"动画,

图 4-46 "属性"面板

介绍创建形状补间动画的方法。

实例 4.9 圆形变成五角星形。效果见实例 4.9.swf。

① 启动 Flash,建立一个 Flash 文档。选择"椭圆"工具,在"属性"面板中设置其【笔触颜色】为无,【填充色】选红色的放射状渐变填充,按住 Shift 键在舞台中央绘制一个立体圆形,如图 4-47 所示。

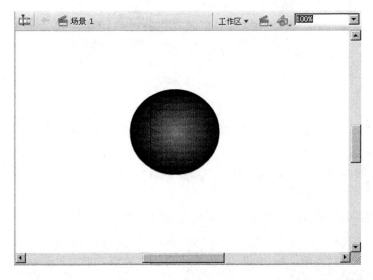

图 4-47 绘制立体圆形

② 选择第 20 帧,在键盘上按"F7"键,在第 20 帧插入空白关键帧,选择"多角星形"工具,单击【属性】面板上的选项按钮,打开"工具设置"对话框,设置样式为"星形",如图 4-48 所示。在舞台中央绘制一个蓝色的五角星,如图 4-49 所示。

③ 第 1 帧和第 20 帧之间选择任意一帧,在【属性】面板中的"补间"下拉菜单中选择"形状"选项,如图 4-46 所示。

图 4-48 "工具设置"对话框

④ 按"Ctrl+E"组合键,对影片进行测试,效果如图 4-50 所示。

图 4-49 绘制五角星

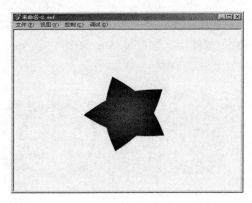

图 4-50 影片测试效果

3. 形状补间动画的属性

【属性】面板随鼠标选定的对象不同而发生相应的变化。当建立了一个形状补间动画后，单击时间帧，【属性】面板如图 4-51 所示。

图 4-51　形状补间动画【属性】面板

(1) "缓动"

在 -100 到 -1 的负值之间，动画运动的速度从慢到快，朝运动结束的方向加速度补间；在 1 到 100 的正值之间，动画运动的速度从快到慢，朝运动结束的方向减慢补间。在默认情况下，补间帧之间的变化速率是不变的。

(2) "混合"

"角形"选项：创建的动画中间形状会保留明显的角和直线，适合于具有锐化转角和直线的混合形状。

"分布式"选项：创建的动画中间形状比较平滑和不规则。

4. 形状提示的使用

所谓形状提示，就是在变形的初始图形和结束图形上分别指定一些变形关键点，并使这些点在起始帧和结束帧中一一对应，这样 Flash 就会根据这些点的对应关系来计算变形的过程。使用形状提示，可以创建较精确、复杂的形状补间动画。如果要使用形状提示控制形状变化，可按以下操作步骤进行。

(1) 打开一个形状补间动画，选择该动画中的第 1 个关键帧。在菜单栏中选择【修改】→【形状】→【添加形状提示】命令。此时，舞台中将出现一个红色的圆圈，如图 4-52 所示，该圆圈即为形状提示。

(2) 当用户将鼠标指针移至该圆圈上，指针会变为 形状。此时，单击并拖动鼠标，即可将该圆圈移至合适位置，如图 4-53 所示。

(3) 选择该动画中的最后一个关键帧，此时，可以看到该帧中的图形上也有一个红色的圆圈，该圆圈中的字母也是 a，如图 4-54 所示。将该参考点移至合适的位置，此时，该圆圈将会变成绿色，如图 4-55 所示。

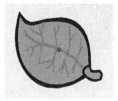   

图 4-52　添加形状提示　　图 4-53　移动提示点位置　　图 4-54　显示形状提示　　图 4-55　移动位置后

(4) 单击选中第 1 个关键帧,此时,发现该帧上的形状提示已变为黄色,如图 4-56 所示。
(5) 重复上述操作,在图形中添加其他形状提示,如图 4-57 所示。

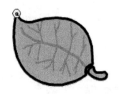
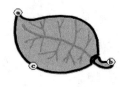

图 4-56　形状提示变为黄色　　　　　　图 4-57　添加其他形状提示

实例 4.10　"翻书"的动画。

① 建立一个 Flash 文档。

② 选择"矩形"工具,在【属性】面板中设置其笔触颜色为黑色,笔触高度为 1,填充颜色为黄色(值为♯FF6600),在工作区中央绘制两个带边框的矩形,调整两个矩形的位置,效果如图 4-58 所示。

③ 选择"图层 1"的第 40 帧,单击键盘上的 F5 键,插入普通帧,设置动画的播放时间为 40 帧,然后在"时间轴"面板中将"图层 1"重命名为"封面"并将其锁定。然后在"封面"图层上方新建一个图层并将其命名为"右页"。选择"右页"图层的第一帧,运用"矩形"工具,先在"属性"面板中设置其填充颜色为灰白色(♯CCCCCC),其笔触颜色无,然后在舞台上绘制一个矩形,调整其位置,效果如图 4-59 所示,将"右页"图层锁定。

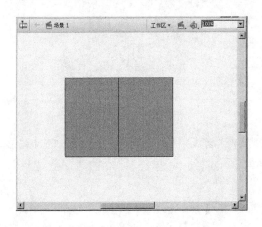
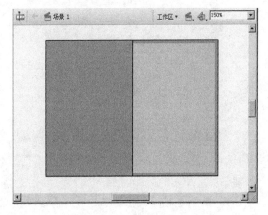

图 4-58　"封面"舞台中的效果图　　　　图 4-59　"右页"舞台中的效果

④ 单击"时间轴"面板上的"插入图层"按钮,新建一个名称为"左页"的图层,在"左页"图层绘制矩形并调整其位置,效果如图 4-60 所示。将"左页"图层锁定,新建一个名为"翻动页"的图层。选中"翻动页"图层的第 40 帧,按 F7 键插入空白关键帧,此时"时间轴"面板效果如图 4-61 所示。

⑤ 选择"翻动页"图层的第 1 帧,在工作区绘制一个和"右页"上的矩形大小相同、位置一致的矩形。在"翻动页"图层的第 40 帧绘制一个和"左页"上的矩形大小相同、位置一致的矩形。

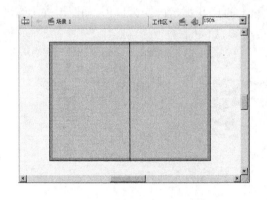

图 4-60 "左页"舞台中的效果　　　　　　图 4-61 时间轴

⑥ 单击"翻动页"图层的第 10 帧,按 F7 键插入空白关键帧,然后使用"矩形"工具,在"属性"面板中设置其笔触颜色为无,填充颜色为灰白色(♯CCCC99),在工作区中绘制一个矩形,再利用选择工具和任意变形工具调整矩形的形状和位置,效果如图 4-62 所示。对 30 帧做同样的操作,效果如图 4-63 所示。

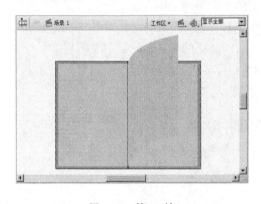
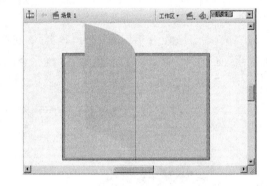

图 4-62 第 10 帧　　　　　　　　　　图 4-63 第 30 帧

⑦ 第 1 帧和第 10 帧之间选择任意一帧,在"属性"面板中的"补间"下拉菜单中选择"形状"选项,创建形状补间动画。分别在第 10 帧和第 30 帧、第 30 帧和第 40 帧之间创建形状补间动画。

⑧ 选择第 1 帧,单击菜单栏中的【修改】→【形状】→【添加形状提示】命令,或者按"Ctrl+Shift+H"组合键,添加形状提示,此时舞台上会出现一个写着字母 a 的红色形状提示。反复按"Ctrl+Shift+H"组合键再添加三个形状提示,用鼠标将形状提示符号移动到矩形的四个角,如图 4-64 所示。

⑨ 选择第 10 帧,会看到在图形的中心处也有提示。将这些提示移动到变形后的目的位置,此时该提示会变成绿色,如图 4-65 所示。

采用同样的方法给第 10 帧和第 30 帧、第 30 帧和第 40 帧之间的两段动画添加形状提示。

⑩ 对影片进行测试,效果如图 4-66 所示。

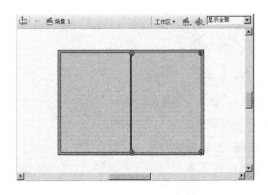
图 4-64 在第 1 帧上添加形状提示

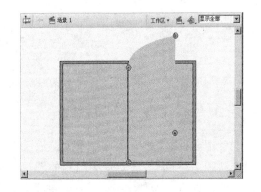
图 4-65 在第 10 帧上的形状提示

 提 示

如果在设置了"形状提示"后又移动了对象,那么要重新调整"形状提示"的位置,因为"形状提示"是不会随对象而移动的。

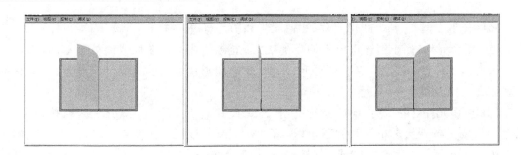
图 4-66 影片测试效果

 注 意

在添加开始帧和结束帧形状提示点的时候,一定要注意相互的对应位置。不可以把对应形状提示点的位置设置距离过远,否则将失去形状提示点的作用。

对于复杂的形状渐变,可以多用一些提示点,最多可以添加 26 个形状提示点。利用放大镜工具精确地布置形状提示点的对应位置。形状提示点只是一个制作工具,所以在动画发布的时候是看不到形状提示点的。

 技 巧

对于一些比较宽的线条,最好把形状提示点放在线条的外侧。这样可以最大程度地减小变化过程中的零乱程度。

4.5 元件、实例和库

4.5.1 元件和实例概述

所谓元件,就是指在元件库中存放的图形、按钮、影片剪辑、导入的音频和视频文件。在创建动画前,可以将该动画中用到的图形等内容制作成元件,当需要使用它们时,再直接从库中调用即可。所谓实例,就是元件库中的元件在动画中的应用。

1. 元件和实例的关系

元件是一种可重复使用的对象,而实例是元件在舞台上的一次具体使用。可以将元件看做演员,将实例看作演员扮演的角色。演员是固定的实体,它本身不会有任何变化,但该演员可以扮演不同的角色,且随着扮演角色的不同,演员所穿的衣服会有所不同。这就类似于元件本身是固定的,但用户可以使用该元件创建不同的实例,且每个实例的颜色、透明度和亮度等属性是可以调整的。

2. 元件的分类

元件分为 3 类,分别为图形元件、按钮元件和影片剪辑元件。

(1) 图形元件:用于创建可反复使用的图形,通常是静态的图像或简单的动画,它可以是矢量图形、图像、动画或声音。图形元件的时间轴和影片场景的时间轴同步运行,但它不能添加交互行为和声音控制。

(2) 按钮元件:用于制作响应鼠标单击、滑过或其他动作的交互式按钮。在按钮中,可以定义与按钮各种状态相关联的图形,再将动作分配给该按钮的实例,实现人机交互的效果。按钮元件共有 4 种状态:弹起、指针经过、按下和单击。

(3) 影片剪辑元件:用于制作可重复使用的动画片段,是主动画的一个组成部分。影片剪辑元件拥有独立于主时间轴的时间轴,可以将它看作主时间轴内嵌套的时间轴,能够独立播放。

4.5.2 元件和实例的创建

1. 图形元件的创建

(1) 选择【插入】→【新建元件】命令,或按快捷键"Ctrl+F8"弹出"创建新元件"对话框,如图 4-67 所示。

(2) 在"名称"文本框中输入元件的名称,在"类型"选项区中选中"图形"单选按钮,单击"确定"按钮,即可进入该元件的编辑模式。

(3) 在舞台中绘制一幅矢量图,或者从外部文件导入一幅位图到舞台。

(4) 在菜单栏中选择【窗口】→【库】命令,打开库面板。此时,创建的图形元件已被放置于库中。

2. 将图形对象转换为图形元件

使用"选择工具"将舞台中的对象选中,在菜单栏中选择【修改】→【转换为元件】命令,或按"F8"键,弹出"转换为元件"对话框,如图 4-68 所示。"注册"选项区中的注册网格使用黑色的小正方形来指示注册点在元件定位框中的位置。注册点是元件旋转时所围绕的轴,也是元件对齐时依照的参照物。

图 4-67 创建新元件对话框

图 4-68 转换为元件对话框

3. 实例的创建

创建元件之后,可以在文档中任何需要的地方创建该元件的实例,且当用户修改元件时,Flash 会自动更新使用该元件的所有实例,实例的创建过程如下:在时间轴面板中单击选中某个图层,将其作为当前图层,在菜单栏中选择【窗口】→【库】命令,打开库面板。在库中选择一个元件,将其拖到舞台中,即可创建该元件的实例。

4. 复制和删除元件

使用库面板可以方便地进行元件的复制和删除操作,具体方法如下:

(1) 在库中单击选中一个元件。

(2) 单击库面板右上角的"选项"按钮 ,或在所选元件上右击,在弹出的下拉菜单中选择"直接复制"命令,弹出"直接复制元件"对话框,如图 4-69 所示。

(3) 在默认情况下,复制后的元件名称为原元件名加上"副本"两字,如果用户想要重命名该元件,也可以在"名称"文本框中输入元件的名称。

(4) 设置好名称后,单击"确定"按钮,即可为该元件复制出一个副本,如图 4-70 所示。

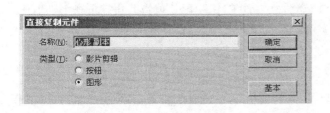

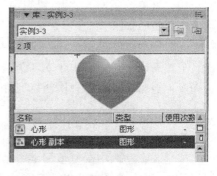

图 4-69 "直接复制元件"对话框　　　　图 4-70 库面板

(5) 如果要删除库中的某个元件,可在库中单击选中该元件后,单击"删除"按钮 ,或者右击该元件在在弹出的快捷菜单中选择"删除"命令。

5. 重命名元件

双击该元件的名称,即可进入编辑状态,此时,用户可在该文本框中输入文字,重新命名该元件。

6. 设置实例的颜色和透明度

在舞台中选择一个实例,打开该实例的属性面板,如图 4-71 所示。

图 4-71 实例的属性面板

如果要设置实例的颜色和透明度,可在属性面板的"颜色"下拉列表中选择相应的选项进行设置。该列表包含 5 个选项,分别为无、亮度、色调、Alpha 和高级,各选项的含义如下。

无:不设置颜色效果。

亮度:设置实例的亮度,可直接在文本框中输入数值或拖动滑杆上的滑块调整图像的亮度值。当该值为 100% 时,图像为纯白色;当该值为 -100% 时,图像为黑色。

色调:设置实例的颜色。可以使用一种颜色为实例着色。单击"颜色" ![] 按钮,打开颜色调节面板,可在该面板中选择一种颜色,或在颜色的 R、G 和 B 文本框中输入三原色的分量值确定一种颜色作为实例的颜色。在文本框中输入数值可设置着色比例,当该值为 0 时,表示完全不影响原图像;当该值为 100% 时,表示图像完全被选定的颜色覆盖。

Alpha:设置实例的透明度。值为 0 时,实例将完全透明不可见;值为 100% 时,实例没有任何变化完全可见。

交换:可给实例更换元件,以改变显示效果,且该实例将保留原来的属性。单击该实例属性面板中的"交换"按钮,弹出"交换元件"对话框。在该对话框中的元件列表中双击要交换的元件图标,此时,舞台中将显示替换后的实例。

7. 更改实例的类型

用户可更改实例的类型,以重新定义它在动画中的表现。可以在主时间轴中独立播放,具体操作步骤如下:

在舞台中选择该图形元件实例,并打开其属性面板。单击元件行为右侧的下拉按钮,弹出其下拉列表。该列表中包含 3 个选项,分别为图形、按钮和影片剪辑。用户可在该列表中选择影片剪辑,此时,舞台中图形元件实例的类型将会改变。

4.5.3 影片剪辑的创建

如果要在动画中反复使用某个动画片段,可将其制作成影片剪辑元件,这样就可重复调用该元件,下面通过实例来学习影片剪辑的创建过程。

实例 4.11 燃烧的蜡烛,效果见实例 4.11.swf。

① 启动 Flash 软件,建立一个 Flash 文档。执行【插入】菜单下的【新建元件】命令,在打开的对话框中输入名称为"火焰",选择"影片剪辑",单击"确定"按钮,进入影片剪辑编辑窗口。

② 选择椭圆工具,边框选择无色,填充设置为黄红放射状渐变。绘制椭圆,用"选择工具"将外形修改为火焰形状,用"填充变形工具"修改填充。

③ 在第 5 帧处插入关键帧,用箭头工具改变火焰的形状,然后鼠标光标放在 1 到 5 帧中间,在属性栏选择创建动画方式为"形状",直接击回车键进行预览,看火焰是否正常摆动。如果正常,就用同样的方法依次在第 15 帧和第 20 帧处创建关键帧,并创建形变动画,如图 4-72 所示。

图 4-72 创建"火焰"形变动画

④ 回到场景,按 F11 键打开库,将火焰拖到场景中。按"Ctrl＋E"组合键测试一下,一个动态的火焰就出现了。

⑤ 单击新建图层按钮就增加一个新图层,取名为"蜡烛体",在这一层上面绘制蜡烛体。舞台背景色改为深绿色。用矩形工具绘制一个白色矩形,选择墨水瓶工具,调整属性栏上面线条的颜色、粗细和类别,然后单击白色矩形,这样就给白色矩形添加了一个白色粗糙的边框,如图 4-73 所示。

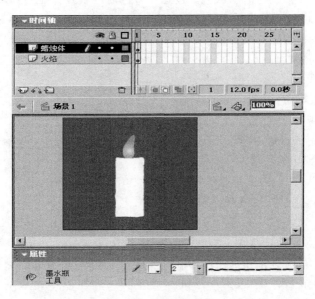

图 4-73 绘制"蜡烛体"

⑥ 再新建一层,取名为"蜡烛芯"。绘制一黑色小矩形,用墨水瓶添加黑色粗糙的边框,然后将这个矩形和边框一起转换成图形元件并调整其透明度,如图 4-74 所示。

此时,发现蜡烛芯把蜡烛体挡住了,看上去不太真实,所以需要将蜡烛芯向下移一层。用鼠标按住图层进行拖动就可以方便地改变图层之间的叠放顺序,如图 4-75 所示。

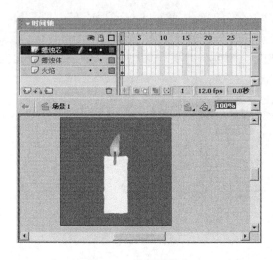

图 4-74　绘制蜡烛芯　　　　　　　　图 4-75　调整蜡烛芯层次

⑦ 到此为止就做好了，按"Ctrl＋E"组合键看一下。如果觉得蜡烛火焰做得不理想的话，可重新编辑它，方法是直接双击蜡烛火焰或按 F11 在库里面双击"火焰"影片剪辑。

4.5.4　创建按钮元件

按钮实际上是一个包含 4 个帧的交互式影片剪辑，前 3 帧用于定义按钮的 3 种可能发生的状态，第 4 帧定义按钮的活动区域。按钮元件的时间轴并不能播放影片，它只是对鼠标的运动过程和鼠标的动作做出反应，并指示影片跳转到相应的帧。

在按钮元件的时间轴中包含 4 个帧，如图 4-76 所示。它们分别代表按钮的一种状态，并且每一帧都有其特定的功能。

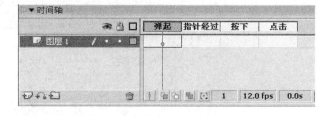

图 4-76　按钮元件的时间轴

（1）弹起状态：代表鼠标指针没有经过按钮时该按钮的外观。

（2）指针经过状态：代表鼠标指针滑过按钮时该按钮的外观。

（3）按下状态：代表单击按钮时该按钮的外观。

（4）单击状态：此状态用于定义响应单击的区域，且此区域在 SWF 文件中是不可见的。

创建按钮实际上就是绘制在不同状态下按钮的外观。一般情况下，制作按钮需要经过绘制按钮的外形、添加关键帧和定义动作 3 个步骤，具体操作步骤通过下面的实例来说明。

实例 4.12　制作 Play 和 Replay 按钮。

1. 制作 Play 按钮

① 启动 Flash 软件，建立一个 Flash 文档。执行【插入】菜单下的【新建元件】命令，打开创建新元件对话框，输入名称为"Play"，类型选择"按钮"，单击"确定"按钮，打开如图 4-77 所示的按钮编辑窗口。用文本工具在第 1 帧（弹起）写入"Play"，将颜色调整为黑色。

② 在第 2 帧（指针经过）按 F6 键插入关键帧，修改"Play"的颜色为红色并将它向左和向上移动一点（最好用方向键控制），如图 4-78 所示。

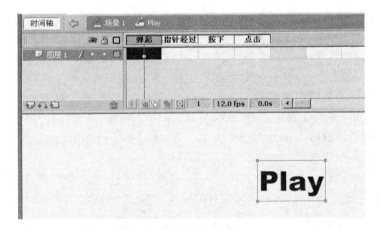

图 4-77 "弹起"帧

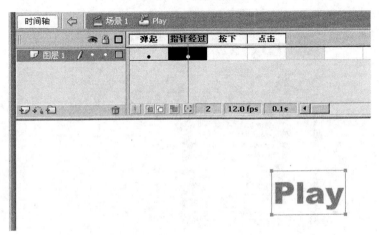

图 4-78 "指针经过"帧

③ 在第 3 帧(按下)按 F6 键插入关键帧,再将"Play"向右和向下移动一点。在第 4 帧(单击)再插入关键帧,用矩形工具绘一矩形作为反应区域,用该矩形将"Play"覆盖,如图 4-79 所示。

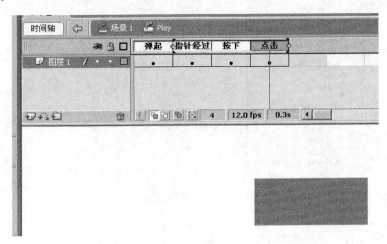

图 4-79 "点击"帧

④ 回到场景,此时制作的"Play"按钮已经放进了库中,打开库,把它拖到场景中。
⑤ 到此,这个"Play"按钮就做好了,按快捷键"Ctrl+E"组合键进行预览,单击看看。

现在,创建一个小动画来让"Play"按钮发挥作用。新建图层 2,命名为"动画",执行【文件】菜单下的【导入】命令,在打开的对话框中选择一张图片。

将导入的图片转换成图形元件,在第 20 帧处插入关键帧,单击缩放工具,选择工具箱下面的等比缩放按钮,将图片调小。用"选择工具"单击 2 到 20 帧之间的任何一帧,在属性栏选择"动画"和顺时针旋转 1 次。不妨先预览一下,发现整个过程的动画做好了,但是此时影片仍然处于不可控制状态。

现在就来控制影片。当打开 Flash 时,第一帧应该停止下来等待用户去单击"Play"按钮,所以要给第一帧添加一个 stop 动作。打开【窗口】菜单,选择【动作】命令,就打开了帧动作控制面板,如图 4-80 所示。

单击"动作"将帧动作面板展开,再次单击"动作"将属性面板折叠。用鼠标单击第一帧,单击"全局函数",然后单击"时间轴控制",最后双击"Stop",如图 4-80 所示。

图 4-80　给帧添加 stop 动作

此时再预览一下,发现第一帧已经停止下来。接下来再给按钮添加动作,单击按钮,在动作面板中,先打开"脚本助手",然后双击"Play",如图 4-81 所示,这样就给"Play"按钮添加了播放动作。按"Ctrl+E"组合键进行预览,单击"Play"按钮试试效果。

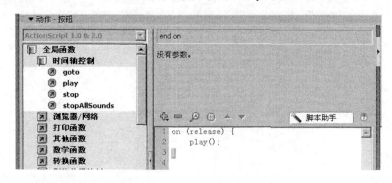

图 4-81　给按钮添加 play 动作

2. 制作 Relay 按钮

① 参照 Play 按钮的制作再来做一个"Replay"按钮(过程略)。

② 新建一图层,命名为"Replay",在 20 帧处插入一空白关键帧,把库打开,将"Replay"按钮拖到场景中。

③ 打开动作面板,单击第 20 帧(动画层或 Replay 层都可以),添加"stop"动作,如图 4-82 所示。

鼠标选中"Replay"按钮,给它添加 goto 动作,如图 4-83 所示。再预览"Replay"按钮是否也发挥了作用。

图 4-82 给尾帧添加 stop 动作

图 4-83 给 Replay 添加 goto 动作

需要注意的几个问题:

(1) 什么时候给帧添加动作,什么时候给按钮添加动作?因为要让第 1 帧停止下来,所以要给这一帧添加动作,单击按钮让它开始播放,所以这时就要给按钮添加动作。

(2) 当确定给帧添加动作时,单击相应的帧,选择动作面板中的动作,当确定给按钮添加动作时,单击该按钮,然后选择动作面板中的动作。

(3) 当帧被添加动作后,帧的上面会有一个字母"a"一样的标志。

4.5.5 使用库

用户可以使用库,存储导入的位图、音频和视频、矢量图和创建的各种元件。用户还可以对库中的对象进行各种编辑处理。

1. 库面板

启动 Flash 应用程序时,系统自动创建一个附属该文档的库。用户可将导入的位图、音频和视频、矢量图和创建的各种元件存储在库中;当需要使用它们时,再从库中调用。使用库面板可以方便地管理库中的对象,利用它可以查看、编辑和使用元件。在菜单栏中选择【窗口】→【库】命令,即可打开库面板,如图 4-84 所示。

2. 创建库对象

可以使用以下几种方法创建库对象:

(1) 将位图、视频和音频导入到库中创建库对象。
(2) 直接创建新的元件作为库对象。
(3) 将动画中的对象转换为元件创建库对象。
(4) 调用公共库中的元件创建库对象。
(5) 使用其他文档中的元件创建库对象。

图 4-84 库面板

3. 使用库对象

创建库对象后,就可以使用库中的对象。操作步骤如下:在菜单栏中选择【窗口】→【库】命令,打开库面板,在库中选择某个对象,将其从库面板中拖到舞台上,即可使用该对象了。

4. 管理库对象

库中的对象很多时,库面板将会显得很乱。此时,可以使用库文件夹组织整理库对象,在菜单栏中选择【窗口】→【库】命令，打开库面板。单击库面板下方的"新建文件夹"按钮，即可在库中创建一个新的文件夹，且用户可对该文件夹进行重命名。在默认情况下，新创建的库文件夹中没有对象。选中库中的对象，按住鼠标左键将其移到文件夹图标后松开鼠标，即可将该对象移至文件夹中。

5. 元件的共享

用户可将创建的元件共享，以便在其他文档中使用，可使用以下3种方法在不同文件中共享元件。

(1) 在库面板之间复制元件。将两个文件中的库面板同时打开，在原文件的库面板中按住"Ctrl"键单击所要复制的元件，将其全部选中。按住鼠标不放，将它们拖至新文件的库面板中，松开鼠标后，即可将原文件库面板中选中的元件全部复制过来。

(2) 直接使用其他文件库面板中的元件。如果同时打开多个文档，单击当前文档库面板预览窗口上方文档名称右侧的下拉按钮，弹出其下拉列表。该列表中显示了当前所有打开文档的名称。在该列表中选择合适的选项，即可在当前窗口中打开该文件的库面板。在库面板中选择相应的元件，将其拖到舞台中即可。

(3) 在新文件中打开外部库。在菜单栏中选择公用库【文件】→【导入】→【打开外部库】命令，弹出"导入到库"对话框，如图4-85所示。在该对话框中选择要打开库的Flash文件。单击"打开"按钮，即可将选中文件的库面板打开。此时，即可使用该库中的元件。

图4-85 "导入到库"对话框

4.6 遮罩动画

4.6.1 遮罩动画的概念

"遮罩"，顾名思义就是遮挡住下面的对象。"遮罩"主要有两种用途，一个作用是用在整个场景或一个特定区域，使场景外的对象或特定区域外的对象不可见，另一个作用是用来遮住某一元件的一部分,从而实现一些特殊的效果。在 Flash 8 中,使用遮罩可以创建特殊效果,如聚光灯、过渡效果等。被遮住的对象可以是形状、文字对象、图形元件的实例或影片剪辑。用户也可以将多个图层放置于一个遮罩层下,创建复杂的动画效果。

4.6.2 遮罩层的使用

当遮罩层作用于某个普通层时,普通层上的内容只能通过遮罩层上有内容的部分显示出来。除此之外,用户还可以将遮罩层上的对象制作成动画,创建移动的遮罩层,以实现观看到的普通层上的物体运动的效果,但不能将线条作为遮罩层。

与遮罩层相连的普通层又称为被遮罩层,它保留了普通层的所有特性。遮罩层是放置遮罩内容的层,被遮罩层是一个受遮罩层影响的层。遮罩层可以与多个被遮罩层相连。

1. 创建遮罩层

在某个图层上右击,在弹出菜单中在"遮罩"前打个勾,该图层就会生成遮罩层,"层图标"就会从普通层图标变为遮罩层图标,如图 4-86 所示,系统会自动把遮罩层下面的一层关联为"被遮罩层",在缩进的同时图标想关联更多层被遮罩,只要把这些层拖到被遮罩层下面就行了。

2. 连接到遮罩层

在默认情况下,遮罩层下方只有一个被遮罩层与之相连,用户也可以根据需要,将其他普通层移到遮罩层下,使该普通层成为被遮罩层。使用以下 3 种方法可以将普通层连接到遮罩层。

(1) 在被遮罩层的上方创建新图层。
(2) 将某个普通图层选中后拖到遮罩层下面。
(3) 如果该普通图层在遮罩层下方,可双击该图层,在弹出的"图层属性"对话框中,如图 4-87 所示,选中"被遮罩"单选按钮即可。

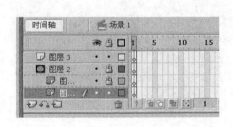

图 4-86 普通层、遮罩层和被遮罩层图标

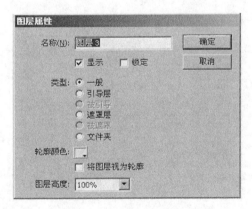

图 4-87 "图层属性"对话框

3. 与遮罩层分离

如果要将被遮罩层与遮罩层分离,即将被遮罩层转换为普通层,可使用以下 3 种方法实现。

(1) 将被遮罩层选中后拖到遮罩层的上面。
(2) 将被遮罩层选中后将其拖离遮罩层。
(3) 双击该图层,在弹出的"图层属性"对话框中将图层类型设置为"一般"即可。

4. 构成遮罩层和被遮罩层的元素

遮罩层中的图形对象在播放时是看不到的,遮罩层中的内容可以是按钮、影片剪辑、图形、位图、文字等,但不能使用线条;如果一定要用线条,可以将线条转化为"填充"。

被遮罩层中的对象只能透过遮罩层中的对象被看到。在被遮罩层,可以使用按钮、影片剪辑、图形、位图、文字和线条。

5. 应用遮罩时的技巧

遮罩层的基本原理是:能够透过该图层中的对象看到"被遮罩层"中的对象及其属性,但是遮罩层中的对象中的许多属性如渐变色、透明度、颜色和线条样式等是被忽略的。不能通过遮罩层的渐变色来实现被遮罩层的渐变色变化。在制作过程中,遮罩层经常挡住下层的元件,影响视线,无法编辑,可以按下遮罩层时间轴面板的显示图层轮廓按钮,使遮罩层只显示边框形状,在这种情况下,可以拖动边框调整遮罩图形的外形和位置。

4.6.3 遮罩层动画的创建

下面通过一些实例说明遮罩动画的创建过程。

实例 4.13 探照灯效果。

① 建立一个 Flash 文档,在属性面板设置舞台大小 400×300,将背景色设置成深绿色。

② 将图层 1 命名为"文字",用文本工具输入文字并调整颜色为黑色,如图 4-88 所示。

③ 单击"插入图层"按钮,插入图层 2。将图层 2 命名为"圆",绘制一个没有边框的圆,颜色为白色,将圆放在和文字同样的高度,此时圆将文字层上的文字给挡住了,如图 4-89 所示。

图 4-88　创建文字　　　　　　　　图 4-89　绘制遮罩圆

④ 在图层 2 右击,在弹出的快捷菜单中选"遮罩层",将图层 2 转换为遮罩层,图层 1 变为被遮罩层。将出现 4-90 所示的画面。

此时只看到了两个字,而且还不完整。你可以这样来想象,文字的上方蒙了一张带有孔的纸,这个空就是白色的圆,如果没有这个孔的话,你将什么都看不见,因为文字全部被纸挡住了,正是因为有了这个孔才让你看到了下面的黑色文字,所以只能看到一部分。

⑤ 对着圆这一层右击在弹出菜单中将"遮罩"取消,然后将文字层拖到圆的上方。此时

对着"文字"层右击,在弹出菜单中选择"遮罩",出现如图4-91所示的画面。

图4-90 遮罩效果

图4-91 更换遮罩层后的效果

可以看到效果和前一次(图4-90)的效果非常相似,不同的是文字颜色由黑色变成了白色。这又是怎么回事呢?你想象着下面放着一个白色的圆,上面蒙着一张带有一些孔的纸,这些孔就是文字(指文字上有颜色的部分),透过这些文字孔看到下面圆上的部分,由于孔是文字的形状,所以看到的圆的部分组成的仍然是文字,而圆的颜色是白色,因此看到的效果就是白色的文字。

⑥ 将遮罩效果取消,将"圆"层上的锁打开,在25帧处插入关键帧,将圆的位置移到右边,把鼠标放在第1帧到第25帧之间,在属性面板中选择"形状",创建形变动画,如图4-92所示。

⑦ 右击将"文字"层在弹出的快捷菜单中选"遮罩层",转换为遮罩层。按"Ctrl+E"组合键预览,就看到了一束手电光从文字的左边移动到了右边,如图4-93所示。

注 意

如果用文字作遮罩层的话,尽量选用线条比较粗的字体,这样才能够更好地表现遮罩效果,遮罩层的颜色对于最后的遮罩效果来说是没有作用的。

图4-92 被遮罩层改为动画后的效果

图4-93 测试效果

实例4.14 制作百叶窗效果。

① 新建一个Flash文档。修改文档属性,舞台尺寸400×300。

② 选中图层 1 的第一帧,导入一幅图片,调整成跟舞台一样大小后居中。

③ 插入图层 2,在图层 2 导入另一幅图片,也调整成跟舞台一样大小后居中。

④ 按"Ctrl+F8"组合键新建一影片剪辑,命名为"叶片"。在影片剪辑"叶片"中画一无边框的长矩形,长 400(同主场景的宽)高 30(主场景的 1/10 大小),并让其中心对齐。在第 30 帧处插入关键帧,将矩形尺寸改为 400×1。在 1~30 帧创建形变动画。

⑤ 新建一个影片剪辑,命名为"百叶窗"。进入"百叶窗"编辑窗口,按"Ctrl+L"组合键打开库面板,并拖出十个"叶片"影片剪辑元件(也可以拖出一个后,再复制出 9 个)。并整齐地排列,使其完全覆盖主场景。

⑥ 回到主场景中,并新建一图层,命名为"百叶窗"。把"百叶窗"影片剪辑拖入,并中心对齐。设置"百叶窗"层为遮罩层,图层 2 为被遮罩层,图层 1 为普通图层,百叶窗效果动画制作完成如图 4-94 所示。

⑦ 测试影片、保存、导出影片,效果如图 4-95 所示。

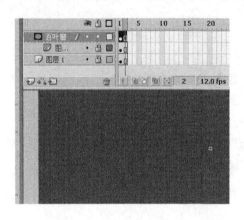 

图 4-94　百叶窗时间轴上效果　　　　图 4-95　百叶窗测试效果

实例 4.15　卷轴画。

① 打开 Flash 8 应用程序,新建一个大小为 380 像素×480 像素、帧频为 8 的 Flash 文档。

② 执行【文件】→【导入】→【导入到舞台】命令,导入一幅位图图片,并调整适当尺寸比舞台稍小。

③ 按"Ctrl+B"快捷键将导入的位图分离。在工具箱中选择"墨水瓶工具",将该工具的笔触颜色设置为黑色,高度设置为 1。使用该工具在分离后的位图上单击,为该图形添加外框。

④ 单击时间轴面板下方的"插入图层"按钮,新建图层 2。在工具箱中选择"矩形工具",将该工具的笔触设置为无,将填充颜色设置为黑色。使用该工具在舞台中绘制一个与图层 1 中图形相同大小的矩形。移动该矩形的位置,使其将图层 1 中的图形完全遮住。

⑤ 在图层 2 的第 40 帧处按"F6"键插入关键帧,并在图层 1 的第 40 帧处按"F5"键插入普通帧。单击选中图层 2 的第 1 帧。在工具箱中选择"任意变形工具",使用该工具将该帧中的图形从下向上在垂直方向上缩小,单击图层 2 的第 1 帧,打开该帧的属性面板,在"补间"下拉列表中选择"形状"选项,在第 1 帧与第 40 帧之间创建形状补间动画,此时的时间轴如图 4-96 所示。

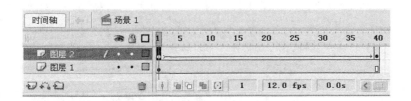

图 4-96 创建形状补间动画

⑥ 单击时间轴面板下方的"插入图层"按钮,新建图层 3。在工具箱中选择"矩形工具",将其笔触颜色设置为无,填充颜色设置为由黑色至白色再至黑色的线性渐变。使用该工具在舞台中绘制一个矩形。再次选择矩形工具,使用该工具绘制一个黑色的矩形,并将该矩形调整成为梯形。选中绘制的梯形,按"Ctrl+C"键复制,按"Ctrl+V"键粘贴。使用"任意变形工具"将该梯形水平旋转 180°,并将其移至合适位置。此时,一个卷轴已绘制完成,如图 4-97 所示。选中绘制的卷轴,按"F8"键将该图形转换为图形元件。

图 4-97 绘制的卷轴

⑦ 将该卷轴移至画卷的最上方,如图 4-98 所示。单击时间轴面板下方的"插入图层"按钮,新建图层 4。选中图层 3 中的卷轴,按"Ctrl+C"键复制,在图层 4 中按"Ctrl+V"键粘贴,并使用选择工具将其移至合适的位置,如图 4-99 所示。

⑧ 选中该图层的第 40 帧,按"F6"键插入关键帧。在按住"Shift"键的同时,将该帧中的卷轴垂直移动至画卷的下侧,将黑色蒙版的边界遮住,如图 4-100 所示。单击图层 4 的第 1 帧,打开该帧的属性面板,在"补间"下拉列表中选择"动画"选项,在第 1 帧与第 40 帧之间创建运动补间动画。

图 4-98 移动卷轴的位置图　　图 4-99 创建另一个卷轴　　图 4-100 移动卷轴的位置

⑨ 右击图层 2,在弹出的快捷菜单中选择"遮罩层"命令,将该层创建为遮罩层。

⑩ 至此,该动画已制作完成。按"Ctrl+E"组合键将动画导出后即可观看动画效果。

实例 4.16 红星闪闪。测试效果见实例 4.16.swf。

1. 创建闪光元件

① 新建一个 Flash 文档。在【属性】面板上设置文件大小为 400×400(像素),背景色为黑色。

② 创建"闪光线条"元件。执行【插入】→【新建元件】命令，新建一个图形元件，名称为"闪光线条"。选择工具栏上的直线工具，笔触颜色黄色，粗为3，在场景中画一直线。

③ 执行【插入】→【新建元件】命令，新建一个图形元件，名称为"闪光线条组合"。从库中将名为"闪光线条"的元件拖入新元件编辑窗口的场景中，在X轴上的位置为－200，Y轴为20。然后单击工具栏上的任意变形工具 ，此时元件的中心会出现一个小白点，它就是对象的"注册点"，按住左键，拖到场景的中心处松手，如图4-101所示。

图4-101 移动注册点到场景的中心

然后，执行【窗口】→【设计面板】→【变形】命令，打开变形面板，选中【旋转】，角度为15度，连续按下【复制并应用变形】按钮，在场景中复制出的效果如图4-102所示。

单击时间轴上的关键帧，选中全部图形，执行【修改】→【分散】命令，把线条打散，再执行【修改】→【形状】→【将线条转化为填充】命令，将线条转变为形状。

④ 执行【插入】→【新建元件】命令，新建一个影片剪辑，名称为"闪光"。单击【确定】按钮进入"新元件编辑窗口"，接着把库里名为"闪光线条组合"的元件拖到场景中，对齐中心点，在第30帧处按"F6"键添加关键帧，在1～30帧之间建立动作补间动画，【属性】面板上设置顺时针旋转一周。

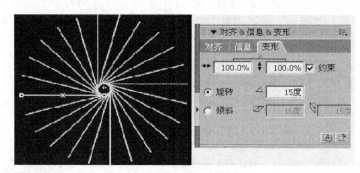

图4-102 变形面板及复制好的元件

⑤ 复制图层1的第1帧，新建一图层，在图层2第1帧中执行【编辑】→【粘贴到当前位置】命令，使二层中的"闪光线条组合"完全重合，再执行【修改】→【变形】→【水平翻转】命令，让复制过来的线条和第一层的线条方向相反，在场景中形成交叉的图形。

⑥ 在第30帧处建立关键帧，在第1帧中建立动作补间动画，【属性】面板上设置逆时针旋转一周，最后将此层设为遮罩层，如图4-103所示。图中显示的是"闪光"元件的时间轴面板和各图层中的动画设置。

2. 创建"红星"元件

执行【插入】→【新建元件】命令，新建一个图形元件，名称为"红星"。为了画好红星，分九步来叙述具体的画法，图4-104中的"1～9"的数字表示这九个步骤。

① 按住Shift键，从场景中心向上画一根黄色的线条，如图4-104中的"1"所示。

② 选择工具箱中的"任意变形工具"，在画好的线条上单击，这里，线条的中心出现一个白色的小圆点，称为"注册点"，如图4-104中的"2"所示。

③ 鼠标左键按住这个小白点，拖到线条的最下端，这是因为我们要让线条要以下端为中心旋转复制，如图 4-104 中"3"所示。

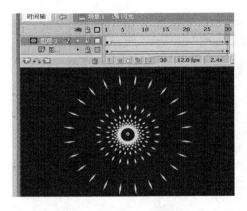

图 4-103　"闪光"元件编辑界面

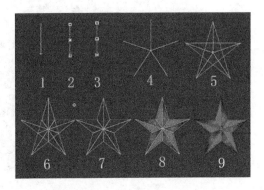

图 4-104　红星的九步画法

④ 执行【窗口】→【设计面板】→【变形】，打开变形面板，各参数设置如图 4-105。单击【复制并应用变形】按钮 4 次，就会在场景中每隔 72 度复制出一根线条，五根线条的顶端构成五角星的五个顶点，如图 4-104 中的"4"所示。

⑤ 用绿色线条分别连接五根线条的顶端，五角星的模样已经出来了，如图 4-104 中"5"所示。

⑥ 用白色线条分别连接五角星中心和上一步连线的中点，如图 4-104 中"6"所示。

⑦ 选择工具栏上的"橡皮工具"，在工具栏下面的选项中选择"水笼头"工具，在多余的线段上单击，去除线段，修整好的五角星如图 4-104 中的"7"所示。

⑧ 用油漆桶工具给五角星上色，每个角的左右颜色可略有区别，增加立体感，如图 4-104 中的"8"所示。

⑨ 再选择橡皮工具，单击 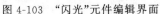 旁边的小三角形，在"擦除线条"前打勾，如图 4-106 所示。用橡皮工具擦去红星上的线条，一颗漂亮的红星就做成了，如图 4-104 中"9"所示。

图 4-105　变形面板

图 4-106　橡皮擦选项

技　巧

在 Flash 8.0 中，还可以用更简单的方法画红星，选择工具栏上的"多角星形工具"。

3．创建动画

回到主场景中，导入一图片到舞台，调整其大小与舞台重合。新建两个图层，把"闪光"

元件拖入第二层,第三层中拖入"红星"元件,在背景层的下方写下白色的"八一电影制片厂"的文字,完成后的时间帧面板及场景如图 4-107 所示。按"Ctrl+E"组合键,测试动画。

图 4-107　时间轴及场景

4.7　引导路径动画

4.7.1　引导层动画的概念

引导层是 Flash 中一个比较特殊的图层,用户可以在运动引导层中绘制对象的运动路径,然后将一个或多个图层链接到该图层中,让一个或多个对象沿同一条路径运动。在引导层中的所有内容都只能作为运动的参考,在播放时不会出现。

4.7.2　创建引导层动画

一个引导层动画由"引导层"和"被引导层"组成,上面一层是"引导层",它的图层图标为 ,"引导层"只能有一个。下面一层是"被引导层",图标 与普通图层一样,"被引导层"可以有多个。在制作引导层动画时,需要创建一个引导层,在引导层上绘制对象运动的线条,然后将被引导层上的对象吸附到线条上,从而创建引导层动画。

1. 创建运动引导层

创建运动引导层主要有三种方法:

(1) 在普通图层上单击时间轴面板的"添加引导层"按钮 ,该层的上面就会添加一个引导层 ,同时该普通层缩进成为"被引导层",如图 4-108 所示。

(2) "时间轴"面板中,选择要添加引导层的图层,右击,在弹出的快捷菜单中选择"添加引导层"命令,就可以添加运动引导层。

(3) 在"时间轴"面板中,选择一个普通图层,右击,在弹出的快捷菜单中选择"引导层"命令,此时图层图标变为 ,如图 4-109 所示的形状。然后,双击要转换为"被引导层"的图标,弹出"图层属性"对话框,在对话框的类型栏里选择"被引导",然后单击"确定"按钮,即可以与"引导层"建立链接。

图 4-108 "引导层"图标 　　　　　　图 4-109 无"被引导层"的"引导层"图标

2. 引导层和被引导层中的对象

引导层是用来指示元件运行路径的,所以"引导层"中的内容可以是用钢笔、铅笔、线条、椭圆工具、矩形工具或画笔工具等绘制的线段。而"被引导层"中的对象是跟着引导线走的,可以使用影片剪辑、图形元件、按钮、文字等,但不能应用形状。

由于引导线是一种运动轨迹,不难想象,"被引导"层中最常用的动画形式是动作补间动画,当播放动画时,一个或数个元件将沿着运动路径移动。

3. 向被引导层中添加元件

"引导动画"最基本的操作就是使一个运动动画"附着"在"引导线"上。所以操作时得特别注意"引导线"的两端,被引导的对象起始、终点的 2 个"中心点"一定要对准"引导线"的 2 个端点,如图 4-110 所示。

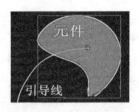

图 4-110 元件中心十字星对准引导线

在图 4-110 中,特地把"元件"的透明度设为 50%,可以透过元件看到下面的引导线,"元件"中心的十字星正好对着线段的端头,这一点非常重要,是引导线动画顺利运行的前提。

"被引导层"中的动画都是动作补间动画,即形状补间动画无法应用于引导层动画。

4. 应用引导路径动画的技巧

(1) 在做引导路径动画时,按下工具栏上的【紧贴至对象】功能按钮 ,可以使"对象附着于引导线"的操作更容易成功。

(2) 过于陡峭的引导线可能使引导动画失败,而平滑圆润的线段有利于引导动画成功制作。

(3) 被引导对象的中心对齐场景中的十字,也有助于引导动画的成功。

(4) 向被引导层中放入元件时,在动画开始和结束的关键帧上,一定要让元件的注册点对准线段的开始和结束的端点,否则无法引导,如果元件为不规则形,可以用"任意变形工具",调整注册点。

(5) 如果想让对象作圆周运动,可以在"引导层"画个圆形线条,再用橡皮擦去一小段,使圆形线段出现 2 个端点,再把对象的起始、终点分别对准端点即可。

4.7.3 引导层动画的参数设置

在默认情况下,对象在沿路径运动的过程中,不管曲线的轨迹往哪个方向,对象本身的角度是不变的;如果需要让对象按照曲线的方向来调整运动的角度,可以设置引导动画的参数。创建引导层动画后,单击被引导图层的第 1 帧,打开"属性"面板,在【属性】面板上的【调整到路径】前打上勾,对象的基线就会调整到运动路径。如果在【对齐】前打勾,元件的注册点就会与运动路径对齐,如图 4-111 所示。

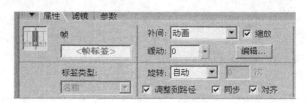

图 4-111 路径调整和对齐

4.7.4 取消引导层动画

取消引导层动画的三种方法:
(1) 在"时间轴"面板中,将想要解除引导的"被引导层"拖动到"引导层"的上方。
(2) 可以通过设置"引导层"或者"被引导层"的图层属性,取消引导层动画。在"时间轴"面板中,双击要解除引导的"引导层"图标,会弹出"图层属性"对话框。在对话框的类型栏里面选择"一般",单击"确定"按钮,即可断开与"被引导层"建立的链接,设置"被引导层"的图层属性:在"时间轴"面板中,双击要解除引导的"被引导层"的图标,会弹出"图层属性"对话框;在对话框的类型栏里面选择"一般",单击"确定"按钮,即可以断开和"引导层"建立的链接。
(3) 在"时间轴"面板上,选择要解除引导的"引导层",右击,在弹出的快捷菜单中选择"引导层"命令。

4.7.5 引导层动画的创建实例

实例 4.17 太阳升和落。
① 启动 Flash 8,新建一个 Flash 文档。
② 将"图层 1"更名为"太阳",用"椭圆工具"在第 1 帧的编辑区中画一个红色的圆来代表太阳。用"选择工具"选定圆,按快捷键"F8"将圆转换为图形元件。
③ 单击"添加运动引导层"按钮,插入一引导层。用"直线工具"在引导层的第 1 帧画出一条直线,用"选择工具"将直线拉成弧线,做好曲线后锁定本图层。
④ 在引导层的第 25 帧处按"F5"快捷键插入过渡帧,在"太阳"图层的第 25 帧处按"F6"快捷键,插入关键帧。
⑤ 选定"太阳"图层的第 1 帧,选定"选择工具"后并选定其附加按钮"贴紧至对象",这步很重要,而且一定要选定。拖动圆至曲线的左端,当出现吸附标志的"小圆圈"后,放开鼠标,使"注册点"吸附到曲线的一端,如图 4-112 所示。

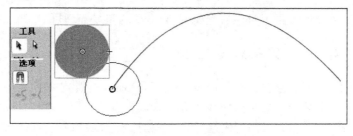

图 4-112 吸附对象

⑥ 选定"太阳"图层的第 25 帧,用"选择工具"将此帧上的太阳吸附到曲线的另一端。选定"太阳"图层的第 1 帧,创建补间动画。只有将两个关键帧上对象的"注册点"分别吸附到曲线的两个端点时,创建补间动画后,对象才能沿着曲线运动。

⑦ 按快捷键"Ctrl+E",测试动画,可以看到好像太阳升和落的动画。

 注 意

在实现引导线效果的时候,一定要注意元件与引导线的吸附问题。如果没有吸附,则元件就会按照开始帧和结束帧的位置直线运动。可以单击工具栏里面的放大镜工具来放大场景,更清楚地看到元件中的空圆心,如果没有吸附感,可以单击工具栏中的【选项】中的【紧贴至对象】按钮,这对实现粘合效果有极大的帮助。

另外,运动引导线在动画发布的时候是看不到的,所以引导线的颜色大家可以随意设置,只要与场景中的主体颜色区分开就可以。

相关问题:

(1) 同一个运动引导层可否限制两个以上的图层中元件的移动路线?

一个运动引导层可以限制两个不同图层的元件移动路线。因为运动引导层是制作参考工具的,所以可以适用不同的元件。但要注意的是,这两个元件图层的状态要同属一个运动引导层,否则将无法实现效果。

实例 4.18 红方和蓝圆。

打开实例 4.18.fla。如图 4-113 所示,效果见实例 4.18.swf。

(2) 元件放到运动引导线的中间可以实现引导这个效果吗?

可以的,只要把元件粘合在引导线上,无论是开始、结束还是中间部分,都可以实现这个效果。在实例 4.18 源文件里面已经考虑了这个问题。其中"蓝圆"图形元件的运动轨迹并不是从引导线开始一直到结束,而是

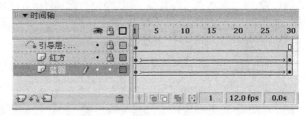

图 4-113 同一个运动引导层引导 2 个对象

从中间开始、中间结束。所以,只要做法正确,是可以实现这种效果的。

通过上一节的学习,知道了图形元件可以沿着引导线从一端运动到另一端。如果需要图形元件(比如飞机)做环形运动,那用什么做引导线呢,我们想到了椭圆工具。

实例 4.19 运动的纸飞机。

① 新建 Flash 文档,绘制一个如图 4-114 所示的飞机图形并转换成图形元件,在 25 帧处插入关键帧,然后创建动作补间动画。

② 给图层 1 添加引导层,在引导层上绘制椭圆。

③ 新建一普通图层,复制引导层上的椭圆,原位置粘贴到该图层,在第 25 帧按"F5"键插入帧,锁定图层。

④ 选中引导层,用橡皮擦将椭圆擦出一个缺口,让图层 1 两关键帧上图形元件的中心分别和椭圆的两头对齐。三个图层的关系,如图 4-115 所示。

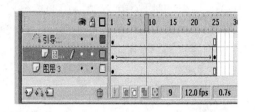

图 4-114　绘制纸飞机　　　　　　　　　图 4-115　三个图层的关系

⑤ 预览一下，看到飞机已经围绕椭圆在运动了，只是飞机头的方向好像没有改变，如图 4-116 所示。单击图层 1 上 1～25 之间任何一帧，在属性栏选择"调整到路径"问题就解决了，如图 4-117 所示。此时再预览，效果如图 4-118 所示。

图 4-116　未调整路径　　　　图 4-117　勾选"调整到路径"　　　图 4-118　最终测试效果
　　　　　前的状态

实例 4.20　用笔绘制一个字的轮廓效果。

① 新建 Flash 文档，背景改为黑色。将图层 1 改名为"背景 F"用文本工具写一个大写字母"F"，将文本属性的字体设置为 ArialBlack，字体大小为 150（右边的滑块最多只能调到 96，此时可用键盘输入）。接下来获取 F 的边缘。选中 F 执行【修改】菜单下的【分离】将 F 打散，此时 F 处于选中状态，如图 4-119 所示。用箭头工具单击 F 以外的地方以取消选择。

② 将 F 打散后它已经不再是文本而变成了形状，此时就可以用"墨水瓶工具"给它添加边框了。选择墨水瓶工具，在属性栏设置好属性后单击 F，给 F 添加上一个边框。用箭头工具选中 F 将它删除，这样就获得了 F 的轮廓，如图 4-120 所示。

③ 用橡皮擦将 F 擦出一个缺口，如图 4-121 所示。在 2～25 帧的每一帧都按 F6 键插入关键帧。

④ 新建一图层命名为"画笔"，用工具箱中的工具在第一帧绘制一笔状物作为画笔并转换成图形元件。选择画笔的元件，把画笔的笔尖对着该元件的"中心点"，如图 4-122 所示。

图 4-119　分离"F"　　图 4-120　获取"F"的轮廓　　图 4-121　给"F"擦缺口　　图 4-122　创建画笔元件

回到场景,在25帧处插入关键帧,在1~25帧间创建动作补间动画,如图4-123所示。

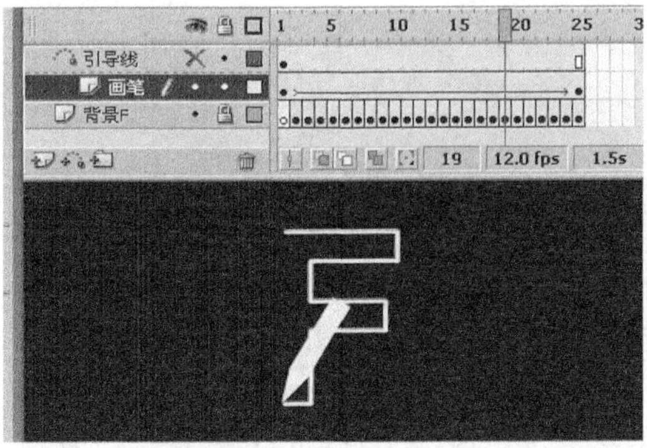

图4-123 创建"画笔"图层

⑤ 给画笔添加一个引导层,让F的轮廓这个引导线去引导它。添加引导层,鼠标放在背景F层的第一帧右击,在弹出的菜单中选择"复制帧",然后在引导层的第一帧单击,按"Ctrl+Shift+V"键原位置粘贴帧。这时引导层第一帧的F和背景F层第一帧的F就完全重叠在一起,为了在操作时背景F层不会受到影响,把背景F层隐藏并锁住。

⑥ 此时看到的F就是引导线,因为背景F层已经隐藏了。现在调整画笔的位置让它在画笔层的第1帧和第25帧的中心点(笔尖),分别和引导线F的两端点对齐。预览画笔能否围绕F描一圈。引导效果一旦做好就将引导层锁住并隐藏,此时将打开背景F层的锁并让它显示。

⑦ 鼠标放在背景F层的第1帧,由于笔刚开始写时画面上还没有内容,所以用橡皮擦将F全部擦除。鼠标放到背景F层的第2帧,将画笔后面部分擦除,再将鼠标放在第3帧,继续擦除。按照同样的方法,对剩下的每一帧分别进行操作直到最后一帧,如图4-123所示。

⑧ 到此为止就做好了,按"Ctrl+E"组合键测试影片,并保存。

分析:该动画一共有三个层,画笔层让画笔运动,引导层让引导线去引导画笔如何去运动,这两层最终产生的效果是让画笔能够围绕F描一圈。再来看背景F层,它上面的25帧全部都是关键帧,也就是说这25帧上面共有25个F,除最后一帧外的每一帧都用橡皮擦擦过,总是让每一帧未擦除的部分和画笔的运动保持同步。这样画笔走到哪里,哪里就有线条出现,给我们视觉上的效果就是感觉线条是用笔画出来的。其实,这是画笔和线条保持了同步而已。由此可以验证,动画其实是欺骗人视觉效果的一种把戏。另外,将背景F层第一帧的F擦出一个缺口的原因有两个:一是为了引导层,因为引导线F是从这里复制过去的;二是为了后来擦除的方便,因为后来的24帧插入的都是关键帧,如果没有这个缺口,在以后擦除每个F时就不能保证每帧写出F部分的起点是对齐的,这是一个小技巧。思考一下,在这种情况下怎样使得F在写完之后看不见缺口?

 说明

引导线可以用铅笔或钢笔绘制,也可以用圆或矩形工具绘制的线条,引导线是不可见的。被引导的对象只能是元件(图形元件、按钮元件、影片剪辑元件)。引导线引导的是元件的中心,这就是为什么要编辑画笔使它的"中心点"在笔尖,否则就变成笔杆在写字了。引导效果一旦做好就把它锁住以防遭到破坏。

4.8 声音在 Flash 中的应用

4.8.1 在影片帧导入声音

1. Flash 8 支持的声音格式

可以直接导入 Flash 的声音格式有 wav、aiff 和 mp3 三种,其中 wav 和 mp3 是较常用的声音格式。

wav 格式:wav 文件是音质最好的格式,Windows 平台下,所有音频软件都提供对它的支持。由于容量较大,一般用来保存音乐和音效素材。

mp3 格式:mp3 格式具有不错的压缩比,它的容量要比 wav 文件小很多。由于 mp3 编码是有损的,多次编辑后音质会急剧下降,所以 mp3 格式不适合保存素材只适合直接在 Flash 中应用。

2. 将声音导入 Flash

(1) 新建一个 Flash 文档,或者打开一个已有的 Flash 文档。

(2) 执行【文件】→【导入】→【导入到库】命令,弹出【导入到库】对话框,在该对话框中,选择要导入的声音文件,单击【打开】按钮,将声音导入,如图 4-124 所示。

图 4-124 【导入到库】对话框

(3) 等声音导入后,就可以在【库】面板中看到刚导入的声音文件,可以像使用元件一样使用声音对象了,如图 4-125 所示。

3. 引用声音

将声音从外部导入 Flash 中后,时间轴并没有发生任何变化。必须引用声音文件,声音对象才能出现在时间轴上,才能进一步应用声音。

(1) 将"图层 1"重新命名为"声音",选择第 1 帧,然后将【库】面板中的声音对象拖放到场景中。

(2) 发现"声音"图层第 1 帧出现一条短线,这其实就是声音对象的波形起始,任意选择后面的某一帧,比如第 20 帧,按下 F5 键,就可以看到声音对象的波形,如图 4-126 所

图 4-125 【库】面板中的声音文件

图 4-126 图层上的声音

示。这说明已经将声音引用到"声音"图层了。按键盘上的 Enter 键,可以听到声音;如果想听到效果更为完整的声音,可以按下快捷键"Ctrl+E"。

4.8.2 声音属性设置和编辑

选择"声音"图层的第 1 帧,打开【属性】面板,可以发现,【属性】面板中有很多设置和编辑声音对象的参数,如图 4-127 所示。

面板中各参数的意义如下。

【声音】选项:从中可以选择要引用的声音对象,这也是另一个引用库中声音的方法。

【效果】选项:从中可以选择一些内置的声音效果,比如让声音的淡入、淡出等效果。

图 4-127 声音的【属性】面板

【编辑】按钮:单击这个按钮可以进入声音的编辑对话框中,对声音进行进一步的编辑。

【同步】:这里可以选择声音和动画同步的类型,默认的类型是【事件】类型。另外,还可以设置声音重复播放的次数。

引用到时间轴上的声音,往往还需要在声音的【属性】面板中对它进行适当的属性设置,才能更好地发挥声音的效果。下面详细介绍有关声音属性设置以及对声音进一步编辑的方法。

1. 效果选项

在时间轴上,选择包含声音文件的第一个帧,在声音【属性】面板中,打开【效果】菜单,可以用该菜单设置声音的效果,如图 4-128 所示。

【无】:不对声音文件应用效果,选择此选项将删除以前应用过的效果。

【左声道】/【右声道】:只在左或右声道中播放声音。

【从左到右淡出】/【从右到左淡出】:将声音从一个声道切换到另一个声道。

【淡入】:在声音的持续时间内逐渐增加其幅度。

【淡出】:在声音的持续时间内逐渐减小其幅度。

【自定义】:可以使用"编辑封套"创建声音的淡入和淡出点。

2.【同步】属性

打开【同步】菜单,可以设置【事件】、【开始】、【停止】和【数据流】四个同步选项,如图 4-129 所示。

图 4-128 声音效果设置

图 4-129 同步属性

【事件】：使声音与某个事件同步发生，即当动画播放到某个关键帧时，附加到该关键帧的声音开始播放。该类型声音的播放与动画的时间轴无关，因此，即使动画结束，声音也会完整播放。事件声音一般作用在按钮或固定的动作上，只有在声音文件完全载入后才开始播放，并且直到有明确的命令要它停止时才会停止，否则会无限制地播放下去。

【开始】：与事件方式类似。选择该选项后，声音和指定的关键帧相关联，即当动画播放到该帧时，声音才开始播放。如果当前正在播放该声音的另一个实例，则在其他声音实例播放结束之前，不会播放该声音。

【停止】：该选项将使指定的声音静音。

【数据流】：使声音和动画同步播放。如果动画中的画面播放较快而声音无法跟上，则播放器会将动画中的若干帧删除，使得两者能够同步，且该类型的声音随着动画的停止而停止。一般作为动画的背景音乐使用。

通过【同步】弹出菜单还可以设置【同步】选项中的【重复】和【循环】属性。为【重复】输入一个值，以指定声音应循环的次数，或者选择【循环】以连续重复播放声音，如图 4-129 所示。

3.【编辑】按钮

单击该按钮可以利用 Flash 中的声音编辑控件编辑声音。虽然 Flash 处理声音的能力有限，无法与专业的声音处理软件相比，但在 Flash 内部还是可以对声音做一些简单的编辑，实现一些常见的功能，比如控制声音的播放音量、改变声音开始播放和停止播放的位置等。

编辑声音文件的具体操作如下。

在帧中添加声音，或选择一个已添加了声音的帧，然后打开【属性】面板，单击右边的【编辑】按钮，打开"编辑封套"对话框，如图 4-130 所示。

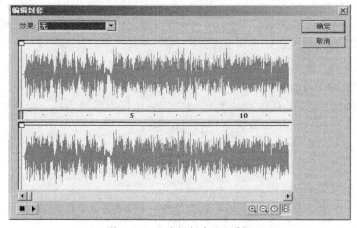
图 4-130 "编辑封套"对话框

【编辑封套】对话框分为上下两部分,上面的是左声道编辑窗口,下面的是右声道编辑窗口,在其中可以执行以下操作:

要改变声音的起始和终止位置,可拖动【编辑封套】中的"声音起点控制轴"和"声音终点控制轴"。

在对话框中,白色的小方框成为结点,用鼠标上下拖动它们,改变音量指示线垂直位置,这样,可以调整音量的大小,音量指示线位置越高,声音越大,单击编辑区,在单击处会增加结点,用鼠标拖动节点到编辑区的外边。

单击【放大】 或【缩小】 按钮,可以改变窗口中显示声音的范围。要在秒和帧之间切换时间单位,单击【秒】 和【帧】 按钮。单击【播放】按钮,可以试听编辑后的声音。

实例 4.21　午夜惊雷。

① 新建 Flash 文档。选择"矩形工具",画一个无边框的黑色矩形,调整矩形大小与舞台重合。

② 再用"矩形工具"画一个除黑色外的小矩形,选中它,按"Delete"键删除,出现如图 4-131 所示的效果。

③ 再画两条黑色矩形,调整位置做成窗户的形状,如图 4-132 所示。锁定图层 1。

图 4-131　镂空效果

图 4-132　窗户形状

④ 插入新图层 2,将图层 2 调到图层 1 下方,画一个灰色矩形,按"F8"键转换成元件,在第 2 帧按"F6"键插入关键帧,选中元件,单击属性面板中的色调,改成深灰色,同时选中两帧,按住"Alt"向后拖复制 2 份,如图 4-133 所示,出现闪烁效果。

⑤ 执行【文件】→【导入】→【导入到库】命令,弹出【导入到库】对话框,在素材文件夹中选择"闪电声音.wav",导入到库。新建图层 3,选中,将声音拖到场景,这样图层 3 就有声音的波形。为了使声音完全显示,可以在后面适当位置按"F5"键,并进行调整,如图 4-134 所示。声音的长度大约 28 帧,在其他层的第 28 帧按"F5"键。

图 4-133　制作闪电效果

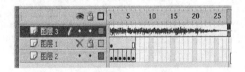
图 4-134　添加声音

⑥ 按"Ctrl+E"组合键测试并存盘。

4. 给按钮加上声效

Flash 动画最大的一个特点是交互性,交互按钮是 Flash 中重要的元素,如果给按钮加上合适的声效,一定能让作品增色不少。给按钮加上声效的步骤如下:

(1) 导入一个合适的声音文件。

(2) 打开【库】面板,双击需要加上声效的按钮元件,这样就进入这个按钮元件的编辑场景中,将导入的声音加入到这个元件中。

(3) 新插入一个图层,重新命名为"声效"。选择这个图层的第 2 帧,按 F7 键插入一个空白关键帧,然后将【库】面板中的"按钮声效"声音拖放到场景中。这样,【声效】图层从第 2 帧开始出现声音的声波线,如图 4-135 所示。

图 4-135 给按钮添加声音

(4) 打开【属性】面板,将【同步】选项设置为【事件】,并且重复 1 次。测试动画,当鼠标移动到按钮上时,声效就出现了。这里必须将【同步】选项设置为【事件】,如果还是【数据流】同步类型,那么声效将听不到。给按钮加声效时一定要使用【事件】同步类型。

5. 声音与动画的同步

无论是制作 MTV、动画短片还是多媒体课件,都必须保证声音与动画的同步。下面通过一个为歌词添加字幕的实例,介绍使动画与声音同步的方法。

实例 4.22 动画与声音同步。

(1) 计算声音长度

新建 Flash 文档。执行【文件】→【导入】→【导入到库】命令,将素材文档中的"苦恋.mp3"导入到库,再拖到场景,单击"声音"图层的第 1 帧;单击"属性"面板上的"编辑"按钮,打开"编辑封套"对话框。单击对话框底部的"帧"按钮,然后向右拖动对话框底部的滚动条,这样便能从对话框中看到歌曲所占用的帧数了,可以看出本例歌曲占用的帧数大约是 2555 帧,最后单击"确定"按钮关闭"编辑封套"对话框。如图 4-136 所示。在"声音"图层的第 2555 帧处插入关键帧,将歌曲延伸到此处。为了使动画能正常播放,在其他图层 2555 帧处按"F5"键插入普通帧。

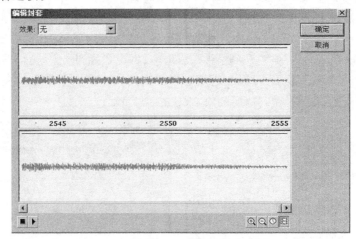

图 4-136 声音长度

(2) 编辑声音

如果只需要歌曲的高潮部分,可以打开"编辑封套"对话框,改变声音的起始和终止位置,拖动"声音起点控制轴"和"声音终点控制轴",如图 4-137 所示为调整声音的起始位置。

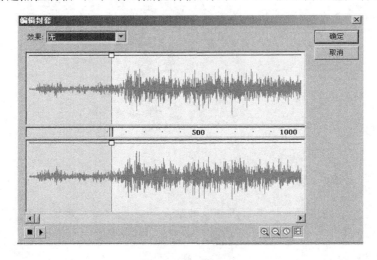

图 4-137　改变声音起点

(3) 制作字幕

为了保证字幕的位置统一,应将每一句歌词都制作成图形元件。在制作字幕时,可根据自己的喜好设置字体、字号、颜色等属性,以使字幕更加美观。

① 选择【插入】→【新元件】,打开"创建新元件"对话框,名称框输入"字幕 1",类型选"图形"。

② 单击"确定"按钮进入"字幕 1"图形元件的编辑状态,选择"文本工具",将"字体系列"设为"隶书"、"字体大小"设为"40"、"文本填充颜色"设为白色、"对齐模式"设为"居中对齐",然后在舞台元件注册点上单击并输入第一句歌词。

③ 右击"库"面板中的"字幕 1"图形元件,在弹出的快捷菜单中选择"直接复制"菜单,在打开的"直接复制元件"对话框中,将"名称"改为"字幕 2",并单击"确定"按钮。

④ 双击"库"面板中的"字幕 2"图形元件进入其编辑窗口,然后将图形元件中的文字修改为第 2 句歌词。

⑤ 参照步骤③和步骤④的操作,创建其他歌词的图形元件,重复的歌词只创建一次,创建好歌词的图形元件后可将所有歌词放在一个元件文件夹中,以方便管理。

(4) 添加字幕

制作好歌词后,便可以将它们添加到与歌曲对应的帧上,利用图形元件的"交换"功能可以使歌词保持统一的位置。

新建一个图层,并将其命名为"字幕",按下"Enter"键预览动画,当听到第 1 句歌词时按下"Enter"键暂停播放,然后在"字幕"图层播放头所在的位置插入空白关键帧,并将"库"面板中的"字幕 1"图形元件拖到舞台适当位置。

再次按下"Enter"键预览动画,当第 2 句歌词出现时按下"Enter"键暂停播放,并在"字幕"图层相应位置插入关键帧。

选中刚创建的关键帧上的"字幕 1"元件实例,单击"属性"面板中的"交换"按钮,打开的"交换元件"对话框中选择"字幕 2"图形元件;单击"确定"按钮后,"字幕 2"元件实例将替换

"文字1"元件实例出现在该关键帧中,最终效果如图4-138所示。

图 4-138 动画效果

4.9 动画的输出与发布

4.9.1 测试 Flash 作品

测试动画是为了检查 Flash 作品在本地电脑及网络上的播放效果。为了保证观众能正常地欣赏作品,输出或发布 Flash 动画前最好先对其进行测试。下面以"风景动画"为例,介绍测试动画的具体方法。

打开素材文档,按下快捷键"Ctrl+E",测试动画在本地的播放效果。

(1) 若要测试动画在网络上的播放效果,可在动画播放窗口中选择【视图】→【下载设置】菜单,选择一个模拟下载速度,本例选择"56K(4.6KB/s)"。

(2) 选择【视图】→【模拟下载】菜单,可启动或关闭模拟下载功能。启动模拟下载功能后,便会根据刚才设置的传输速率显示动画在网络上的实际播放情况。

(3) 选择【视图】→【带宽设置】菜单,再选择【视图】→【数据流图标】菜单,将出现一个图表,可以通过图表右侧窗格查看各帧数据下载情况。此时选择任意一帧,播放将停止,可从左边窗格中查看该帧详细信息。

(4) 选择【视图】→【帧数图表】菜单,可查看哪个帧需要比较多的时间传输。

测试完毕后,可记下矩形条超过红线的帧,并返回动画文档,对相关帧做相应的修改,以方便在网络上播放。

4.9.2 优化 Flash 作品

1. 制作手法优化

(1) 多使用元件:在动画中,同一对象只要被使用两次以上,就应将其转换为元件,因为重复使用元件并不会使文件容量增大。

(2) 尽量使用补间动画:补间动画中的过渡帧是通过系统计算得到的,数据量相对较小,逐帧动画需要用户一帧一帧地添加对象,相对补间动画来说,会增大文件体积。

(3) 优化帧:避免在同一个关键帧上放置多个包含动画的对象,例如放置多个影片剪辑实例,因为这样会增加 Flash 的处理时间。

(4) 优化图层:不要将包含动画的对象与其他静态对象安排在同一个图层里。应该将包含动画的对象安排在各自专属的图层内,以便加速 Flash 动画的处理过程。

(5) 少用位图:矢量图可以任意缩放而不影响动画画质和文件大小,位图图像一般只作为静态元素或背景,且位图的体积一般要比矢量图形大,应尽量避免使用位图制作动画。

(6) 文档尺寸越小越好:文档尺寸越小,Flash 文件的体积便越小。可以在制作动画时使用小文档尺寸,将动画发布成 HTML 格式时再将文档尺寸设置得大一点。

2. 优化动画元素

(1) 位图导入优化:制作动画时,尽量少导入位图;如果必须导入,则导入前最好使用位图处理软件将位图尺寸修改得刚好符合要求,并将其保存为 jpeg 格式。

(2) 声音导入优化:使用声音时,最好导入 mp3 格式的声音。

(3) 多用结构简单的矢量图形:矢量图形储存的大小与其尺寸没有关系,而与结构有关,结构越复杂,储存尺寸越大,同时还会影响 Flash 处理动画的速度。

(4) 少用虚线:绘制图形时,尽量少用虚线,多用实线,此外,尽量减少线段结点数。绘制好图形后,可以使用"优化"或"平滑"命令优化图形,减少图形的结点。

(5) 少用渐变色:渐变色会增加矢量图形的容量,绘制图形时应尽量使用纯色填充。

3. 优化文本

尽量不要使用太多不同的字体和样式,使用的字体越多,Flash 文件就越大,尽可能使用 Flash 内定的字体。

尽量不要将文本分离,文本分离后,会使文件容量增大。

4.9.3 导出 Flash 作品

swf 格式是 Flash 默认的动画格式,也是在网络上传输和播放的主要格式。下面以导出"风景动画"为例,介绍导出 swf 动画的方法。

(1) 打开素材文档,选择【文件】→【导出】→【导出影片】菜单。

(2) 在打开的"导出影片"对话框"保存类型"下拉列表框中可以设置导出影片的格式,本例保持默认的 swf 类型,在"保存在"列表框中选择文件保存路径,并在"文件名"文本框中为导出文件取一个名称,如图 4-139 所示。

图 4-139　导出影片对话框

(3)设置好参数后,单击"保存"按钮,即可将动画导出为选定格式的动画文件。如果用户选择"Flash 影片"选项,将会弹出"导出 Flash Player"对话框,如图 4-140 所示,用户可在该对话框中对播放器的属性进行设置。

4.9.4 发布 Flash 作品

1. 发布设置

利用 Flash 的发布功能,可以将 Flash 作品发布成 swf 动画影片、html 网页或者各种图像形式。

在发布动画之前,可以使用"发布设置"对话框选择和制定所需的设置,且只要选择相应的发布设置选项,就可以一次性导出所有选定的格式。

(1)在菜单栏中选择【文件】→【发布设置】命令,弹出"发布设置"对话框,如图 4-141 所示。

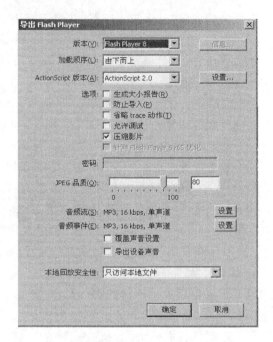

图 4-140 "导出 Flash Player"对话框

图 4-141 "发布设置"对话框

(2)在 Flash 8 中,默认的发布格式为.swf 和.html。如果用户要增加发布格式,只要选中相应的复选框即可。此时,系统会自动将与选中格式对应的标签添加到该对话框中。

(3)单击"使用默认名称"按钮,所有格式的文件名都将使用 Flash 文件的名称。如果用户想更改文件名,在"文件"选项区中的文本框中输入文件名称即可。

(4)设置好参数后,单击"确定"按钮即可将发布设置保存起来。

2. 发布为 Flash 文件

在默认情况下,用户可将 Flash 动画发布为 Flash 格式的 swf 文件,操作步骤如下:

选择【文件】→【发布设置】命令,在弹出的"发布设置"对话框中单击"Flash"标签,打开"Flash"选项卡,设置好参数后,单击"发布"按钮,即可将 Flash 动画发布为 Flash 文件。

3. 发布为 HTML 网页

SWF 格式的文件在网络上并不能直接观看,必须将它和 HTML 相结合,才能将导出的影片和生成的 HTML 网页上传到服务器上,供浏览者观看,操作步骤如下:选择【文件】→【发布设置】命令,在弹出的"发布设置"对话框中单击"HTML"标签,打开"HTML"选项卡,设置好参数后,单击"发布"按钮,即可将 Flash 动画发布为 HTML 网页。

4.10 综合实例——MTV 制作

MTV 的制作大体可以分几个过程:一是构思,制作前你自己得心中有数,就像电影导演首先要有一个好的剧本,其次对场景、演员、道具、出场顺序等都要有一个清晰的思路;二是素材的收集,首先选择什么歌,一首好听的歌曲也是成功的关键,再就是歌词下载,图片的筛选,优美的歌曲再配以精美的画面,你的作品才能够打动人心;三是制作,制作阶段要有耐心,而且一定要细致;四是保存和发布,作品完成了怎样设置发布以及怎样上传也很关键,再好的作品如果发布不了或者说上传不了也只好金屋藏娇了。以上几点环环相扣,每一步都做好了,一部好的作品也就成功了。

1. 新建 Flash 文档

(1) 新建 Flash 文档,背景色为黑色,其他为默认值。

(2) 在舞台上右击【标尺】,就可以看到两条【标尺】(上面和左面各一条)拖动上面的【标尺】,放到舞台的上边缘,再拖动【标尺】放到舞台的下边缘。同样,拖动左面的【标尺】放到舞台的左边缘,再拖一次放到舞台的右边缘,这样在舞台上就形成了一个由四条线组成的框。

2. 建立音乐层

(1) 导入音乐。打开【文件】→【导入】→【导入到库】,选择素材文件夹下载的"黄菊花开了吗"的 MP3 文件并打开。执行【窗口】→【库】,调出库面板。或者直接按"F11"键。在库面板中可以看到"黄菊花开了吗"的一个音乐元件。将这个音乐元件拖入场景中,可以看到在时间轴的第一帧上出现一道横线,如图 4-142 所示,说明音乐导入成功,将图层重命名为音乐。

(2) 音乐的编辑。

① 在时间轴上编辑音乐图层。回到场景上的时间轴上,在音乐图层的第 10 帧右击,插入帧。就可见音乐的声波就延长到了第 10 帧,接着按住鼠标从第 10 帧向后拖动,或者左手按住"Ctrl"键,出现一个左右拖动的标志后,如图 4-143 所示。按住鼠标左键一直向后拖动,使声波一直延伸到尽头,这里一直延伸到 2630 帧,如图 4-144 所示。

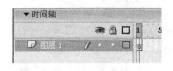

图 4-142 声音第 1 帧

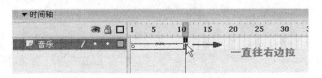

图 4-143 延长帧

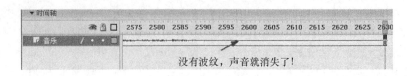

图 4-144 声音长度

② 在属性面板上设置音乐为"数据流"。打开场景下面的属性面板,如图 4-145 所示。可以看到"黄菊花"声音的一些属性,单击"同步"栏右侧的下箭头,弹出下拉菜单,选择其中的"数据流"。因为"数据流"模式的音乐就是音乐与动画同步播放,动画停止音乐也随之停止,再继续播放动画时音乐也会从刚才的停顿处接着播放。

图 4-145 声音属性

3. 落款的制作

(1) 在"音乐"图层的下面新建一个图层,重命名为"深绿色"。一般情况用黑色,这里为了与黄菊花相配改成了深绿色。选择工具栏中的矩形工具,画一个 550×45 的无边框矩形。选中这个矩形,在下面的属性面板中更改其属性,将宽改为 550(与场景的宽一样),高改为 45,如图 4-146 所示。注意下面的锁,如果上锁了,其宽与高是同比例增减;如果是开锁状态,可任意设置图形(元件)的大小。

按快捷键"Ctrl+K"打开"对齐"面板,如图 4-147 所示。将其设为"垂直居中"与"上对齐"。注意,要将"相对于舞台"这个图标按下去,因为深绿条的位置是相对于场景来说的。这样,上面的深绿条就做好了。

图 4-146 属性面板

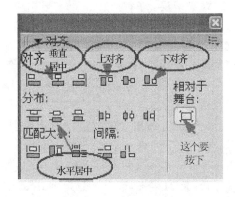

图 4-147 对齐面板

按住"Ctrl"键,按住深绿条往下拖动,这个就复制了另一条深绿条,然后在对齐面板中,选中"垂直居中"与"下对齐"。这样"深绿条"图层就做好了,如图 4-148 所示,上锁。

(2) 在"深绿条"图层的上面新建一个图层,重命名为"黄条"。选择工具栏中的"直线工具",按住"Shift"键画一条长 550,笔触颜色为深黄色(参考值♯FF9900),宽为 6px 的直线。

• 158 •

画好这条线后,将其放在深绿条的下面,同样按住"Ctrl"键,将其向下拖动,复制另一个黄条,将其放在下面的深绿条的上面,"黄条"图层做好了,上锁,如图 4-148 所示。

(3) 在"黄条"图层的上面新建一个图层,重命名为"落款"。在这个图层里用文本工具分别在左上角写上歌名"黄菊花开了",右上角写上制作者。同样,也可先写好,再在属性面板上设置文字的属性,并放在适当的位置,最终的效果如图 4-149 所示,"落款"图层也制作完毕,上锁。

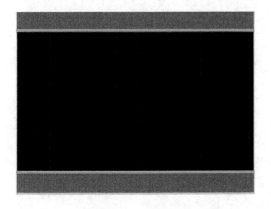

图 4-148　绿条、黄条

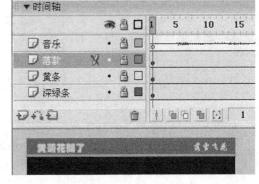

图 4-149　创建"落款层"

4. 歌词的制作

在"落款"图层上新建一图层,重命名为"歌词"。歌词的制作方法也有许多,最简单的一个笨办法就是"听"！具体来说,就是一边测试音乐一边制作歌词动画,关键是掌握每一句歌词的起止位置。按 Enter 键,时间轴上的红色游标开始走,音乐也随之响起。仔细听:第一句"黄菊花开了吗？"的"黄"字出来了,赶快按 Enter 键,看时间轴,红色游标好象停在了 312 帧处,在"歌词"图层的第 312 帧处插入空白关键帧,如图 4-150 所示。

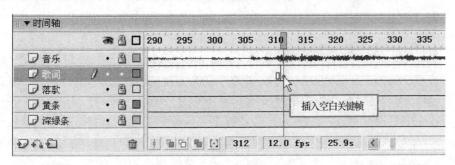

图 4-150　歌词的第 1 帧

打开歌词文件,将"黄菊花开了吗"复制,回到 Flash 中,选择文本工具,在下面的面板属性中将文本的属性改成如图 4-151 所示的样子。

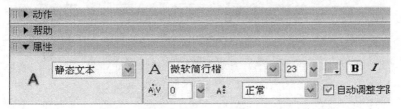

图 4-151　文本属性

回到场景,在最下面的中间处(黄条下,深绿条上)按住鼠标左键轻拉一下,将第一句的歌词复制粘贴至此。双击字框的右上角,使文字与文本框相匹配。接着用"选择"工具选中歌词,右击将其转换成元件"歌词1"。

将第一句的歌词用对齐面板"居中"对齐,并放在适当的位置上,第一句的歌词就制作好了。咱们接着听:按 Enter 键,"摘一朵给我吧"中的"摘"字出来了,按 Enter 键,音乐停止,这次游标好像停在了第361帧处。在"歌词"图层的第361帧处插入空白关键帧,复制"摘一朵给我吧",再用文本工具粘贴在同样的位置上,将之转换元件"歌词2"。再接着听,在第408帧处制作第三句歌词"你知道我从来都很喜欢盛开的黄菊花",并将之转换为元件"歌词3"……

歌词4:"你是这样说"开始时帧数:514。

歌词5:"我也就这样承诺"开始时帧数:565。

歌词6:"等黄菊花开了我一定会送给你一朵"开始时帧数:613。

歌词7:"黄菊花开了我已经走了你是否还记得"开始时帧数:718。

歌词8:"记得在花开的时候摘菊花给我的承诺"开始时帧数:820。

歌词9:"黄菊花开了你已经走了我还想听你说"开始时帧数:921。

歌词10:"摘一朵菊花最美的菊花夹在给你的信里"开始时帧数:1024。

歌词11:"告诉你今天今天的清晨黄菊花开了"开始时帧数:1125。

再仔细听,第一段的"告诉你今天今天的清晨黄菊花开了"在第1225帧处唱结束了,就在第1225帧处插入空白关键帧。接着第二段,在第1431帧处"黄菊花开了吗"又响起来了,这下可以直接从库中将"歌词1"的元件拖入场景合适的位置。同样的,分别在第1481、1528、1633、1685、1732、1838、1941、2043、2145、2246帧处拖入"歌词2""歌词3"……

如果不需要其他效果的话,歌词基本上做完了。其实在许多MTV中,歌词制作成这样也就可以了。不过为了做成卡拉OK的效果,还要另加一些技巧。

5. 歌词的效果

(1) 歌词的淡出效果:现在要做出歌词唱完,这一句歌词就淡出的效果。也就是说每句歌词起始帧都已找出来了,再找出这句歌词最后一个字唱出与歌词结束的那两个帧的位置,转换为关键帧,并在最后的那个关键帧设歌词为不可见(Alpha值为0)。

以第一句的歌词为例。在312帧处已经有了起始帧了,仔细听:在340帧处歌词都唱出来了,在360帧处消失(通常在第二句歌词的前一帧)。就在时间轴的340与360帧处单击(游标所在的位置),在弹出的右键菜单中选择"插入关键帧",如图4-152所示。

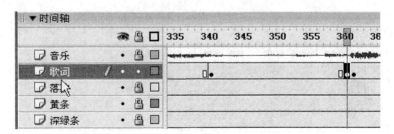

图 4-152 歌词的尾帧

在场景中单击360帧处的"歌词1"元件,在属性面板中,将颜色选项中的Alpha值设为0。

在 340 与 360 帧之间创建补间动画,如图 4-153 所示,这样第一句歌词的淡出效果就做好了。同样,做出第二、三……句歌词的淡出效果。至此"歌词"图层才算基本结束。测试一下看看,检查每一句的歌词是不是与音乐同步,如果不同步的话,按住"Ctrl"键,按住左键拖动将其所在的关键帧往左右调整。

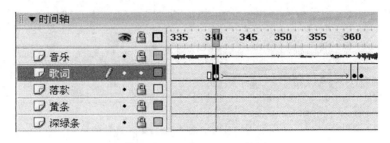

图 4-153　歌词的淡出效果

(2) 跟随歌词的制作:随着歌声的出现,歌词也随之出现。这个主要用遮罩效果来实现。所谓遮罩,必须有两层,就是上一层遮着下面的一层,用上面一层的形状来显示下面一层的内容,也就是上面一层的填色区块显示下面一层的图案。说白了,就是你要显示什么,就在遮罩层遮罩什么。

要显示歌词从无到有的过程,用一个长矩形慢慢将歌词遮住。在"歌词"图层的上面新建一图层,重命名为"遮罩"。

还以第一句歌词为例来说明:在遮罩图层上,先把歌词开始帧就是第 310 帧转换成空白关键帧,在场景中画出一个无边框的红色小窄矩形(颜色也可自定),参考尺寸(13.4×32)如图 4-154 所示。

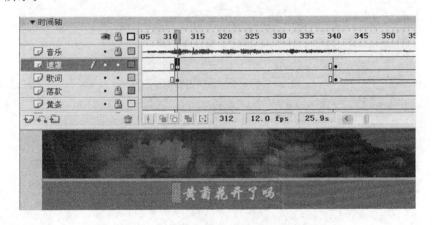

图 4-154　遮罩层的第 1 帧

在歌词完全出现的第 340 帧插入关键帧,用任意变形工具将其一直往右拉,参考数据:红色矩形的大小为 150×32,注意一定要将歌词全部覆盖住。在 310、340 帧之间创建形状补间动画。选择"遮罩"图层,在弹出的鼠标右键菜单中选择"遮罩层",自动就将"遮罩"图层变成了遮罩层,下面的"歌词"图层变成了被遮罩层,如图 4-155 所示。

测试一下看看,第一句歌词的渐显效果就出来了! 同样的方法,做出下面歌词的渐显效果。说到歌词的渐显过程是通过遮罩来实现的,第一句的歌词渐显效果已经做出来了,接着就照样子做第二句、第三句……。注意：每做一次时，要将遮罩图层前面的锁开开，前一个关键帧一定要不遮住歌词，后一个关键帧一定要全遮住歌词。歌词做完了，按 Enter 键，听一下，再看一下效果。

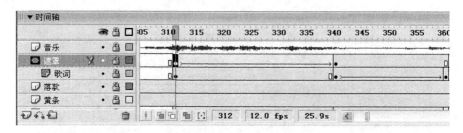

图 4-155　创建遮罩层

可能有的歌词怎么还是不同步，特别是长一点的歌词，解决办法是在这两个关键帧中再插入若干关键帧，调整每个关键帧所在的遮条的大小，使其遮住唱词的全部。下面以最后一句歌词为例来说明。

在遮罩图层的第 2398 帧（与歌词图层是一样的）处插入关键帧，遮条如图 4-156 所示。

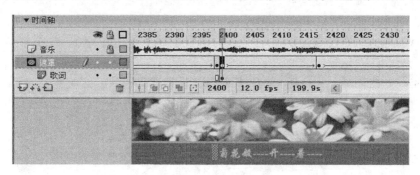

图 4-156　遮罩层第 2398 帧

按 Enter 键仔细再听一下，在第 2416 帧处"菊花般"三个字都唱出来了，但遮条早就跑过了，就在这个帧处插入关键帧，把下面遮条的大小调整到恰巧把"菊花般"三个字都遮住，如图 4-157 所示。

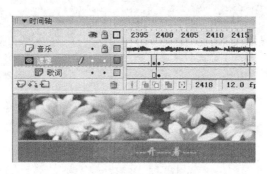

图 4-157　调整遮罩矩形

下面的第 2450、2463 帧也插入关键帧，同时调整遮条的大小，如图 4-158 所示。

(3) 真正的卡拉 OK 效果：真正的卡拉 OK 好像有个底图，先出歌词，再随着歌曲的演唱不同颜色的歌词才渐渐地显露出来。

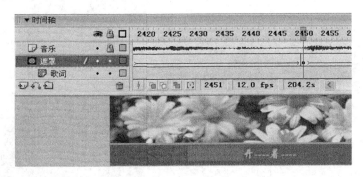

图 4-158　调整遮罩

其实这个很简单，再加一个图层，与"歌词"图层是一样的，所需要的就是把这个图层的颜色更改一下。在"歌词"图层的下面新建一个图层"歌词 1"，将"歌词"图层复制到这个图层。在图层"歌词 1"，选择每一句歌词起始的那帧的"歌词"元件，在下面的属性面板中将其色调更改为如图 4-159 所示的样子。当然也可以更改成别的颜色，或调整 Alpha 值来改变颜色。

图 4-159　修改元件属性

至此，歌词的效果全部制作完毕，测试一下，欣赏效果。

在做图片效果以前，先将库整理一下。按 F11 键打开库面板，新建一个文件夹，重命名为"歌词"，将以前所做出来的歌词元件全部放入这个文件夹内。

6. 场景效果的制作

为了制作简单，这个 MTV 场景的效果主要是图片的转换，而淡入与淡出需要两个图层，一个图层做图片的淡入，另一个图层做图片的淡出。在片头与中间音乐过门的地方，加入了歌名从无到有的动画，这只是个简单的运动渐变。

① 导入图片。执行【文件】→【导入】→【导入到库】，将下载好的黄菊花的图片导入到库中，并将之放入"原图"的文件夹中。

② 新建三个图层，分别从上到下重命名为："歌名"、"图片 2"、"图片 1"。

③ 在"图片 1"图层的第一帧处放入一张背景图片，右键菜单选择"转换为元件"，将其转换成图形元件，重命名放入"图"文件夹内。注意：以后每导入一张图片都如此处理，都要转换成元件。

④ 按 F8 键新建一个图形元件，取名为"歌名"。用文本工具在场景中写上"黄菊花开了"歌名，各项属性如图 4-160 所示。再新建一个图层，将图层 1 的帧复制到图层 2 中，改变图层 2 中文字的颜色，然后将其用键盘中的向下和向右箭头分别向下和向右移两次，文字的立体效果就出来了，如图 4-161 所示。

⑤ 回到"歌名"图层。在 20 帧处插入关键帧，将做好的"歌名"元件放入图中适当的位置，如图 4-162 所示。

图 4-160 歌名图层 1　　　　　　　　　图 4-161 歌名图层 2

图 4-162 放置歌名

接着在 205 帧处也插入关键帧,做 20 帧到 205 帧间的运动渐变,"歌名"从小逐渐变大。回到 20 帧处,单击"歌名"元件,按"Ctrl＋T"快捷键打开变形面板。在约束前打上勾,在约束的前两个小框内直接输入"0.1",再按回车键,"歌名"一下子看不见了。设置 20～205 帧为运动渐变。在 264 帧处与 287 帧处插入关键帧,用同样的方法将 287 帧处的"歌名"元件设为最小,设置其间的动画为"运动渐变"。在 288 帧处插入空白关键帧。

音乐过门时的"歌名"动画也是如此。在 1278～1375 帧间制作从无到有的动画,在 1404～1418 间制作从有到无的动画,在 1419 帧处插入空白关键帧。

"歌名"图层的动画就做好了,上锁。

7. 图片的淡出淡入效果

回到"图片 1"图层,图片 1 要淡出,在 288、320 帧处插入关键帧,将 320 帧处的图片元件的 Alpha 值设置为 0(为不可见),在 288～320 帧间设置运动补间动画,测试一下,图片 1 的淡出效果就出来了。

图片2的淡入:在"图片2"图层的305帧处插入空白关键帧,把库中的另一张黄菊花图片拖入场景中放好,右击将其转换成图形元件。接着在336帧处插入关键帧,设置305帧处的图片元件Alpha值为0,设置运动补间动画,如图4-163所示。

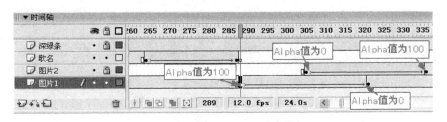

图 4-163　设置帧的 Alpha 属性

同样,在"图片2"图层的390、414帧处插入关键帧,设置后一帧的Alpha值为0,设置运动补间动画;再回到"图片1"图层,在403处插入空白关键帧,导入另一张图片,转换成元件,在430帧处插入关键帧,设置前一帧的Alpha值为0,设置运动补间动画,如图4-164所示。

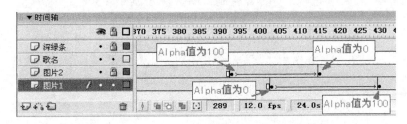

图 4-164　设置帧的 Alpha 属性

一张图片在这个图层淡入淡出,另一张图片在另一个图层淡出淡入,两个图层交错着。有人要问为什么要两个图层啊?一个图层也可以的啊,一张图片淡出后,另一张图片再淡入。如果这样子的话,效果不是很好,你想啊,一张图片淡得看不见了,背景完全显示了,与另一张的图片过渡就不自然了。

一个图片的淡出与淡入最好与歌词相配,就是说一句歌词唱完了,场景也转换了。这得靠自己体会啦!怎么觉得好看就怎么做吧!

8. Flash 文件的保存和发布

(1) 文件的保存:整个操作完成后,单击【文件】→【另存为】选择保存路径,输入【swf】文件名称并保存。

(2) 文件的发布:执行【文件】→【导出影片】,输入文件名称并保存,把加载顺序改为【自上而下】,按住下面的【覆盖声音】,如果不勾住声音文件会很大→单击【确定】按钮,这样一首完整的 MTV 就制作好了,然后找一个上传网站,把你的作品上传上去。

一个 MTV 的大体制作过程大家都知道了,其实一个动画的变化也是千姿百态的。图片的转换这里用的是淡入淡出,也可以用遮罩、变形、移动等方法来实现,在图片的上方新建几个图层,加入一些诸如下雨、下雪等的效果。

第5章 Authorware基础课件制作方法

Authorware是一种基于设计图标和流程线结构的多媒体编辑系统,采用可视化的集成编辑环境,具有强大的多媒体创作功能,在各种多媒体课件制作与开发中均有广泛应用,是使用最为普遍的系统平台之一。本章主要通过介绍Authorware 7.0的基本特点和功能,以及基本设计图标的使用来进行多媒体课件制作的基本方法。

5.1 Authorware基础

Authorware 7.0是Macromedia公司2003年推出的一款用于多媒体制作的工具软件。这是一种面向对象的,以设计图标和流程线为基础,以函数和变量为辅助,以动态链接库为扩展机制的多媒体编辑工具。

5.1.1 Authorware的功能与特点

Authorware采用可视化的集成编辑环境,一般不需要编写程序,它把文本、图形、图像、动画、视频和声音等组合成一个有机整体,在设计窗口内组成流程图。同时,Authorware也具有丰富的函数和灵活的程序控制功能,将编程语言很好地融合在编辑系统里,形成应用程序的"源代码"。

同时,Authorware提供友好的人机交互界面,用户使用非常方便,是交互式多媒体课件制作的有力工具。综上所述,Authorware具有以下特点。

1. 面向对象的可视化编程功能

Authorware的设计窗口中,提供了14个设计图标,同时显示程序的主流程线。整个程序结构和设计思路清晰、明确,编辑方法易学易用,在程序设计时,可以不使用语句编程,直接用设计图标和流程线进行面向对象的编辑和设置,程序流程具有可视性。

2. 强大的多媒体素材的集成能力

Authorware支持多种形式的多媒体文件,能够将这些素材集成并合理地组织安排,对文字、图形、图像、视频(包括AVI格式、MPEG格式、MOV格式等多种)、音频、动画(GIF动画、Flash动画)都能进行集成处理,并提供了多种过渡方式(动态变化的演示效果),并能通过OLE和ActiveX控件扩展对多媒体的支持。

3. 多样化的文字、图形图像和动画处理能力

Authorware 提供的文字、图形处理工具,可以设置文字对象在屏幕上的位置,改变文字的大小、颜色和字体及进行其他修饰美化;能够绘制简单的图形,对图像进行缩放,改变图像的显示方式和控制对象的运动。

4. 强大的交互控制能力,多样化的交互手段

Authorware 具有多种交互响应类型,包括按钮响应、热区域响应、热对象响应、目标区响应、下拉菜单响应、文本输入响应、条件响应、按键响应、重试限制响应、时间限制响应和事件响应 11 种交互类型,每种交互响应类型对用户的输入可以做出多种不同的反馈。

5. 强大的数据处理能力和动态链接功能

Authorware 虽然是可视化编程,但同时提供丰富的变量和函数,而且用户可以创建自己的变量和函数。同时,它支持 ODBC(开放式数据库连接)、OLE(对象链接与嵌入)和 ActiveX 技术。利用动态链接功能,可以将任何一种语言创建的程序或其他成果导入其程序中。

6. 丰富的设计模板

Authorware 提供了知识对象这一智能化的设计模板,开发人员选择不同的知识对象,添入自己的内容,就可以迅速地建立起多媒体课件的框架。

7. 对 Internet 网络应用提供完善的支持

Authorware 通过使用增强的流技术,极大地提高了网络程序的下载效率。它通过跟踪和记录用户最常用的程序内容,智能化地预测和下载程序片断,提高了程序的运行效率。

8. 跨平台和兼容性

Authorware 是一个跨平台的开发软件,可以运行在 PC 或 Macintosh 机型上。在 PC 平台上,Authorware 是基于 Windows 的应用程序,其基本配置如表 5-1 所示。

表 5-1 Authorware 7.02 基本配置

系统部件	编程状态	播放状态
处理器	Intel PentiumⅡ 或更高	Intel PentiumⅡ 或更高
内存	32 MB	16 MB
系统软件	Windows XP,Windows 2000 或更高	Windows XP,Windows 2000 或更高
磁盘驱动器	120 MB 自由硬盘空间,CD-ROM 驱动器	

5.1.2 Authorware 的启动与退出

1. Authorware 的启动

启动 Authorware 与在 Windows 环境下启动其他应用程序一样。在 Windows 任务栏上单击"开始"按钮,选择"程序"菜单中的"Macromedia"子菜单的"Macromedia Authorware 7.02 中文版"命令,可以启动程序。为方便使用,建议用户在桌面上建立快捷方式。Authorware 启动之后,系统进入启动画面,如图 5-1 所示。

图 5-1　Authorware 启动画面

单击界面或稍候片刻,系统将进入 Authorware 7.02 中文版的工作环境,如图 5-2 所示。用户可在此环境下编制、调试、演播、打包,甚至发行多媒体应用程序。每次启动时都会出现如图 5-2 所示的"新建"对话框。该对话框提供一种使用知识对象创建新文件的方法,可通过选取某个知识对象并单击"确定"按钮,创建一个基于知识对象的程序文件。取消对话框底部的"创建新文件时显示本对话框"的复选框,则下次启动时不再出现该对话框。通常可以单击"取消"或"不选"按钮,直接进入 Authorware 常规程序设计主界面,如图 5-3 所示。

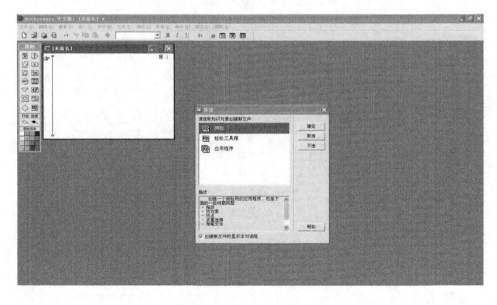

图 5-2　Authorware 工作环境

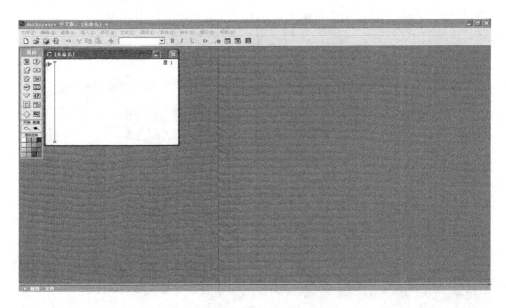

图 5-3　Authorware 工作界面

2. Authorware 的退出

要退出 Authorware 程序,可以选择"文件"菜单的"退出"命令,或按"Alt＋F4"组合键,或直接单击 Authorware 应用程序右上角的系统关闭按钮,这时,Authorware 将退出运行状态。在完全退出之前,如果有已修改但未保存的程序文件,系统会提示用户是否保存。

5.1.3　Authorware 的工作界面

在 Authorware 程序的主界面中,窗口顶端是标题栏,标题栏的左侧是窗口控制图标和程序名称,右侧是窗口控制按钮。标题栏下面的一行是 Authorware 的下拉菜单栏。紧接下拉菜单的一行图标是工具栏,列出了 18 个工具按钮。位于屏幕左边的是设计图标面板,Authorware 中绝大部分设计功能都集中在工具栏和图标栏中。屏幕中央的白色窗口是程序设计窗口,是编写程序的地方,其中左侧的竖线称为主流程线,所有的程序元素诸如声音、图像及交互功能等都在主流程线上进行安排。Authorware 采用浮动面板设置各种功能窗口,通过设计窗口下侧的属性窗口,可以设置和改变图标和程序文件的属性。设计窗口的右侧放置的是知识对象窗口、变量窗口和函数窗口等,如图 5-4 所示。

1. 标题栏

标题栏由 3 部分组成。最左边的图标是 Authorware 的标志,图标右边的是应用程序的名称,即 Authorware,其右侧为当前的程序文件名,字符"＊"表示对当前程序文件所做的修改没有存盘,是一个新建文件。标题栏最右边的 3 个标志是窗口控制按钮,其使用方法与 Windows 窗口中的标题栏一致。

2. 菜单栏

Authorware 的菜单栏的构成形式和使用方法与标准的 Windows 菜单方式一样,具体构成包括"文件"、"编辑"、"查看"、"插入"、"修改"、"文本"、"调试"、"其他"、"命令"、"窗口"和"帮助"11 个菜单项。每个菜单项包含一个下拉菜单,下拉菜单中的每个选项对应一个命令,可用于完成某一特定功能或者对操作进行控制。具体使用方法,在以后的学习中会逐步讲解。

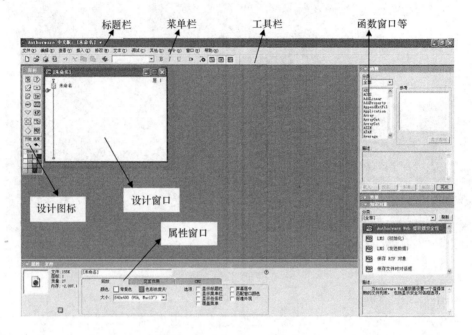

图 5-4　Authorware 工作界面

3. 工具栏

工具栏中包含了菜单栏中使用频率较高的命令,它们以工具图标的形式组织在一起。工具栏是 Authorware 窗口中的重要组成部分,共有 18 种工具,每种工具都有其特定功能,可以通过单击图标来使用,如图 5-5 所示。

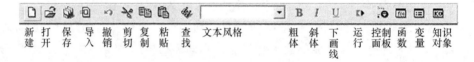

图 5-5　Authorware 的工具栏

工具栏各按钮功能如下:

- 新建:新建一个 Authorware 程序文件。
- 打开:打开一个已经存在的 Authorware 程序文件。
- 保存:将当前打开的文件(包括程序文件和库文件)保存起来。
- 导入:用于导入文本、图形、音频及视频文件等。
- 撤销:撤销最后一次所执行的操作,若要将所撤销的操作再次恢复,可再次单击该按钮。
- 剪切:将选定的内容送到剪贴板中并将其删除。
- 复制:将选定的内容送到剪贴板中并将其复制。
- 粘贴:将剪贴板中的内容粘贴到当前光标所在的位置。
- 查找:查找指定的对象,还可以将查找到的对象用指定的内容替换。

- 文本风格:可以从文本风格列表中选择一种风格,并将其应用到选中的文本中。
- 粗体:将当前选中的文字加粗。
- 斜体:将当前选中的文字转换为斜体。
- 下画线:为当前选中的文字添加下画线。
- 运行:运行当前打开的程序。
- 控制面板:单击该按钮将打开控制面板,以控制程序的运行。
- 函数窗口:单击该按钮将打开函数窗口,再次单击关闭。
- 变量窗口:单击该按钮将打开变量窗口,再次单击关闭。
- 知识对象窗口:单击该按钮将打开知识对象窗口,再次单击关闭。

4. 设计图标面板

设计图标面板,包括 14 个设计图标、2 个供程序调试用的旗标(分别标记要调试的程序段的开始和结束位置)和 1 个为设计图标添加颜色的调色板,如图 5-6 所示。

各图标功能如下:

- "显示"图标:用于显示文本、图形、图像和函数值的即时变化等平面素材,是 Authorware 中最重要、最基本的图标。
- "移动"图标:用于移动屏幕上"显示"图标中的对象以生成二维动画效果。
- "擦除"图标:以各种特殊效果清除已显示过的任何图标的内容,包括由"显示"图标、"交互"图标、"框架"图标以及"数字电影"图标显示的对象。
- "等待"图标:在程序运行过程中产生等待时间间隔,暂停程序的运行。
- "导航"图标:可以控制程序从一个图标跳转到另一个图标去执行,类似于 goto 语句的作用,常与"框架"图标配合使用。
- "框架"图标:为程序建立一个可以前后翻页的页面系统和超文本结构。
- "判断"图标:根据条件设置,判断处理循环操作来控制程序的流程。
- "交互"图标:Authorware 中最重要的图标之一,用于设置各种交互结构,实现人机交互的目的。
- "计算"图标:用于计算变量、函数和表达式的值等,辅助程序的运行;也可用于编写程序代码,实现程序的特殊功能。
- "群组"图标:是一个逻辑功能图标,用于将一部分程序图标组合起来,实现模块化子程序的设计,使程序流程结构更加清晰。
- "数字电影"图标:用于加载和播放多种不同格式的动画和数字化影像文件。
- "声音"图标:用于加载和播放音乐及多种外部声音文件。
- "DVD"图标:使用该图标控制计算机外接的 DVD 设备,可以播放 DVD 电影。

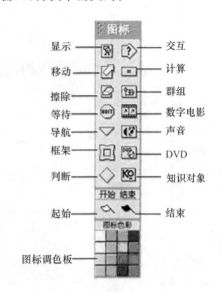

图 5-6 Authorware 设计图标面板

- "知识对象"图标:使用该图标可以创建一个用户自定义知识对象。

除了以上14个设计图标外,在设计图标栏中还包含两个标志旗和一个调色板。

- "起始"标志:一面小白旗,用该标志旗在主流程线上的位置设置用户程序运行的起点。
- "结束"标志:一面小黑旗,用该标志旗在主流程线上的位置设置用户程序运行的终点。
- "图标调色板"标志:为设计图标赋予不同颜色以区分其不同的作用。

5. 设计窗口

Authorware是基于流程线的可视化编程,程序设计可以通过设计窗口实现,设计窗口是Authorware窗口的中心内容。其中左侧的竖线称为主流程线,所有的程序元素诸如声音、图像及交互功能等都在主流程线上进行安排。其组成如图5-7所示。

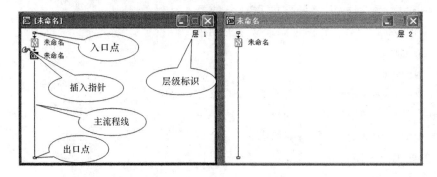

图 5-7　Authorware 设计窗口

设计窗口的大小可以通过鼠标的拖放来改变。将鼠标移到设计窗口边界处,屏幕上出现一个双箭头;按下鼠标左键,拖动鼠标将设计窗口的边界移到合适位置;松开鼠标,窗口大小将会改变。

Authorware使用层次来管理设计窗口的结构。设计窗口右上角的数字表示该设计窗口所在层数,当在该层上添加一个"群组"图标后,双击该"群组"图标会打开第二层设计窗口。以此类推,可多层嵌套。

窗口中一条纵向的直线称做主流程线,设计程序时,所使用到的图标都要添加到主流程线上,并且位于入口点和出口点之间。若主流程线上图标过多,流程线会自动向下延伸,如果超出了设计窗口的底线,可将光标指向设计窗口的底线,屏幕上出现一个上下箭头;按下鼠标左键,拖动鼠标将设计窗口的边界调整到合适大小。程序执行时,沿着主流线程依次执行各个设计图标。在主流程线上某些图标的右侧也可另外放置其他图标,形成不同的分支路径,这些表示分支路径的线称为分支流程线,之后的学习中会进行详细讲解。

主流程线始端和末端各有一个小矩形,为入口点和出口点。第一层设计窗口的入、出口点用于表示整个程序的开始和结束,而以下各层设计窗口的入、出口点则分别用于表示该层所属群组的入口和出口。

主流程线上的手形标志是程序指针,在设计窗口任意空白处单击,指针将会跳至主程流线上相应的位置。

6. 演示窗口及文件属性

当编辑一个"显示"图标时,系统会弹出一个演示窗口,在该窗口中进行内容编辑,当执行程序时,运行结果也显示在该窗口中,它提供一个所见即所得的工作环境,如图 5-8 所示。

图 5-8 演示窗口

运行一个程序时,演示窗口默认大小为 640×480,具有一个标题栏和一个菜单栏。菜单栏上只有 一个"文件"菜单,下面仅下挂一个"退出"命令,背景色为白色。执行【修改】→【文件】→【属性】菜单命令,打开【属性:文件】面板,如图 5-9 所示。

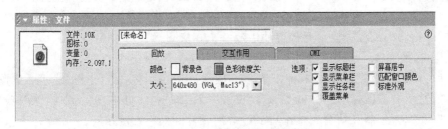

图 5-9 【属性:文件】面板

该窗口用于对文件的属性进行设置,在【回放】选项卡中可以设置演示窗口的属性。

"未命名"所处的文本框用于输入窗口标题,在默认情况下以应用程序文件名作为窗口标题,可以根据需要在此输入其他文字作为窗口标题。

"颜色":利用调色板可以设置演示窗口背景色和关键色。单击"背景色"选项,系统弹出调色板。在调色板上选定代表某一颜色的小方块,单击"确定"按钮,背景色设为所选颜色。默认背景色为白色。单击"色彩浓度关键色"选项,选取用于视频叠加卡的色彩浓度关键色。

"大小":设置演示窗口的大小。利用下拉列表中的类型可以设定演示窗口的大小。其中"根据变量"选项选中后,演示窗口的大小和位置可以根据用户的需要随意调整。用鼠标拖动演示窗口的任何一条边或一个角,即可以调整其大小;用鼠标按住演示窗口的标题栏,可以将其拖动到任意位置。需要注意的是:演示窗口大小要在程序设计开始就确定,否则程序完成后再更改窗口大小则窗口中内容位置需重新设置,几乎相当于重新设计。

"选项"包含关于演示窗口的多种选择。

- 显示标题栏:选中该选项,演示窗口具有 Windows 风格的标题栏。
- 显示菜单栏:选中该选项,演示窗口具有 Windows 风格的菜单栏。
- 显示任务栏:选中该选项,Windows 的任务栏出现在用户的演示窗口中。任务栏的出现可能会遮盖住演示窗口的内容。
- 覆盖菜单:选中该选项,演示窗口的标题栏重叠在菜单栏上,菜单栏暂时不可见。
- 屏幕居中:选中该选项,演示窗口的位置在屏幕正中间。
- 匹配窗口颜色:选中该选项,演示窗口的背景色为用户指定的 Windows 系统窗口颜色而非默认的白色。
- 标准外观:选中该选项,演示窗口中的立体对象(例如按钮)的颜色为用户指定的颜色而非默认的灰色。

5.1.4 Authorware 程序设计流程及示例

1. 程序设计流程

Authorware 是基于图标和流程线进行编程的多媒体软件制作工具,对图标的操作是程序制作中最频繁的操作。在之后的学习中也将针对各个图标的应用来掌握 Authorware 的使用方法。下面是程序设计的几个基本步骤。

(1) 在流程线上放置图标

图标只有放置在流程线上时,它才成为程序的一部分。在流程线上放置图标有两种方法:一是用鼠标按下图标栏中的某一图标,将其拖放到流程线上的相应位置并释放,即在该位置出现一个图标;二是执行【插入】→【图标】菜单命令,在菜单中选择一个图标类型,此时,在手形标志指向的流程线位置上将自动生成一个相应图标。

(2) 图标的操作

图标可以进行删除、剪切、复制和粘贴等操作。选中图标,按下 Del 键即可删除图标。应该注意的是,有的图标(如"群组图标"、"交互"图标等)包含其他图标,在删除时应明确删除的范围。剪切、复制和粘贴等操作与一般应用软件的操作方法相同。

(3) 图标的命名

程序为每个主流程线上的图标给出的默认名称是"未命名",只须选中该图标,或单击图标已有的名称,就可以修改它的名称。由于课件结构可能较为复杂,因此有必要通过恰当的图标命名来保证程序结构的清晰和明确。

(4) 图标的编辑

图标的编辑包含两方面的内容:一是对图标内容的编辑,如对"显示"图标在演示窗口中编辑要显示的内容等;二是通过图标的属性窗口进行编辑,设置该图标的各种属性。

2. 程序设计示例

实例 5.1 认识 Authorware

① 启动 Authorware。单击工具栏中的"新建"图标,建立一个新文件。

② 打开相应的文件夹,选中一个 JPG 图片文件,按下鼠标左键不放将其直接拖到主流

程线上,系统自动生成一个名为"背景.jpg"的"显示"图标。

③ 将鼠标移到设计图标栏中的"显示"图标上,按下鼠标左键不放,将它移动到主流线上后松开鼠标,主流程线上出现一个名字为"未命名"的"显示"图标。

④ 选中上述"显示"图标,"未命名"同时被选中,输入"欢迎",对"显示"图标进行命名,如图 5-10 所示。

⑤ 双击"显示"图标"欢迎",屏幕上弹出演示窗口,同时出现工具箱。

⑥ 在文本输入之前,先对文本的格式进行设置。执行【文本】→【字体】→【其他】菜单命令,再从"字体"列表中选择"隶书"字体,设置文本的字体;执行【文本】→【大小】菜单命令,再从"字号"列表中选择"36"磅字号,设置文本的大小,如图 5-11 所示。

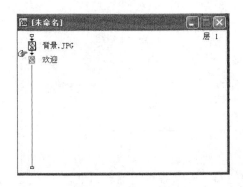

图 5-10　程序主流程

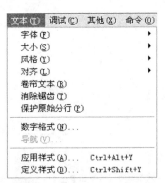

图 5-11　设置文本格式

⑦ 单击工具箱中的"文本"工具(单击工具箱中的标志"A"),选择笔触颜色为"红色",模式为"透明",然后在编辑窗口中间偏左处单击。这时屏幕上会出现一个标尺,标志文本输入的左右边界,闪烁的光标说明此时处于文本输入状态。输入文本,在标尺下输入文字"欢迎进入多媒体世界",如图 5-12 所示。

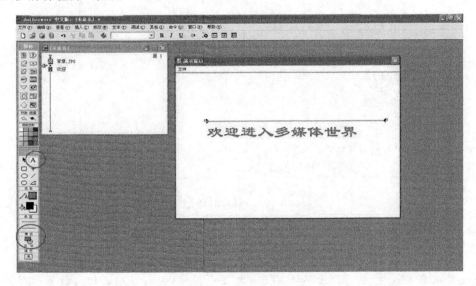

图 5-12　程序建立过程

⑧ 单击工具栏中的"运行"运行程序,演示窗口即为程序运行结果,如图 5-13 所示。

图 5-13 运行结果

⑨ 执行【文件】→【保存】菜单命令，对文件进行保存。在弹出的对话框里确定文件要保存的位置并输入文件名，选择保存类型为"Authorware"，单击"保存"按钮，将文件以指定的名字保存到指定的位置。系统会自动为文件添加扩展名".a7p"，如图 5-14 所示。

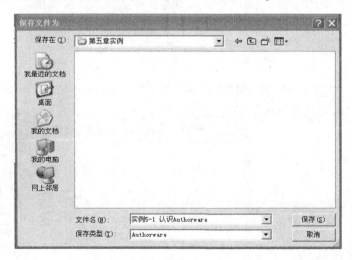

图 5-14 保存程序

 注 意

完整的程序设计，流程线上不能有空白的显示图标，否则程序运行到该显示图标会自动进入图标编辑状态，造成程序无法运行。

5.1.5 程序调试与发布

1. 程序的调试

Authorware 提供了区段标志和控制面板两种调试工具。通过这两种调试工具，可以控制程序流程执行的区段，逐个执行程序流程中的设计图标。

(1) 使用区段标志

在 Authorware 的设计图标面板中提供了两种区段标志："开始"标志 用于设置区段的起点，"结束"标志 用于设置区段的终点。有时程序可能很大，包含上百个设计图标，根据程序运行时出现的出错提示信息很难判断错误发生的位置，使用"开始"标志和"结束"标志，可以最大限度地缩小差错范围。

在通常情况下，按下"运行"命令按钮，Authorware 会从主流程线起点处开始运行程序，直至运行到主流程线上最后一个设计图标或者遇到 Quit()函数。但是，有时所要调试的程序段只是整个程序的一部分，此时可以利用"开始"标志和"结束"标志来帮助调试这段程序。"开始"标志和"结束"标志的用法很方便，只要从图标栏中将"开始"标志拖放到主流程线上欲调试程序段的开始位置，将"结束"标志拖放到主流程线上欲调试程序段的结束位置，此时工具栏中的"运行"图标会变成从"开始"标志处运行的图标 ，单击"从标志旗开始执行"命令图标，就可以只运行两个标记之间的程序段。"开始"标志和"结束"标志可以单独使用，如果要撤销对调试区段的设置，在图标栏中单击区段标志留下的空位，"起始"标志或"结束"标志返回到图标栏原来的位置，如图 5-15 所示。

(2) 使用控制面板

控制面板是另一个有效的程序调试工具，利用控制面板，可以控制程序的执行与暂停，对程序的每一步执行过程进行跟踪调试。

单击工具栏中"控制面板"按钮，将会打开或关闭控制面板。首次打开控制面板时仅包含 6 个控制按钮，单击最右边的"显示跟踪记录"面板按钮，可以显示对程序执行过程的跟踪记录以及更多的控制按钮，鼠标放置在按钮上将出现按钮相应功能说明，如图 5-16 所示。

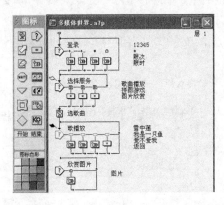

图 5-15 使用区段标志

图 5-16 控制面板

有时只依靠设计窗口中的流程结构图并不能准确地判断出设计图标的真正执行顺序，尤其是在程序中存在许多定向控制、永久性响应及复杂交互分支结构的情况下，设计图标可能会以不同的顺序被执行,这时就可以使用控制面板提供的各种手段对设计图标的执行顺序进行跟踪,控制面板窗口中会显示出设计图标真正的执行顺序,从而帮助设计人员更好地进行程序的调试。

2. 程序的发布

利用 Authorware 开发设计的多媒体课件需要脱离 Authorware 环境运行,即需要一个能够在 Windows 或 Macintosh 系统下运行的应用程序。为了完成这一工作,Authorware 7 提供了功能强大的一键发布功能。利用这一功能可以非常便捷地将程序打包并发布到 Web、CDROM、本地硬盘或者局域网上。

为确保程序的正常运行,在打包发布时,一般要包含以下文件。

(1) 包含逻辑结构和图标内容的程序主体文件:打包之后为.a7r 文件或.exe 文件,取决于打包文件格式的设置。

(2) 与程序主体具有链接关系的库文件。包含程序中使用的部分媒体信息,打包之后为.a7e 文件。

(3) Xtras 文件。程序中使用的由 Xtras 形式所支持的功能,均有一个 Xtra 文件与之相对应。这些 Xtras 文件必须置于与程序文件在同一目录下的 Xtras 文件夹中。

(4) 外部函数文件。程序所使用的数字电影驱动文件、ActiveX 控件和自定义函数文件等。

(5) 外部媒体文件。程序以链接形式使用的所有图像、声音及数字电影等外部媒体文件。

(6) 字体文件。程序中使用的专用字体文件。

(7) 安装程序的文件。如果程序需要安装,安装程序本身及所需文件也要同时发布。

(8) 外部数据文件。程序中以文本方式读取的外部数据文件,通过 ODBC 查询的数据库文件。

(9) 与程序使用和发布相关的文件。用户使用说明文件、光盘自动运行设置信息文件以及图标文件等。

如果程序在运行时无法找到相应的文件,会造成某些信息或某种效果无法显示,甚至导致程序结束运行。

如上所述,在程序发布过程中需要大量的支持文件,如果全靠设计人员完成,是非常繁琐的。利用一键发布功能,就可以将程序文件打包并发布成几种格式,同时该功能还可以根据相关的设置,自动识别和搜集发布程序所需要的支持文件。具体的使用方法如下:

① 打开要发布的 Authorware 文件。

② 执行【文件】→【发布】→【发布设置】菜单命令,打开"一键发布"对话框。

③ 根据需要设置对话框中的各个选项卡后,单击对话框中的"发布"按钮,系统自动完成发布工作,发布结束出现"已完成一键发布"信息提示框,如图 5-17 所示。单击"细节"按钮可以查看详细的发布情况;单击"确定"按钮,返回"一键发布"对话框。

图 5-17 "已完成一键发布"信息框

④ 在"一键发布"对话框中,单击"确定"按钮,完成发布工作。

如果各项设置工作均已完成,可以直接执行【文件】→【发布】→【一键发布】菜单命令,一键完成发布任务。

5.2 设计图标与基础课件制作

Authorware是基于图标和流程线进行编程的多媒体软件制作工具,对图标的操作是程序制作中最频繁的操作,几乎全部的内容需要在相应的图标内完成。因此,本节内容将通过基本图标的使用及相应实例的讲解,循序渐进地阐述用 Authorware 进行基础课件制作的方法。

5.2.1 "显示"图标及应用

"显示"图标是 Authorware 中最基础、最重要,以及使用最频繁的设计图标。在"显示"图标中可以处理多媒体应用程序中最基本、最常用的元素——文本、图形与图像,既可以利用图形工具箱中的工具添加文本,绘制简单图形,也可以导入外部的文本文件和图像文件,同时还可以利用"显示"图标的属性对话框,对"显示"图标进行属性设置,如设置对象显示特效等,从而进一步增强它的使用功能。

1. 工具箱的构成

将一个"显示"图标拖动到主流程线上,双击该"显示"图标,系统打开演示窗口并弹出工具箱。工具箱是 Authorware 中文本输入和作图的重要工具,在"显示"图标、"交互"图标、"框架"图标等许多设计图标中都有应用。工具箱与其对应图标的演示窗口同时打开和关闭。双击一个"显示"图标或"交互"图标时,打开演示窗口的同时弹出工具箱;关闭演示窗口的同时关闭工具箱,关闭工具箱的同时也关闭演示窗口。工具箱由 5 个区域构成,分别是"绘图工具"、"色彩"、"线型"、"模式"和"填充"。单击不同区域名称会出现相应选择面板,如图 5-18 所示。

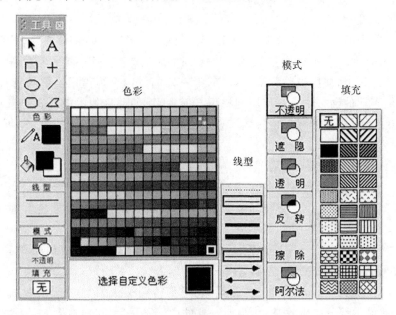

图 5-18 工具箱及其构成

(1) 绘图工具

绘图工具区域的面板包括如下 8 种工具。

- "选择/移动"工具 ▸：用于选中要进行操作的对象。
- "文本"工具 A：用于在演示窗口中建立或修改文本对象。
- "矩形"工具 ■：绘制矩形或正方形。
- "直线"工具 ┼：绘制水平或垂直线，以及与水平线成 45°的直线。
- "椭圆"工具 ○：绘制椭圆或者圆。
- "斜线"工具 ╱：绘制任意角度直线。
- "圆角矩形"工具 ▢：绘制圆角矩形。
- "多边形"工具 ◁：绘制多边形。

(2) 色彩区域

工具箱中的色彩区域有 3 个小的方形色块，在色彩区域上方的小方块代表着文字颜色以及图形对象的框线颜色，在色彩区域下部的 2 个小方块分别表示图形的前景色和文字与图形的背景色。单击任何一个小色块，或者双击工具箱中的"椭圆"工具，屏幕弹出"调色板"。调色板中有 256 个小色块，是可供选择的颜色类型。在其中挑选一个，单击该色块，完成色彩设置。

(3) 线型区域

单击工具箱中的线型区域，或者双击"直线"和"斜线"工具，屏幕弹出"线型"设置面板，用来设置所画图形的线型。线型面板分为上下两个部分：上半部分指定线的粗细，其中虚线表示将隐藏所画线条，即线宽为零；下半部分指定线型，可以选择所画线条是否带箭头以及箭头的方向。

(4) 填充方式

单击工具箱中的填充区域或者双击"矩形"、"圆角矩形"、"多边形"工具，屏幕弹出"填充方式"设置面板。面板显示可供选择的各种不同的填充方式，其中第一列的第一个为不填充，第一列的第二个为使用当前背景色填充，第一列的第三个为使用当前的前景色填充，其他的均为使用不同的网格填充。使用网格填充时，填充的网格线的颜色与当前的前景色相同，网格的空白处与当前的背景色相同。在填充面板上单击一种填充方式，就可以使用该方式对封闭图形进行填充。

(5) 显示模式设置面板

单击工具箱中的显示模式区域或双击"选择/移动"工具，屏幕弹出"显示模式"设置面板。"显示模式"面板用于设定重叠对象的显示模式。Authorware 允许显示对象重叠，而显示的效果与叠放在上面的对象的显示模式有关，具体情况如下：

- "不透明"模式。当选中这种模式时，上面的显示对象会覆盖下面的显示对象。这种模式是 Authorware 默认的显示模式。
- "遮隐"模式。这种方式用于位图对象，它把位图边缘的空白部分隐去，只保留中间的有效显示部分。也就是说，当前对象的内部不透明，可以遮隐其后面的对象，但其周围边界的白色区域为透明的。这种方式适合隐藏外部导入的图片边界。
- "透明"模式。使用透明显示模式，上面的显示对象有颜色的部分会覆盖下面的显示对象，而白色区域部分是透明的，可以看到下面的显示对象。

- "反转"模式。使用反转模式的显示对象,如果背景是白色的,它和不透明模式的效果是一样的;如果背景不是白色的,该对象的白色部分显示背景色,其他颜色则以它的互补色代替。反转模式下图形对象的背景色不论如何设置,都会变得透明。
- "擦除"模式。选择这种模式,如果绘图层背景色与演示画面背景色不同,则显示对象的颜色变成与演示画面的背景色一样,产生一种擦除效果。
- "阿尔法"模式。选择这种模式,使具有 Alpha 通道的图形显示透明或发光效果;如果图像不具有 Alpha 通道,则以不透明模式显示。

2. 文本的编辑与处理

(1) 文本的创建

在流程线上添加一个显示图标,双击打开,单击工具箱中的"文本"工具 **A**,在演示窗口的任意位置单击,屏幕上出现标尺,表示处于文本输入状态,这时就可以在光标处输入文字,如图 5-19 所示。

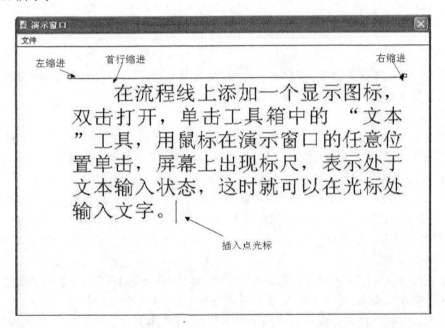

图 5-19 "创建文本"演示窗口

标尺两端的小矩形块是整个文本的边界,可以用鼠标拖动调整整个文本的宽度。标尺右端的三角形标志是右缩进标志,输入到该标志时,会自动换行,进入下一行。与右缩进标志相对应的左边的三角形被分成了两半:上一半是左缩进标志,表示当前输入文字的左边界;下一半是首行缩进标志,控制文本第一行的缩进距离。缩进标志均可用鼠标拖动来调整。

文本输入结束后,单击工具箱的"选择/移动"工具 ,取消文本输入状态,所输入的文本处于被选中状态,周围呈现六个控制点。此时可单击文本框中的任意一点,将文本框拖动至演示窗口中任意位置;也可以通过对控制点的拖动来调整文本框的大小,如图 5-20所示。

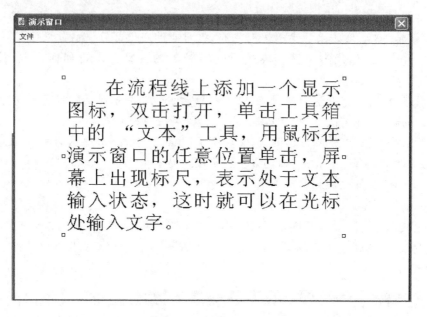

图 5-20　调整文本框

如果需要对文本进行修改,可以再次单击"文本"工具,然后单击需要修改的文本,则文本重新回到输入状态,可以对文本重新编辑。

(2) 设置文本属性

在输入文本的状态下,可以划分文本的段落、改变文本的宽度与内容。在文本开始输入时或当完成文本输入后,可以使用"文本"菜单中的命令对文本属性进行设置。

① 设置文本的字体与字号

Authorware 中文本对象的默认字体是 System,默认字号为"10"磅。要改变文本的字体,首先选中文本,然后执行【文本】→【字体】→【其他】菜单命令,屏幕弹出"字体"对话框,如图 5-21 所示。单击下拉菜单,从中选择字体,此时可在演示窗口中预览这种字体的效果,单击"确定"按钮完成。

如果要改变文本字号的大小,首先选中文本,再执行【文本】→【大小】→【其他】(或【文本】→【大小】)菜单命令,屏幕弹出如图 5-22 所示的"字体大小"对话框(或菜单),输入(或选择)字号,单击"确定"按钮完成。也可以通过不断执行【文本】→【大小】→【字号增大】或【文本】→【大小】→【字号减小】菜单命令来逐步调整文本的大小。

图 5-21　"字体"对话框

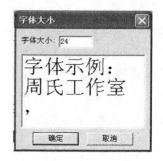

图 5-22　"字体大小"对话框

② 设置文本样式

Authorware 提供了丰富的文本样式,对选中的文本执行【文本】→【风格】菜单命令,在弹出的子菜单中选择所需的文本样式,包含"常规"、"上标"和"下标"6 种文本样式,除了"上标"和"下标"两种样式以外,其他样式都可以混合使用。其中"加粗"、"倾斜"、"下画线"可以直接单击工具栏上相应按钮实现。部分样式使用效果,如图 5-23 所示。

③ 文本的排列与对齐

在文本中调整文字的位置,就是要按照一定的对齐方式来排列文本。Authorware 提供的对齐方式有左齐、居中、右齐和正常方式,其含义与 Word 等字处理软件类似。

在同一文本框内:选择要对齐的文本,执行【文本】→【对齐】菜单命令,屏幕出现对齐方式子菜单"左齐"、"居中"、"右齐"和"正常"对齐方式;在子菜单中选择适当的对齐方式,完成文本的对齐。

不同的文本框对齐方法:按住 Shift 键的同时逐个单击需要设置排列方式的文本,将其选中,执行【修改】→【排列】菜单命令,打开【排列】选项面板,如图 5-24 所示,进行相应的对齐设置。

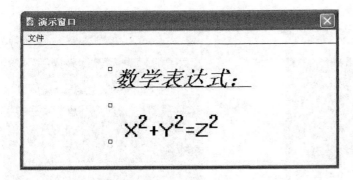

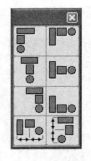

图 5-23 文本样式的使用　　　　　　　　　　　　"排列"选项面板

④ 在文本中使用变量

在演示窗口的文本对象中输入的内容通常是固定不变的,但有时根据需求需要在文本中嵌入变量,如系统变量或者自定义变量等(有关变量的学习将在 5.2.4 节"计算图标与编程基础"中进行详细的讲解)。在文本中使用变量的方法是在文本输入状态下引用变量名,即用大括号"{}"将变量名括起来。

实例 5.2 电子日历

① 单击"新建"按钮 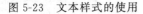,或执行【文件】→【新建】命令,新建一个 Authorware 文件。

② 执行【修改】→【文件】→【属性】命令,打开【属性:文件】面板,设置背景颜色为黑色。

③ 拖动一个显示图标到流程线上,命名为"电子日历",在"电子日历"图标上右击,弹出快捷菜单,选择"计算"命令,弹出计算窗口,在窗口中输入代码重新设置窗口大小,如图 5-25 所示。

④ 关闭计算窗口,并保存输入的程序代码,单击工具栏上的"运行"按钮,使演示窗口呈现设置好的大小及背景色。

⑤ 双击"电子日历"图标,打开演示窗口,单击"文本"工具,在【文本】菜单下设置字体为宋体,大小为 18 磅,单击工具栏中的"加粗"按钮使字体加粗,并设置字体颜色为绿色,模式

为透明。在演示窗口单击,输入标题文本"电子日历",然后用"选择/移动"工具调整位置,如图 5-26 所示。

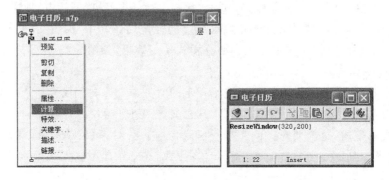

图 5-25　重设演示窗口大小

⑥ 单击"文本"设置字体大小为 10 磅,其余选项不变,分行输入日期、星期、时间文本,其中嵌入的变量为系统变量,可直接在文本中引用,用{}将变量括起来,如图 5-27 所示。

图 5-26　标题文本输入效果

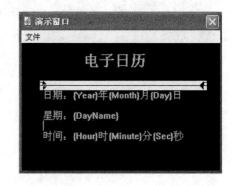

图 5-27　含变量文本的输入

⑦ 单击"选择/移动"工具,取消文本输入状态,则输入变量呈现结果,如图 5-28 所示。

图 5-28　含变量文本显示效果

⑧ 在打开的"电子日历"显示图标的属性面板中,勾选"更新显示变量",则演示窗口中的时间会呈现动态更新变化,如图 5-29 所示。属性面板是随当前打开的图标不同而相应显示的,如果当

前处于隐藏状态,可以通过单击菜单【修改】→【图标】→【属性】展开当前图标属性面板。

图 5-29 "属性:显示图标"面板

⑨ 选择"文本"工具,激活正文文本编辑状态,选中文本,执行【文本】→【对齐】→【居中】,让文本居中对齐。单击工具栏"运行"按钮,观看运行效果,如图 5-30 所示。

⑩ 调试程序,执行【文件】→【保存】命令,以文件名"电子日历"保存程序。

(3) 制表位的设置

可以对文本使用制表位。制表位标志在标尺上以小三角形显示。制表位可以分为标准制表位▼和小数点制表位▼两种。前者用于将文本的左边界对齐,后者将数据的小数点位置对齐或者将单词的右边界对齐,如图 5-31 所示。

图 5-30 程序运行结果

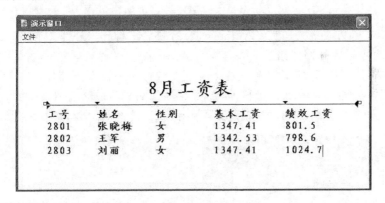

图 5-31 设置标准制表位效果

在标尺上单击时,将创建一个标准制表位▼,以向下的三角形表示;单击标准制表位,将其改为小数点制表位▼,以向下的箭头表示。在标尺上直接双击也可以创建小数点制表位。制表位文本输入完成后单击 Tab 键,跳转到下一制表位。

将制表位拖动到左、右缩进之外的区域,可删除所选的制表位。

实例 5.3 制作工资表

① 新建一个 Authorware 文件。拖动一个显示图标到流程线上并命名为"工资表"。

② 双击"工资表"图标,打开演示窗口,在工具箱中选择"文本"工具,在演示窗口上端输入标题"8月工资表",选中文本。在【文本】菜单中设置字体:楷体;字号:24磅,加粗;单击"选择/移动"工具调整标题至合适位置。

③ 选择"文本"工具在标题下方单击建立标尺,在标尺合适位置依次单击创建四个标准制表位。

④ 在【文本】菜单中设置字号:14 磅。在光标位置依次输入"工号",按下 Tab 键跳转到第一个制表位,输入"姓名",同样方法依次输入余下内容,如图 5-32 所示。

⑤ 用鼠标拖曳的方式选中工资表中的三条记录文本,单击基本工资和绩效工资上方的标准制表位转换成小数点制表位,则表中数字均变成小数点对齐方式,如图 5-32 所示。

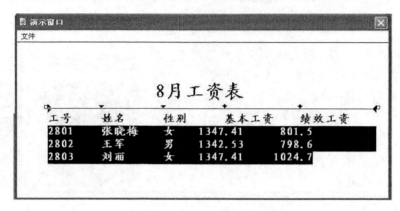

图 5-32　设置小数点制表位效果

⑥ 调试程序,执行【文件】→【保存】命令,以文件名"工资表"名称保存程序。

(4) 外部文本导入

在 Authorware 里,对于少量的文本,可以采用直接输入的方法,但对于长篇文本,使用导入外部文本文件方法更为适宜。Authorware 提供了三种导入外部文本的方法。

① 菜单命令导入外部文档

这种方法适用于 RTF 和 TXT 格式的文档,选定或打开某个"显示"图标。执行【文件】→【导入和导出】→【导入媒体】菜单命令,屏幕弹出"导入哪个文件?"对话框,如图 5-33 所示。从对话框中选择需要导入的文件,单击"导入"按钮,屏幕弹出"RTF 导入"对话框,如图 5-34 所示。

图 5-33　"导入哪个文件?"对话框

图 5-34　"RTF 导入"对话框

在"硬分页符"选项中,如果选择"忽略",将忽略导入文件中的硬分页符;如果选择"创建新的显示图标",对于导入文本中的每一个硬分页符,会自动产生一个新的"显示"图标。在"文本对象"选项中,如果选择"标准",将导入文本文件转化成标准的文本对象;如果选择"滚动条",将导入文本文件转化成滚动显示的文本对象。单击"确定"按钮完成导入。

② 复制文档

直接导入文档导入的是文档的全部内容,若只需引用文件的部分内容,可以用复制的方法,并且这种方法可以导入 Word 格式的文档。

在 Word 或者其他文本处理软件中,打开所需引用的文件,选择并复制要引用的文本。切换到 Authorware 中,向流程线上添加显示图标,双击该显示图标,将打开演示窗口。执行粘贴命令,Authorware 中会弹出"RTF 导入"对话框,设置合适的选项后单击"确定"按钮即可。或者选择需要引用的文本,单击并拖动文本到流程线上释放,此时流程线上会自动建立一个"未命名"的显示图标承载拖入的文本内容。

③ 直接拖入文档

这种方法也只适用于 RTF 和 TXT 格式的文档。打开含有需要使用的文档所在的文件夹,找到相应文件。在相应的文件上按住鼠标左键,直接将其拖动到 Authorware 中的流程线上,释放鼠标,Authorware 会自动在流程线上添加一个"显示"图标。以该文件的名称作为图标的名称,并将该文件中的内容加载到该图标的演示窗口中。

3. 图形图像的编辑与处理

在 Authorware 中创建图形对象通常有两种方法:一种方法是使用工具箱绘制一些简单的几何图形,并通过这些简单图形的组合,形成较复杂的图形对象;另一种方法是将外部图片导入到 Authorware 中。

(1) 简单图形对象的创建

直线工具用于绘制直线,只能绘制水平线、垂直线和 45°角的直线。斜线工具用于绘制任意角度的斜线,如果按住 Shift 键的同时拖曳鼠标,也可以绘制直线、垂直线和 45°角的直线。

绘制直线时,用户可以先在线型选项板中选择直线所需的线型,然后在演示窗口中绘制直线;也可以用工具选择演示窗口中已绘制的直线,然后再选择所需要的线型;二者产生的效果是一样的。如果要改变直线的颜色,可以选择直线,然后单击工具箱中的色彩选择区来更改,在默认的状态下"线框颜色"为黑色;如果要删除所绘制直线,可以将其选择后按下键盘中的 Del 键。

实例 5.4　交通警示标志

① 新建一个 Authorware 文件,在【文件:属性面板】将背景色设为黄色。

② 向流程线添加一个显示图标命名为"交通警示标志"。

③ 打开显示图标的演示窗口,单击工具箱中的斜线工具 ／,则光标在演示窗口中变为"＋"形状,按住左键拖曳,绘制三角形的两条边。

④ 单击工具箱中的直线工具 ＋,绘制三角形的底边。

⑤ 双击直线工具,或者单击工具箱中的"线型"选项,在打开的线型选项板中设置直线的线型。绘制三角形中的箭头,效果如图 5-35 所示。

⑥ 调试程序,执行【文件】→【保存】命令,以文件名"交通警示标志"保存程序。

使用椭圆工具,按住 Shift 键的同时拖曳鼠标绘制圆形。使用矩形工具,按住 Shift 键的同时拖曳鼠标绘制正方形。使用圆角矩形工具,绘制的圆角矩

图 5-35 "交通警示标志"效果

形左上方有一个控制点,调整控制点的位置,改变圆角矩形的形状;将控制点拖到图形的任意一个角上,可以得到矩形或正方形;将控制点拖到图形的中间,可以得到椭圆或圆形。

如果要更改图形颜色,在工具箱中的色彩选择区更改。在默认的状态下"线框颜色"为黑色;"填充颜色"的前景色为黑色,背景色为白色。在工具箱的填充选择区设置填充方式,填充模式选择框中提供36种填充模式。只有在使用填充模式的情况下,背景才有用。

实例5.5　高楼夜景

① 新建一个Authorware文件,将背景色设为浅蓝色。向流程线添加一个显示图标,命名为"高楼夜景"。

② 打开显示图标演示窗口,在工具箱中选择椭圆工具 ⬭,绘制月亮。选中月亮将边框及填充颜色设为黄色。

③ 选择矩形工具 ▢,绘制高楼,选中高楼将边框和填充颜色设为黑色。

④ 选择圆角矩形工具 ▢,绘制窗户。按住Shift键依次单击选中所有窗户,将边框和填充颜色都设为白色。分别选择不同行、列的窗户,执行【修改】→【排列】命令,在【修改】选项卡中选择相应对齐方式,将窗户排列整齐,效果如图5-36所示。

(5) 调试程序,执行【文件】→【保存】命令,以文件名"高楼夜景"保存程序。

多边形工具可以在演示窗口中的不同位置绘制折线,双击可以完成绘制。将光标指向起点处双击,可以产生闭合的多边形。

多边形的起点与终点可以相连,也可以不相连,但填充颜色可以将内部完全填满。

实例5.6　五星红旗

① 新建一个Authorware文件,向流程线添加一个显示图标,命名为"五星红旗"。

② 选择矩形工具 ▢,绘制旗面和底座,分别填充红色和黑色。

③ 选择直线工具 ✚,选择粗线型,绘制旗杆,填充颜色为白色。

④ 选择多边形工具 ⬠,绘制五角星,填充颜色为黄色。用"选择/移动"工具放置到合适位置,效果如图5-37所示。

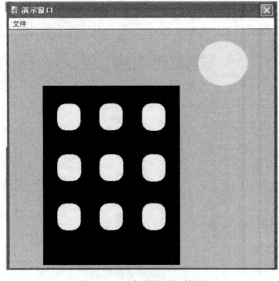

图5-36　"高楼夜景"效果

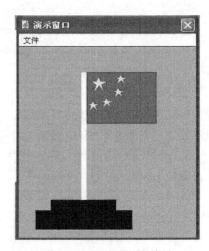

图5-37　"五星红旗"效果

⑤ 调试程序,执行【文件】→【保存】命令,以文件名"五星红旗"保存程序。

(2) 外部图像的导入与属性设置

Authorware 虽然具有一定的绘图功能,但与 Photoshop 等专业绘图软件相比,这些功能还是相当有限的。同时,在多媒体软件制作过程中,要大量使用现成的图片,如各种各样的照片等。所以,从外部导入图片是一项十分有用的功能,它使得在编辑 Authorware 应用程序时,拥有了广泛的素材。

在 Authorware 中,从外部导入图片文件与从外部导入文本对象一样也有 3 种不同的方式:一是通过执行【文件】→【导入和导出】→【导入媒体】菜单命令,在弹出的"导入哪个文件?"对话框中选择相应的图形文件导入;二是通过剪贴板以粘贴的方式,将图形文件导入到"显示"图标或"交互"图标的演示窗口中;三是直接拖放图形文件到流程线上。

Authorware 直接支持的图像文件的格式很多,如 PICT(*.pic)、TIF(*.tif,*.tiff)、GIF(*.gif)、PNG(*.png)、BMP(*.bmp)、JPEG(*.jpg,*.jpe,*.jpeg)、WMF(*.wmf)等。通过导入文件窗口导入多个图像文件时,每一个图像文件形成演示窗口中的一个图像对象。用拖放图像文件的方式导入多个图像时,Authorware 为一个图像文件创建一个"显示"图标,每个"显示"图标中包含一个图像对象。

实例 5.7 导入图像的三种方法

① 新建一个文件,将 Authorware 素材文件夹的文件"背景.jpg"直接拖放到主流程线上,生成一个名称为"背景.jpg"的"显示"图标。

② 在主流程线上放置一个"显示"图标,命名为"棱锥",双击打开该图标;执行【文件】→【导入和导出】→【导入媒体】菜单命令,选择第 5 章素材文件夹的文件"棱锥.gif",单击"导入"按钮,将图片文件导入。

③ 在主流程线上再放置一个"显示"图标,命名为"圆环"。在"画图"程序中打开文件"圆环.bmp",将其选中并复制到剪贴板中;返回 Authorware,双击打开"粘贴图片",单击"粘贴"图标将图片文件粘贴到"显示"图标中。

④ 选中"显示"图标"棱锥"中的图片,将显示模式设为"透明",并通过拖动鼠标适当调整其大小和位置;对"圆环"图标中的图片进行同样设置。运行程序,显示结果如图 5-38 所示。

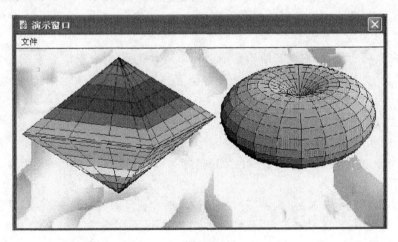

图 5-38 导入图像的运行结果

⑤ 调试程序,执行【文件】→【保存】命令,以文件名"导入图像的三种方法"保存程序。

对导入的图像,不一定能正好满足程序的需求,需要对其进行一定的修改,在图像的属性设置里可以精确地设置图像的大小、位置,以及遮盖模式。执行【修改】→【图像属性】菜单命令,或者双击导入的图片对象,屏幕上出现图像属性对话框,利用对话框可以查看和修改图片的有关属性,如图 5-39 所示。对话框的左侧上方为预览窗口,显示了图片文件的类型;左侧下方是"导入"按钮,单击该按钮,弹出"导入对话框",可以导入新图片代替原来导入的图片。对话框中间部分由"图像"和"版面布局"两个选项卡组成,图片的主要属性选项被放置在这两个选项卡中,通过它们可以设置和修改图片的各种属性。两个选项卡可以通过单击"图像"和"版面布局"按钮互相切换。

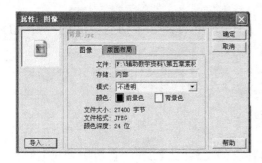

图 5-39　图像属性对话框

"图像"选项卡设置。
- "文件":给出源图像文件所在的路径和文件名。
- "存储":显示该图片是存储在 Authorware 文件内部还是储存在文件外部。由于在导入图片时未选择"链接到文件"选项,所以这里文件存储特性是内部存储。
- "模式":选择图像的显示模式。通常使用系统默认值"不透明"。
- "颜色":设置图片的前、背景颜色。单击"前景色"选项按钮,屏幕弹出调色板,单击调色板里的小色块来设置合适的前景颜色。"背景色"的设置方法与"前景色"相同。
- "文件大小"、"文件格式"及"颜色深度":描述图片文件的大小、格式和颜色深度。其中,颜色深度指的是像素值储存位数,如 4 位、8 位、24 位等。

"版面布局"选项卡的设置。
- "显示":分为比例、裁切和原始显示 3 种显示方式,可通过下拉列表框在 3 种方式中选择。"比例"用于按一定比例在指定位置显示图像,"裁切"用于部分地显示图像,"原始"显示图像时不改变其大小。
- "位置":输入 X,Y 两个坐标的值,用于确定图片左上角的显示位置。X 和 Y 为屏幕坐标值,屏幕坐标以像素为单位,对于 800×600 的屏幕来说,屏幕左上角的点是原点,坐标值为(0,0),屏幕右下角点的坐标为(799,599)。该选项对 3 种显示方式意义相同。
- "大小":当显示方式为"比例"时,用于输入图片显示时的宽度和高度,调整图像显示比例的大小;当显示方式为"裁切"时,用于输入 X,Y 方向上的数值,确定截取多大尺寸的图像进行显示;当显示方式为"原始"时,该选项显示原图的尺寸,不能改变。
- 非固定比例:当显示方式为"比例"或"裁切"时,该选项出现,用于显示图像文件未被缩放或未被裁切时的原始尺寸。
- 比例%：当显示方式为"比例"时，该选项出现，用于查看当前图像文件的缩放比例或者输入一个百分比，调整图像显示的比例。
- 放置：该选项为一个定位矩形，当显示方式为"裁切"时出现，在确定要裁切的尺寸后，通过单击定位矩形框中小黑方块的位置的方法，确定图片中被裁切的部位。

4. 多个显示对象的编辑与处理

(1) 显示对象的排列与对齐

程序执行时演示窗口中的文本、图形、图像和数字电影等都称为显示对象。用 Authorware 提供的网格线和"排列"工具使多个对象按一定的方式进行排列。执行【查看】→【显示网格】，演示窗口会出现网格线作为对齐参照。同时选中要进行排列的对象，然后执行【修改】→【排列】菜单命令，弹出"排列"面板，如图 5-40 所示。其中提供了"左对齐"、"上对齐"、"垂直居中"、"水平居中"、"右对齐"、"下对齐"、"水平分布"和"垂直分布"8 种排列方式。从对话框中的排列方式中选择一个所需要的模式，完成排列。可以连续多次使用以取得理想效果。

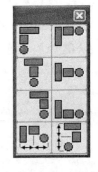

图 5-40 "排列"选项面板

实例 5.8 图形排列

① 新建 Authorware 文件，向流程线上添加一个显示图标，命名为"五环"。

② 执行【查看】→【显示网格】，演示窗口出现网格线。

③ 绘制五个大小一致，颜色不同的圆环。

④ 选中全部圆环，执行【修改】→【排列】菜单命令，弹出"排列"面板，单击"水平居中"和"水平分布"，效果如图 5-41 所示。

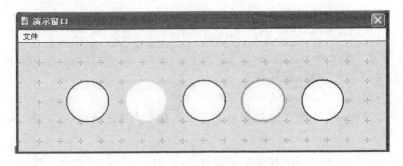

图 5-41 "图形排列"效果

(2) 显示对象的层次设置

当一个图标里的多个对象发生重叠关系时，Authorware 会按对象导入的先后顺序安排它们的上下位置，先导入的对象在下层，后导入的对象在上层。可以使用菜单命令更改层次。选中位于下层的对象，执行【修改】→【置于上层】菜单命令，可以将下层的对象放置在上层。同样执行【修改】→【置于下层】菜单命令，可以将上层的对象放置在下层。

(3) 多个对象的组合

对同一显示图标内的多个对象，可以将其组合成一个对象。用鼠标选择要组合的对象，执行【修改】→【群组】菜单命令完成多个对象的组合。对已经组合在一起的多个对象可用鼠标选中要取消组合的对象,执行【修改】→【取消群组】菜单命令取消组合。

(4) 不同显示图标内对象的编辑

运行程序,在演示窗口已打开的情况下,按住 Shift 键的同时依次单击流程线上的显示图标,被单击过的显示图标中的内容就会同时出现在演示窗口中,最后一个双击的显示图标为当前编辑图标。

按住"Ctrl+Shift"键的同时,用鼠标单击演示窗口中的显示对象,可以同时选中不同显示图标中的显示对象,然后可以对这些对象进行对齐、缩放、移动等操作。

5. "显示"图标属性设置

"显示"图标属性设置通过属性面板进行。选中一个"显示"图标,执行【修改】→【图标】→【属性】菜单命令,屏幕弹出"显示"图标属性窗口,如图 5-42 所示。如果已经打开任何一个设计图标的属性面板,只要选中要进行属性设置的图标,属性窗口会自动转换为选中图标的属性面板。

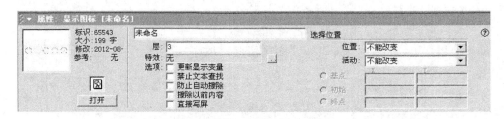

图 5-42 "显示"图标属性面板

"显示"图标属性面板从左至右由 3 部分组成:分别是"显示"图标的基本信息,显示属性设置,定位方式和移动方式的设置。

(1) 基本信息部分

- "预览窗口":显示当前图标中的内容。
- "标识":标识编号是系统为每一个设计图标分配的唯一的数字标识,系统通过标识来区别每个设计图标。
- "大小":显示当前图标的存储大小。
- "修改":显示当前图标最近一次修改的时间。
- "参考":显示程序中是否有其他地方通过名称引用该设计图标,若有显示"是",否则显示"无"。
- "图标标志":显示当前图标是什么图标。
- "打开":单击该按钮,打开当前图标的演示窗口。
- "图标名称文本框":窗口的中间上部的文本框,用于显示设计图标的名称,可以通过重新输入文本对图标名称进行修改。

(2) 显示属性设置

"层":用于设置显示图标所处的层次。在演示窗口中,层次较高的显示图标的内容将显示在层次较低的显示图标的内容之上。可以通过数字或数值型表达式进行设置,如果该文本框为空,默认层次为 0。注意:在属性面板里涉及数字或标点符号的输入,均需要在半角或英文输入法状态下完成。

"特效":显示当前使用的特效,单击后面的"省略号"按钮,弹出"特效方式"对话框(也可以通过执行【修改】→【图标】→【特效】菜单命令进行),如图 5-43 所示。通过选择,可以指定显示图标的显示特效,使之产生丰富的显示效果。

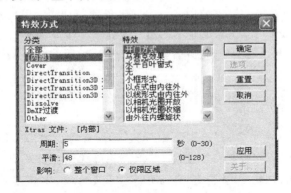

图 5-43 "特效方式"对话框

"特效方式"对话框中有关选项的意义如下:
- 分类:显示当前安装的特效种类,默认的种类为"内部"。
- 特效:显示当前效果种类中包含的所有特效。选中某种特效,单击"确定"按钮,则可完成对"显示"图标特效的设置。
- Xtras 文件:显示除"内部"种类以外的特效文件的文件名和文件所在的目录。
- 周期:用于输入数字,设置特效持续的时间,单位是秒,但最多不超过 30 秒。
- 平滑:用于设置特效的平滑程度,数字越大,特效越粗糙,0 表示最平滑的特效,取值范围为 0~128。
- 影响:用于设置特效影响的区域。选择"整个窗口"选项,特效将影响整个屏幕;选择"仅限区域"选项,特效仅影响窗口中改变的区域。
- "选项":包括 5 个属性复选框,作用分述如下。
- ◆ 更新显示变量:在"显示"图标中,可以将变量嵌入文本对象,显示变量的值。选中该选项,在程序运行过程中,当变量值发生变化时,"显示"图标会随时在屏幕中显示改变后的值。
- ◆ 禁止文本查找:如果用户在程序运行时设置了一个初始化的搜索,选中该选项将使该"显示"图标中的文本对象从搜索中排除。
- ◆ 防止自动擦除:选择该选项会防止当前设计图标中的内容被设置了"擦除以前内容"选项的图标自动擦除,此时该图标的内容只能使用"擦除"图标将它从屏幕上擦除。
- ◆ 擦除以前内容:选择该选项,当前设计图标会将前面层次较低或相同的图标里的内容自动擦除,但对比它层次高和设置了防止自动擦除的图标中的内容无效。
- ◆ 直接写屏:选择该选项,设计图标中的对象会显示在演示窗口的最前面,而不管设计图标的层数如何设置;同时大多数显示特效将失效。

(3) 选择位置

在默认情况下,"显示" 图标中的对象在程序打包发行之后是不能被鼠标移动的。为了使"显示"图标中的对象在打包之后仍可以按一定方式被移动,需要通过对属性对话框中"位置"和"活动"两个属性进行设置来实现。

"位置"属性用于设置当前设计图标中的对象在演示窗口中的位置。"活动"属性用于设置当前设计图标在演示窗口中可能被拖放的方式,是否可以移动、以什么方式移动。

6. 综合实例

实例 5.9 乡间小屋

① 新建一个 Authorware 文件。向流程线上添加一个显示图标,命名为"标题",右击该显示图标,在快捷菜单选择"计算",打开计算窗口,输入"resizewindow(500,500)",重设演示窗口大小。

② 双击"标题"显示图标,单击文本工具,在演示窗口右侧输入"乡间小屋",字体为隶书,字号为 24 磅。

③ 在流程线上添加一个名为"绘制小屋"的显示图标,双击打开,使用工具箱中的矩形工具、直线工具和椭圆工具,绘制一个小屋,并填充相应的颜色及模式,如图 5-44 所示。注意与标题"乡间小屋"的位置,可按住 Shift 键依次单击显示图标,使显示图标内容出现在演示窗口中,作为参照,而双击的显示图标为当前编辑图标。

④ 在流程线上添加一个名为"横批"的显示图标,双击打开,将素材"对联.doc"里的横批图形复制并粘贴到窗口中,参照小屋位置拖动"横批"图形到门上方,并调整大小和位置。

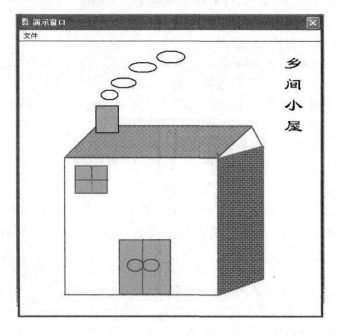

图 5-44 使用工具绘制小屋

⑤ 在流程线上依次添加名为"上联""下联"的显示图标,用步骤④所示方法添加对联图片并调整。

⑥ 双击"绘制小屋"图标,在【属性:显示图标】里设置该图标的特效方式,分类方式为内部,特效为开门方式,周期为 5,平滑为 48,影响为仅限区域。

⑦ 同样方法设置"横批"和"上、下对联"的特效方式。分类为 push;特效为"横批"为 push right,"上、下对联"为 push down;周期为 5;平滑为 16;影响为仅限区域。

注 意

属性面板的设置是针对显示图标的,会影响到相对应显示图标内的所有显示对象。因此,若要给演示窗口中不同对象设置不同的特效方式及出现顺序,必须分别放置在不同的显示图标内。

⑧ 程序流程如图 5-45 所示,运行程序,效果如图 5-46 所示。调试并保存程序。

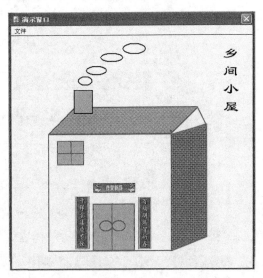

图 5-45　程序流程图　　　　　　　　图 5-46　"乡间小屋"运行结果

实例 5.10　个人简历的制作

根据操作要点提示,自主设计制作电子个人简历一份。

① 在主流程线上放置四个显示图标,如图 5-47 所示。设置演示窗口大小为 500×500,在文件属性面板设置演示窗口背景色。

② 在"个人资料"显示图标内输入个人信息,排版并美化文本,如图 5-48 所示。

图 5-47　"个人简历"流程图　　　　　图 5-48　"个人资料"图标内容

③ 在"成绩表"显示图标内，制作成绩表或从外部导入由 Word 或 Excel 制作的成绩表，如图 5-49 所示。

图 5-49 "成绩表"图标内容

④ 在"获奖情况"、"特长爱好"显示图标内设置合适内容并美化，如图 5-50 所示。

图 5-50 "获奖情况"与"特长爱好"图标内容

⑤ 在显示图标属性面板里分别给不同的显示图标设置显示特效，选择"擦除以前内容"复选框。

⑥ 调试运行程序并保存。

5.2.2 "等待"和"擦除"图标

1. "等待"图标及其属性设置

Authorware 中的程序，都是在程序流程的控制下，一步一步不停运行的。当流程线上有多个"显示"图标时，各个"显示"图标中的对象几乎同时显示在演示窗口中，不分先后。"等待"

图标可以使程序暂停运行,直到用户进行某种操作或满足某种条件时,程序才能继续运行。

将一个"等待"图标拖放到主流程线上,打开属性面板,如图 5-51 所示。在其中可以设置结束等待的条件。

图 5-51 【属性:等待图标】面板

结束等待的方式有设置等待时间、单击鼠标、按任意键、单击按钮四种。四种等待方式可单独使用也可配合使用,当设置多种条件时,只需满足其中一个条件即可结束等待。

"等待"图标属性面板各项含义及功能如下:

"事件":决定使用什么事件结束等待并使程序继续运行。

- 单击鼠标:选中此项,在演示窗口单击程序结束,等待继续运行。
- 按任意键:选中此项,按下键盘上任意键程序结束,等待继续运行。

"时限":设置最大等待时间,单位为秒。超过时间程序结束,等待继续运行。可以输入常量、变量或表达式来控制等待的时间。

"选项":选择在执行"等待"图标的过程中,演示画面上的显示内容。

- 显示倒计时:只有在"时限"文本框中输入时间后,该选项才可用。选中此项,会在屏幕上显示一个倒计时的闹钟。
- 显示按钮:选中该选项,屏幕上出现一个标题为"继续"的默认按钮,单击按钮结束等待。

实例 5.11 汉字笔划

① 新建一个 Authorware 文件。在流程线上添加一个显示图标,命名为"王第一横",右击该显示图标,在快捷菜单内选择"计算",输入"resizewindow(350,300)",重设窗口大小。

② 双击"王第一横"图标,在演示窗口中用矩形工具绘制出"王"字第一横,填充颜色,在显示图标属性面板中设置特效为:Reveal Right。

③ 同样方法添加另外三个笔划,分别放置在不同的显示图标内,其中"竖"特效为 Reveal Down,"第二横"、"第三横"特效为 Reveal Right。

④ 在"第二横"显示图标下添加一个等待图标,命名为"等待 0.1",设置等待图标属性如图 5-52 所示。

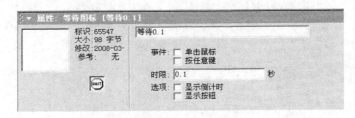

图 5-52 "等待 0.1"图标属性设置

⑤ 调试运行程序并保存。程序流程图如图 5-53 所示,运行效果如图 5-54 所示。

 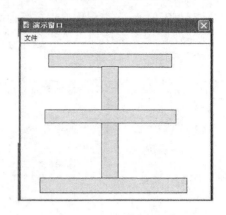

图 5-53　程序流程图　　　　　图 5-54　程序运行结果

2. "继续"按钮标签

在"等待"图标属性设置时选中"显示按钮"选项，系统会在演示窗口中显示一个按钮，该按钮默认的标签是"继续"。可以通过"文件"属性面板修改按钮的标签：

(1) 执行【修改】→【文件】→【属性】菜单命令，打开文件属性窗口。
(2) 选中"交互作用"选项卡，如图 5-55 所示。
(3) 在"标签"文本框中输入按钮标题，如"确定"，则按钮的标签文字被改为"确定"。而同一个程序中所使用的按钮标签均会改为"确定"。

双击"等待按钮"中的按钮或单击后面的"省略号"按钮，可以选择或修改按钮的样式，具体设置方法详见 6.1.2 节"按钮交互"。

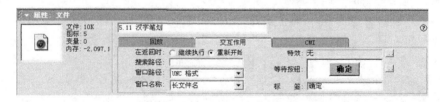

图 5-55　设置"按钮"标签

3. "擦除"图标及其属性设置

在 Authorware 中许多图片和内容重叠显示时，需要将之前显示的内容擦除。如果选择某显示图标属性面板中的"擦除以前内容"选项，当程序运行到该图标时，将会把演示窗口中比该图标层次低的内容全部擦除。若只需要擦除部分内容，就要使用"擦除"图标。使用"擦除"图标可以擦去前面显示的任何对象，包括文本、图形、动画、数字电影及声音等，还可以擦除下拉式菜单、按钮等交互媒体对象。在擦除时还可以使用丰富的屏幕特效。

在流程线上添加一个"擦除"图标，打开属性面板，如图 5-56 所示。

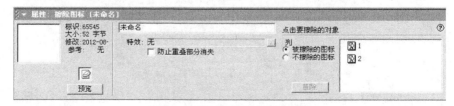

图 5-56　【属性：擦除图标】面板

"擦除"图标属性面板各项含义及功能如下：
- "特效"：用于设置擦除时的特效，制作各种各样的屏幕效果。设置方法与前面介绍的"显示"图标特效类似。单击选项右边的"省略号"按钮，通过"特效方式"对话框，进行相应设置。同时可通过"预览"对擦除效果进行预览。
- "防止重叠部分消失"：选中该选项，将在显示下一个图标之前把需要擦除的图标完全擦除干净；否则，在显示下一个图标的同时擦除当前图标对象。
- "点击要擦除的对象"：提示在演示窗口单击对象作为擦除对象，可以预览擦除效果。
- "列"：有两个属性选项。选择"被擦除的图标"，显示在右侧列表框内的图标将被擦除，保留其他图标；选择"不擦除的图标"，显示在右侧列表框内的图标将被保留，擦除其他图标。
- "删除"：对于从右侧列表框中选定的某个图标，单击该按钮，选中的图标从列表框中消失，表示对该图标不再进行擦除或保留。

要擦除一个对象，只需要在设置"擦除"图标属性时，打开准备擦除的图标使其对象出现在演示窗口中，然后单击要擦除的对象即可。这时该对象所在的图标出现在右侧的列表框中。"擦除"图标擦除的是被选中对象所在的图标，而不仅是所选中的对象，因此不要把不准备同时擦除的对象放在同一个"显示"图标中。当要擦除的图标很多而要保留的较少时，可以使用"不擦除的图标"选项，在演示窗口中单击要保留的对象，其他图标将被擦除。

实例 5.12 循环播放的幻灯片

① 新建 Authorware 文件，向流程线上添加一个显示图标，命名为"背景"，导入素材文件夹中的"水中花"图片，输入文本"电脑产品展示"，并美化文本，如图 5-57 所示。

图 5-57 "背景"显示图标内容

② 打开"背景"显示图标的属性面板，设置过渡效果：分类为 DMXP 过渡，特效为左右两端向中心展示。

③ 在"背景"图标下添加一个等待图标，设置等待时间为"2 秒"，其余选项不选。

④ 添加一个擦除图标，命名为"擦除背景"，特效设置与"背景"显示图标相同。选择擦

除对象为"背景"图标的内容。

⑤ 添加一个名为"电脑1"的显示图标,导入素材文件夹中的"电脑1"图片。过渡效果:分类内部,特效为相机光圈开放。

⑥ 添加一个等待图标,设置等待时间为"2秒",其余选项不选。

⑦ 添加一个擦除图标,命名为"擦除电脑1"。过渡效果设置:分类为内部;特效为相机光圈收缩。选择擦除对象为"电脑1"图标的内容。

⑧ 在流程线上同时选择"电脑1"至"擦除电脑1"图标之间的所有图标,复制并粘贴在"擦除电脑1"图标下方,并分别更改名称为"电脑2"、"擦除电脑2"。

⑨ 打开"电脑2",删除原有图片,重新导入素材文件夹中的"电脑2"图片。

⑩ 重复步骤⑧、⑨,粘贴"电脑3"系列图标并进行相应设置,流程如图5-58所示。

⑪ 在"擦除电脑3"下方添加一个计算图标,命名为"返回",打开在计算窗口内输入返回函数,关闭窗口并确认,如图5-59所示。说明:GoTo(IconID@"IconTitle")函数说明在程序运行中遇到GoTo语句时,将跳转到在IconTitle中指定的图标继续运行。有关计算图标的使用方法将在5.2.4节中进行详细讲解。

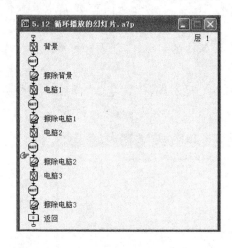

图5-58 程序流程图

图5-59 "计算"图标窗口

⑫ 调试运行程序,观察效果并保存。

4. 综合实例

实例5.13 定理证明过程

① 在主流程线上拖放一个"显示"图标,命名为"定理显示"。在其中输入"定理:矩形的两条对角线相等。"并进行字体和字号的设置。

② 拖放一个"等待"图标,命名为"下一步"。在文件属性窗口将按钮标签改为"下一步",在"等待"图标属性窗口中选中"显示按钮"选项。

③ 拖放一个"显示"图标,命名为"已知求证",在其中添加定理的已知条件、求证内容,使用工具箱绘制出图形。将"等待"图标"下一步"复制到图标"已知求证"下面。

④ 拖曳一个"显示"图标到主流程线上,命名为"证明分析",在其中输入对于定理证明所做的分析。设置"特效"为"向右推进"。此时,演示窗口中的内容如图5-60所示。

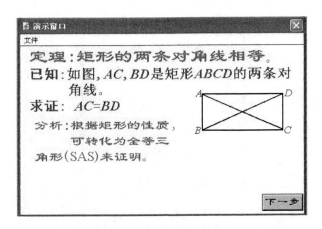

图 5-60 程序运行过程

⑤ 复制一个"等待"图标"下一步"。然后拖放一个"擦除"图标,命名为"擦除分析"。选中"显示"图标"证明分析"中的文本对象,将其擦除。

⑥ 拖放一个"显示"图标到主流程线上,命名为"证明 1",在其中输入证明过程的第一步,内容为"证明:"和"∵ 四边形 ABCD 是矩形,∴ AB=DC,∠ABC=∠DCB=90°。"适当调节位置并设置特效为"垂直百叶窗式"。

⑦ 复制一个"等待"图标"下一步"。随后放置"显示"图标"证明 2",输入内容"∵ BC=CB,∴ △ABC≌△DCB(SAS)。"适当调节位置并设置特效为"垂直百叶窗式"。

⑧ 同⑦的做法,设置最后一个"等待"图标和"显示"图标"证明 3",其中的内容为"∴ AC=DB。"

⑨ 程序流程如图 5-61 所示。程序最终运行结果如图 5-62 所示。调试保存程序。

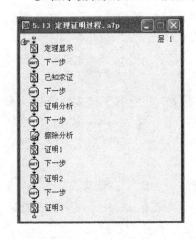

图 5-61 程序流程图

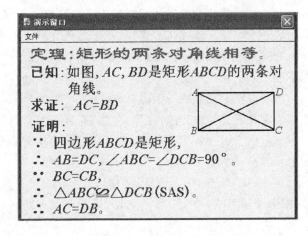

图 5-62 程序运行结果

实例 5.14　完善个人简历

将实例 5.10 的"个人简历"加上等待和擦除图标,并进行相应设置,运行调试至效果满意。完善后流程图,如图 5-63 所示。

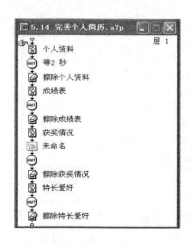

图 5-63 "完善个人简历"流程图

5.2.3 "群组"图标的使用

程序设计窗口大小是有限的,在程序设计中把所有的设计图标都逐个摆放在主流程线上,不利于程序的优化,而且也不符合程序设计的结构化原则。通过"群组"图标可以把流程线上的一组图标放在一起,形成下一级流程窗口,在主流程线上以一个图标的形式出现。当在主流程线上打开这个"群组"图标时,可以编辑其中的各个图标。从而缩短流程线并进行模块设计。

建立一个"群组"图标的方法有两种:一是在主流程线上拖放一个"群组"图标,双击打开该图标后,会出现一个新的设计窗口,然后从图标栏中拖放设计图标到新设计窗口的流程线上,或者选中已有的一组设计图标,将其复制或移动到"群组"图标的流程线上;二是将要放入"群组"图标的一组设计图标选中,执行【修改】→【群组】菜单命令,则设计窗口主流程线上出现一个"群组"图标,该"群组"图标内包含刚才选中的设计图标。

对一个"群组"图标执行【修改】→【取消群组】菜单命令,则"群组"图标消失,其中的设计图标返回到主流程线上。

将功能相对独立的一组图标放入一个"群组"图标,可以将整个程序分成多个模块。每个模块都相对独立地完成一定的功能,而且在每个模块中都只有一个入口和一个出口,然后在主流程线上设计各个模块的关系,这就是结构化程序设计的思想。通常又把完成一定功能的程序模块称做子程序。

在 Authorware 中,子程序同样是由各个设计图标组成的。在这个设计窗口中,同样可以使用"显示"、"移动"和"数字电影"等各个设计图标,甚至可以使用另外一个"群组"图标来设计下一级子程序。

当打开一个"群组"图标时,屏幕上弹出和设计窗口完全一样的一个新设计窗口。所不同的是,原设计窗口的右上角标有"层 1",新设计窗口右上角标有"层 2",这说明该设计窗口是比主程序的设计窗口低一级的设计窗口,是子程序设计窗口,如图 5-63 所示。

实例 5.15 群组图标简化流程

将"实例 5.12 循环播放的幻灯片"流程图用群组图标进行模块化简化,具体步骤如下:

① 打开"实例 5.12 循环播放的幻灯片",选中流程线上的前"背景"、等待图标、"擦除

背景"三个图标。

② 单击【修改】【群组】命令(或使用快捷键 Ctrl+G),则选中的图标被放置在一个群组图标中,命名为"背景"。

③ 同样方法设置流程线上余下图标,如图 5-64 所示。注意,给群组图标命名时,不能与变量引用的图标重名,否则无法命名。

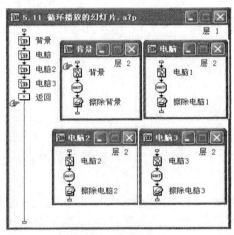

图 5-64 分级流程图

5.2.4 "计算"图标与编程基础

Authorware 采用了面向对象的流程线设计方式,使整个多媒体作品设计制作过程非常简便、明了,但单纯依靠设计图标还是远远不够的。Authorware 还为用户提供了丰富的变量、函数,以完成程序代码的编写,这样不仅能够改进程序的结构,还能够提高程序的运行效率。通过编写代码,可以制作出具有更专业水准的多媒体程序。

1. "计算"图标的使用

Authorware 中各类程序结构都可以在"计算"图标中实现。合理地将"计算"图标与其他图标配合使用,可以更好地发挥 Authorware 的强大功能。

"计算"图标有两种使用方法:作为独立的图标使用或附着于其他图标使用。

"计算"图标作为独立图标使用时,与其他设计图标的地位是相同的。只要在主流程线上拖放一个"计算"图标,双击该图标,屏幕上弹出一个编辑窗口,即"计算"图标的计算窗口,在此窗口内可以输入语句、运算符、表达式、函数、注释和程序代码,进行编辑。通常,系统会要求对"计算"图标的修改进行保存,对变量进行确定,如图 5-64 所示。

"计算"图标作为其他设计图标的附属设计图标使用时,此时的"计算"图标被称做附属"计算"图标。选中流程线上某个设计图标,执行【修改】→【图标】→【计算】菜单命令或按下"Ctrl+="快捷键,可以为该设计图标创建一个附属"计算"图标,然后可以像使用流程线上的"计算"图标一样使用附属"计算"图标。

如果为某个设计图标创建了附属"计算"图标,则该设计图标的左上角会出现一个"="号,双击"="就可以打开附属"计算"图标并对其中的内容进行编辑。当程序执行到带有附属"计算"图标的设计图标时,将首先执行附属"计算"图标中的内容,然后再执行相应的设计图标中的内容。要删除某个附属"计算"图标,只需打开该附属"计算"图标并删除其中所有的内容即可。

实例 5.16 "计算"图标编程

① 新建一个程序文件,在主流程线上拖放一个"计算"图标,命名为"赋值"。

② 双击"计算"图标"赋值",打开计算窗口,输入如下内容:

--为 4 个变量赋值

a:=5

b:=10

x:=Random(0,2*Pi,2*Pi/100)

y:=SIN(x)

其中,第一句为注释语句,作为说明用,不执行具体操作。"a:=5"表示将数值"5"赋给变量 a,赋值的命令为":="。Random(0,2*Pi,2*Pi/100)表示在 0 到 2π 之间以百分之 2π 为单位产生随机数,这个随机数被赋给变量 x,SIN(x)的值被赋给变量 y,如图 5-65 所示。

③ 在主流程线上放置一个"显示"图标,命名为"显示表达式的值"。

④ 使用"文本"工具,在"显示"图标中输入以下标题内容"变量、函数与表达式值的显示",并进行字体的设置。

⑤ 输入文本对象"(1)显示一个结果的表达式:146+753={146+753}"。

⑥ 输入文本对象"(2)显示表达式的结果:",输入文本对象"a={a},b={b}",换行后输入表达式"3a 2 +2b+3={3*a**2+2*b+3}"。

⑦ 输入文本对象"(3)显示函数值:",输入文本对象"x={x} y=sin(x)={y}"。

⑧ 合理设置各个文本对象的大小和位置,运行后显示结果如图 5-66 所示。每次执行程序,x 和 y 值因 Random 函数值改变而不同。

图 5-65 "计算"图标窗口

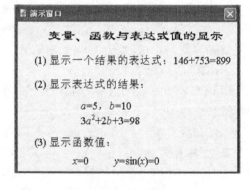

图 5-66 程序运行结果

2. 变量

(1) 变量的概念

变量是一个值在程序的运行过程中可以改变的量。变量通常用于存储程序运行过程中涉及的数据。变量分为系统变量和用户自定义变量两种。

Authorware 内部提供了一系列的系统变量,它们包括 CMI(计算机管理教学)、决策、文件、框架、常规、图形、图标、交互、网络、时间、视频 11 大类。

例如,在"实例 5.2 电子日历"中,对时间类变量的应用:DayName 变量用于存放当天星期几,显示的是英文星期名。Year、Month、Day 等时间变量分别存放当前年、月、日。

Hour、Minute、Sec 等时间变量分别存放当前时间的小时、分钟和秒数。

自定义变量,是用户根据程序设计与执行的需求而自己添加定义的变量。

单击工具栏"变量"按钮 或执行【窗口】→【面板】→【变量】菜单命令,可弹出"变量"面板,其中列出了所有的系统变量、当前程序使用的自定义变量以及相关的信息,如图 5-67 所示。

单击"变量"面板上的"新建"按钮,进行新建自定义变量操作。也可在任何的变量使用场合下直接定义变量,输入后系统会自动判断该变量为何种类型变量,如果是用户自定义,则提示"新建变量"对话框,如图 5-68 所示。

图 5-67 "变量"面板

图 5-68 "新建变量"对话框

(2) 变量的使用

一般变量在 Authorware 中的使用场合主要分为以下三种情况。

① 在属性面板中使用变量

在许多属性面板的选项中,都要求用户输入一个值,此时就可以在其中输入变量。例如,在移动图标属性面板的"移动当"选项中输入一个自定义变量的表达式"x=1",这样就可以在程序中通过更改变量 x 的值来控制其移动对象的运动情况。如"实例 5.18"中在指定运动终点,在属性面板设置"目标"文本框中输入终点的坐标值。

② 在计算图标中使用变量

变量最普遍的应用场合莫过于在计算图标中的使用,变量在其中发挥其应有的功能:存储数据、限制条件等,充当 Authorware 程序设计的重要成员角色。如"实例 5.16"中在"计算"图标窗口为变量赋值。

③ 在显示图标或交互图标中使用变量

在显示图标或交互图标内也可以进行变量的显示与计算。如在"实例 5.2 电子日历"中,对时间变量的应用。在文本中使用变量必须用花括号{}括起来,否则系统会认为输入的是普通文本。

3. 函数

(1) 函数的概念

函数是指能够完成某一功能的程序模块。函数分为系统函数、外部扩展函数和 Authorware 自定义函数三种。

① 系统函数

Authorware 内部提供一系列的系统函数，它们包括字符、CMI、文件、框架、常规、图形、图标、跳转、语法、列表、数学、网络、OLE（对象链接和嵌入）、平台、目标、时间、视频、Xtras 等十几大类。

② 外部扩展函数

外部扩展函数一般指第三方扩展开发商利用编程语言和开发工具如 VC、BCB、Delphi 等开发的外部扩展 U32(UCD)、DLL（动态链接库）、Xtras，封装在它们内部的函数可以供 Authorware 调入使用。通常，外部扩展函数都是实现一些系统控制功能，弥补 Authorware 在某些方面的不足。在 Authorware 7.0 的安装目录下就可以找到 Macromedia 公司开发的几款外部扩展 U32(UCD)。

③ Authorware 自定义函数

这是 Authorware 支持的一个函数定义方式：它可以把某一计算图标内的程序代码或者存储于外部文本文件的程序代码，甚至是一段字符串程序语句，定义为函数形式，增强了程序代码的结构化和重复使用性。

(2) 函数的使用

① 系统函数的使用

使用 Authorware 系统内部函数不需要载入，直接在计算图标等函数使用场合里，按格式输入或粘贴即可。例如，向流程线添加一个"计算"图标，双击打开计算窗口。单击工具栏"函数"按钮 或执行【窗口】→【面板】→【函数】菜单命令，打开"函数"面板，如图 5-69(a)所示。在函数列表中选择"ResizeWindow"函数，单击"函数"面板上的"粘贴"按钮，如图 5-69(b)所示。

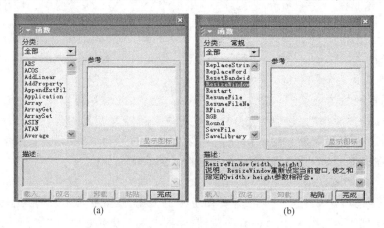

图 5-69 "函数"面板

此时"ResizeWindow"函数粘贴到"计算"图标窗口中，如图 5-70 所示。修改其中的"width"和"height"两个参数，就可以重设演示窗口大小，也可以直接在"计算"图标窗口中输入该函数及参数值。

② 外部扩展函数的使用

如在打开的程序"实例 5.2 电子日历"中，在"函数"面板的分类列表下，选择要导入函数的"5.2 电子日历"文件，此时"载入"按钮变为可用状态，单击则弹出"加载函数"对话框，此时可以

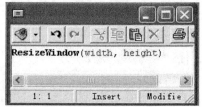

图 5-70 "计算"图标窗口

载入外部扩展函数,单击"打开"载入,如图 5-71 所示。

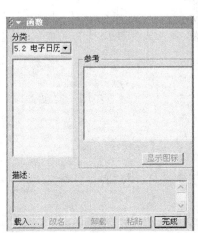
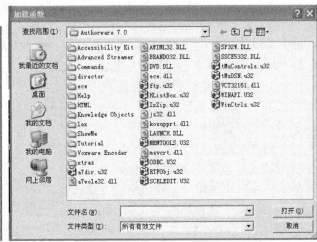

图 5-71 载入"外部扩展函数"

③ Authorware 自定义函数的使用

Authorware 支持把某一计算图标内的程序代码或者存储于外部文本文件的程序代码,甚至是一段字符串程序语句,定义为函数形式,增强了程序代码的结构化和重复使用性。

4. 运算符和表达式

(1) 运算符

Authorware 涉及的运算符号主要包括赋值运算符、关系运算符、算术运算符、连接运算符、逻辑运算符共五大类,具体情况如表 5-2 所示。

表 5-2 Authorware 中的运算符

运算符类型	运 算 符	作用	运算结果
赋值运算符	:=	将运算符右边的值赋给左边的变量	运算符右边的值
关系运算符	=	等于	True 或 False
	<>	不等于	
	<	小于	
	>	大于	
	<=	小于或者等于	
	>=	大于或者等于	
逻辑运算符	~	非运算	True 或 False
	&	与运算	
	|	或运算	
算术运算符	+	加	数值
	−	减	
	*	乘	
	/	除	
	**	求幂	
连接运算符	^	将两个字符串连接成一个	字符串

（2）表达式

表达式是由常数、变量和函数通过运算符和特定的规则结合组成的语句，用于执行某个运算过程或执行某种特殊的操作，它可以用于一些图标的属性对话框、计算图标及附属计算图标和文本对象中。表达式的运算结果称做表达式的值。表达式的使用场合与变量、函数的使用场合，在文本对象中使用需要花括号{}括住。

在输入运算表达式时必须注意以下几点：

① 所有表达式以线性形式写出，因此分子、分母、指数及下标等要写在同一行上；

② 只能使用合法的符号；

③ 括号必须成对出现，且只能使用小括号，即"("与")"；

④ 表达式的运算按照运算符的优先级原则进行；

⑤ 对于字符串的使用必须用双引号括起来，以区别于变量名、函数和运算符。

5．Authorware 程序结构

与其他编程语言一样，Authorware 程序的基本逻辑结构有顺序语句结构、分支语句结构和循环语句结构 3 种。

（1）顺序语句结构

顺序结构程序即自始至终按照语句序列在"计算"图标中的排列顺序，依次逐条执行的程序。

（2）分支语句结构

① 单分支语句格式

if 条件 then 操作

例如，在"实例 5.2 电子日历"中，星期显示的是英文，如果想显示中文，则可以定义一个变量"chndayname"，输入程序语句为：if DayName＝"Sunday"then chndayname：="星期日"。

程序语句含义为：先判断系统时间类变量 DayName 等于字符串"Sunday"的条件是否满足，若满足，则执行字符串"星期日"赋值给用户自定义变量 chndayname 的操作。

② 双分支语句格式

if 条件 then

语句 1

else

语句 2

end if

例如，假设 a＝3，b＝5，执行下面双分支语句结构：

if a＞b then

　　max：＝a

else

　　max：＝b

end if

该语句含义为：先判断条件是否满足，如果满足，程序执行语句 1，否则执行语句 2。因为 a＝3，b＝5，不满足 a＞b 的条件，所以程序执行语句 2，max：＝b，就是将整数值 5 赋值给变量 max，执行完毕，程序自动由 end if 结束分支语句结构。

③ 多分支语句格式

if 条件 1 then

语句 1
else if　条件 2
　　语句 2
else
　　语句 3
end if

多分支语句结构的含义是：如果满足条件 1，程序执行语句 1；否则如果满足条件 2，程序执行语句 2；否则执行语句 3。执行完这个分支结构后，程序自动由 end if 结束判断。

（3）循环语句结构

循环语句是在条件仍然满足的情况下重复执行某一段程序代码，而被重复执行的这段程序代码通常被称为循环体。其基本语法格式有 3 种类型：

① 格式 1

repeat with 变量＝初始值（down）to 结束值
语句
end repeat

在此循环结构中，程序将执行"语句"的次数为（"结束值"－"初始值"＋1）次，如果此次数小于 0，程序将不执行循环体"语句"部分。循环语句中的"down"为可选参数，如果"初始值"＞"结束值"，则需要添加这个参数，并且执行次数为（"初始值"－"结束值"＋1）次。

② 格式 2

repeat while 条件
语句
end repeat

在此结构下，当满足条件时，"语句"将一直被执行，直到"条件"不成立，程序自动由 end repeat 来结束循环。

③ 格式 3

repeat with in　列表
语句
end repeat

这种循环结构中，只有列表中的元素都被使用过以后，程序才会退出循环。

6．综合实例

实例 5.17　射箭

① 新建一个程序文件，添加一"计算"图标，命名为"窗口大小"，双击该图标打开演示窗口，输入如下内容：

ResizeWindow(800,600)

其中，ResizeWindow(800,600)设置演示窗口大小宽为 800，高 600。

② 在主流程线上拖放一个"显示"图标，命名为"箭靶"。双击打开其演示窗口，导入素材并调整好位置和大小。

③ 在主流程线上添加一个"显示"图标，命名为"射箭手"。双击打开其演示窗口，导入射箭手素材并调整好位置和大小。

④ 在主流程线上"射箭手"图标下方添加一"显示"图标，命名为"箭"。双击打开其演示

窗口,按住 Shift 键双击打开"射箭手"图标,使射箭手和箭同时在演示窗口出现,调整位置和大小。

⑤ 添加一"计算"图标,命名为"位置",双击该图标打开演示窗口,输入如下内容:
--随机产生箭的射入位置
x:＝Random(－20,120,10)
y:＝Random(－20,120,10)
其中,x、y 为自定义变量,Random 为随机函数。

⑥ 添加一个移动图标,命名为是"射箭",双击打开其属性面板,在"类型"选项中选择"移动到平面内一点"的移动方式,然后在窗口中单击箭使其成为移动对象。

⑦ 设置移动时间,在"定时"下面的文本框内输入 0.5,设置箭的速度。在设置固定区域,选择"基点"单选按钮,然后把箭拖到箭靶的左上角,再选择"终点"单选按钮,把箭拖到箭靶的右下角,如图 5-72 所示。

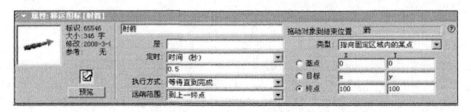

图 5-72　移动图标属性面板

⑧ 添加一个等待图标,在属性面板中,"事件"选择"单击鼠标"。
⑨ 在主流程线上拖放一个"计算"图标,命名为"返回"。如图 5-73 所示。
GoTo(IconID@"箭靶")
⑩ 运行效果如图 5-74 所示。

图 5-73　计算与函数

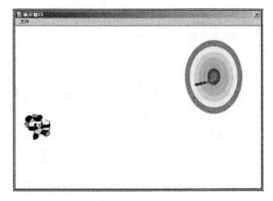

图 5-74　运行效果图

5.2.5 "移动"图标与动画制作

在 Authorware 中,实现动画效果有路径动画和实际动画两种基本形式。路径动画可以通过 Authorware 的"移动"图标提供 5 种类型的动画实现,使用"移动"图标创建的动画可以使文本、图形、图像以及从外部导入的影片等素材在一定时间内沿各种路径在演示窗口中移动,这也是用 Authorware 进行动画制作的最主要的方法。而实际动画,是指由其他软件开发的动画,也可以导入到 Authorware 中进行播放。

1. "移动"图标及属性设置

Authorware 中的动画是利用"移动"图标来完成的。"移动"图标本身并不会动,但是它可以驱动其他显示对象移动。也就是说,可以通过"移动"图标设置"显示"图标、"数字电影"图标中的对象的运动方式,从而使这些对象运动,产生动画效果。

Authorware 这种动画产生的方式使得在设计动画时,首先要在设计图标中制作要移动的对象,然后在"移动"图标中设置移动对象和移动方式。特别需要指出的是:"移动"图标移动的是一个设计图标里的全部显示对象,而不能只是其中的一个。如果想以不同方式移动多个显示对象,必须把这些显示对象分别放在不同的设计图标里,并且对每一个设计图标都要通过设置一个"移动"图标来满足这些显示对象的移动要求。

Authorware 中"移动"图标可以完成的动画类型包括 5 种:
① 指向固定点;
② 指向固定直线上的某点;
③ 指向固定区域内的某点;
④ 指向固定路径的终点;
⑤ 指向固定路径上的任意点。

在主流程线上包含移动对象的设计图标后面拖放一个"移动"图标,双击该"移动"图标,屏幕上会弹出"移动"图标属性面板,如图 5-75 所示。在该面板中可以设置移动对象的移动类型、所在层次、移动时间及执行方式等属性。

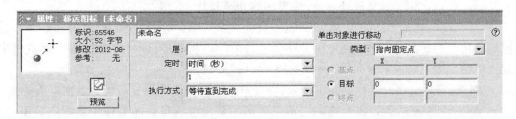

图 5-75 【属性:移动图标】面板

"层":设置被移动的显示对象移动时所在层次。移动显示层次的概念和显示图标层次的概念基本一致,层次高的显示在层次低的前面,默认值为 0。在"移动"图标中设定的对象移动的层次与对象本身的层次不同,它只在移动过程中有效,移动完成后,该显示对象的层次重新变为它所在设计图标中的设定层次。

"定时":用于设定移动过程持续的时间或移动速度。有 2 种设置方式。
- 时间(秒):选择此方式,下方的文本框中的数值(变量或数值表达式)表示完成移动所需要的时间,以"秒"为单位。在这种方式下,对象移动的速度由移动起点至目标点的距离、移动过程持续的时间共同决定。距离相同,时间越短,速度越快。
- 速率(sec/in):选择此方式,下方的文本框中的数值(变量或数值表达式)表示对象移动的速度(移动单位距离所需要的时间),单位是"秒/英寸"。在这种方式下,移动持续的时间由移动过程起点至目标点的距离、移动的速度共同决定。

"执行方式":用于设置移动设计图标的执行过程与其他设计图标执行过程之间的同步方式,共有3种同步方式。
- 等待直到完成:在移动过程结束后,再沿流程线向下执行其他设计图标。
- 同时:在执行"移动"图标的同时执行其他设计图标。
- 永久:在程序运行期间,始终控制对象进行移动,移动过程和其他设计图标的执行过程同时进行。与"同时"方式不同的是,该方式可以根据"移动"图标其他属性的变化,重新执行移动过程,直到该移动对象被擦除或者被其他"移动"图标控制。

"类型":设置移动类型,在列表框中列出了5种移动类型。
- 指向固定点:将显示对象从当前位置沿直线移动到终点。
- 指向固定直线上的某点:将显示对象从当前位置沿直线移动到已经设定好的一条直线上的某一点。该点可由变量或表达式给出。
- 指向固定区域内的某点:将显示对象从当前位置沿直线移到指定区域中的某一点。该点坐标可由两个变量或表达式给出。
- 指向固定路径的终点:将显示对象从当前位置沿预先设定的轨迹移动到终点。这个轨迹可由直线和曲线组合而成。
- 指向固定路径上的任意点:将显示对象从当前位置沿预先设定的轨迹移到轨迹上的某一点。这个轨迹可以由直线和曲线组合而成。该点坐标可由两个变量或表达式给出。

用户只需在下拉列表框中选择一种移动类型即完成了类型的设置,当选择不同的移动类型时,下面对应的选项也略有不同。

"基点"、"目标"和"终点":用户可以通过这个选项在不同类型的移动中确定移动的起点、目标点、终点坐标或定义移动直线、矩形区域和路径轨迹。

"远端范围":该选项适用于"指向固定直线上的某点"、"指向固定区域内的某点"和"指向固定路径上的任意点"3种类型,用于移动过程中的越界处理,即对移动过程中终点超出规定范围情况的处理。下拉列表框中列出3种处理方式。
- 在终点停止:将对象移到预定范围,与变量或表达式的值最接近的起点或终点位置。
- 循环:将变量或表达式的值减去预定范围的最大值所得到的差作为目标点的值,然后再执行移动过程。
- 到上一终点:即使目标点的值超出预定范围,也将对象移动到这个值所确定的位置。

"移动当":此选项只在"指向固定路径的终点"类型的动画中出现。通过设定条件,决定一个显示对象是否应该移动。只有当这个条件为真的时候,才执行移动图标,否则会跳过该移动图标执行下一个图标。

"编辑点":该选项只适用于"指向固定路径的终点"和"指向固定路径上的任意点"两种移动方式,有2种编辑方式。
- 撤销:撤销上一次对路径结点的修改。
- 删除:删除选中的路径结点。

2. 指向固定点的动画

设置指向固定点的动画,主要是设置移动对象的目标点,显示对象从当前位置沿一条直线移动到目标点。

实例 5.18 升旗

① 打开实例 5.6,将之前绘制的"五星红旗"进行修改,制作一个升旗的动画。由于要移动的是旗面,而其他的如旗杆等不需要动,因此对程序进行修改,把旗面剪切,添加一个显示图标,双击打开,单击工具栏上的"粘贴"按钮,将红旗粘贴到相应位置上。

图 5-76 程序流程图

② 将第一个显示图标改名为"旗杆",第二个显示图标命名为"红旗"。添加一个移动图标命名为"升旗"。程序流程图,如图 5-76 所示。

③ 指定运动的起点,双击"旗杆"图标,按住 Shift 键再双击"红旗"图标,使"旗杆"和"红旗"同时显示在演示窗口中,拖动"红旗"至"旗杆"下,如图 5-77(a)所示。

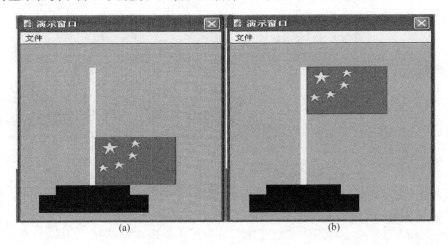

图 5-77 程序设置及运行效果图

④ 指定运动的对象,双击移动图标,在属性面板"类型"下拉列表选择"指向固定点",在演示窗口单击"红旗",则"类型"列表框上侧的"单击对象进行移动"变成"拖动对象到目的地",同时右侧出现相应显示图标名称"红旗",如图 5-78 所示。

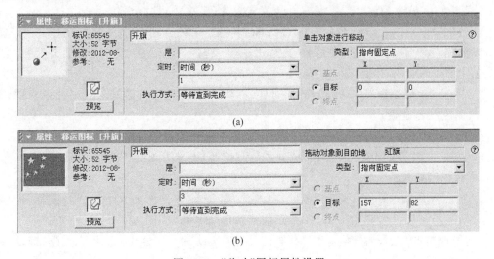

图 5-78 "移动"图标属性设置

⑤ 指定运动终点，在演示窗口中用鼠标将"红旗"拖动到"旗杆"的顶点，或直接在"目标"文本框中输入终点的坐标，如图5-77(b)所示。

⑥ 设置升旗时间，在"定时"框中选择"时间(秒)"，在下面文本框中输入"3"。注意：属性面板中涉及数字的输入均用半角输入法或英文输入法。属性设置结果如图5-78(b)所示。

⑦ 调试运行程序，运行过程及效果如图5-77所示。另存程序名为"实例5.18 升旗"。

实例 5.19 利用指向固定点的动画演示三角形全等

程序流程图如图5-79所示，效果图如图5-80所示。步骤如下：

图5-79 程序流程图　　　　　　图5-80 程序效果图

① 新建一个空白文件，并添加一个"显示"图标，命名为"三角形ABC"。打开"显示"图标，在演示窗口的左侧画一个三角形，将其填充为绿色。

② 分别输入字母A、B、C，将其放置在三角形的3个顶点处；同时选中三角形和3个字母，执行【修改】→【群组】菜单命令，将它们组合为一个整体。

③ 将"显示"图标"三角形ABC"复制并粘贴到主流线上，改名为"三角形EFG"。打开"显示"图标，用鼠标将三角形ABC拖到窗口的右侧。

④ 选中窗口右侧的三角形，执行【修改】→【取消群组】菜单命令，取消图形的组合。然后分别将标签字母改为E、F、G，将三角形填充为蓝色，并重新组合起来。

⑤ 添加一个"等待"图标，命名为"暂停"；将时限设为3秒，选中单击鼠标项，不选其他设置。

⑥ 添加一个"移动"图标，命名为"重合1"；运行程序，打开"移动"图标属性对话框，在类型中选"指向固定点"，其他保持不变。

⑦ 单击三角形ABC，将其设为移动对象，并将它拖动到三角形EFG上，使两个图形完全重合，完成动画设置。

⑧ 将"等待"图标"暂停"复制到主流程线上，重新命名为"等待1"。

⑨ 添加一个"移动"图标，命名为"分离1"；选择"指向固定点"类型，然后单击三角形ABC，将其拖回原处。

⑩ 同步骤⑧，添加一个"等待"图标，命名为"等待2"。再添加一个"移动"图标，命名为"重合2"，与前类似设置三角形EFG到三角形ABC的"移动"图标。

⑪ 用同样的方法设置"等待"图标"等待3"和"移动"图标"分离2"，将三角形EFG移回到原来位置。

⑫ 复制添加"等待"图标"等待4",然后在主流程线上添加一个"显示"图标,命名为"结论"。在"显示"图标中输入文本"三角形 ABC 和三角形 EFG 全等"。

3. 指向固定直线上某点的动画

指向固定直线上某点的动画是创建将对象从起始点移动到固定直线上某一点的动画,它与指向固定点的动画的根本区别在于终点的不确定性。所谓指向固定直线上某点的动画中的"直线",实质上是限定了被移动对象的目标点的范围,而被移动的显示对象的起始位置可以位于直线上,也可以在直线之外。可以利用变量或表达式设定运动对象的目标位置。

实例 5.20 打高尔夫球

制作一个高尔夫球随机入洞的效果,程序流程图如图 5-81 所示,效果如图 5-82 所示。

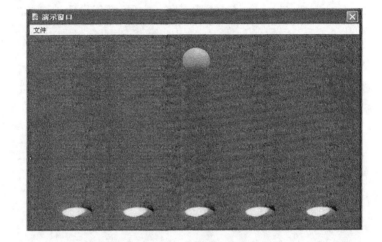

图 5-81　程序流程图　　　　图 5-82　运行效果图

① 在流程线上添加一个显示图标,名为"背景",双击打开,导入第 5 章素材中的"草地"图片。

② 再添加一个显示图标,名为"球洞",双击打开,导入第 5 章素材中的"球洞"图片,选中该图片,将其复制四个。执行【修改】→【排列】菜单命令,选择所有"球洞"图片按水平方向靠下等距离对齐,放置到如图 5-82 所示球洞位置。

③ 添加一个显示图标,名为"高尔夫球",双击打开,导入第 5 章素材中的"高尔夫球"图片,在工具箱中选择"模式"为"透明",放置到如图 5-82 所示高尔夫球位置。

④ 添加一个移动图标,名为"打球"。运行程序,到移动图标会自动暂停并打开属性面板。

⑤ 在"类型"下拉列表框选择"指向固定直线上的某点"。选择"高尔夫球",按住鼠标不放,拖动到第一个球洞的位置,松开鼠标,此时"类型"上侧的"拖动对象到起始位置"变成"拖动对象到结束位置",右侧出现"高尔夫球"图标名称。"高尔夫球"图片中心出现一个灰色的点,表明这是小球目标点的起始位置。

⑥ 将小球拖动到第 5 个球洞处,松开鼠标,可以看到图中出现一条灰色的直线,标明小球的目标点被约束在这条直线上。

⑦ 在"基点"文本框输入:1,"终点"文本框输入:5,"目标点"文本框输入:random(1,5,1),其余设置如图 5-83 所示。注意:random 为随机数函数,格式是 random(min,max,units),min 表示初始值,max 表示终止值,units 表示取值间隔的大小。此函数的目的是,实现在初始值与终止值之间以设定间隔数随机取值。

图 5-83 移动图标属性设置

⑧ 添加一个"擦除"图标,名为"入球",选择擦除对象为"高尔夫球",设置擦除效果如图 5-84所示。

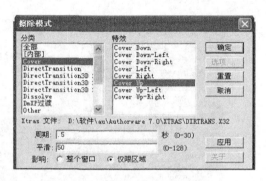

图 5-84 擦除特效设置

⑨ 调试运行程序并保存。

实例 5.21 松鼠过河

操作要点在目标直线的设置和使用自定义变量对移动进行控制。

① 程序流程图如图 5-85 所示,运行效果如图 5-86 所示。

图 5-85 程序流程图　　　　图 5-86 程序运行效果

② 程序运行后,松鼠从河左岸依次跳到每个树墩上,最后到河右岸。移动图标属性设

· 216 ·

置,如图 5-87 所示。

图 5-87　移动图标属性设置

③ "赋初值"、"跳跃位置"和"循环跳跃"三个计算图标内容,如图 5-88 所示。自定义变量初值 x=10,每跳跃一次,x 值增加 10,直到 x 值>40 结束跳跃。

图 5-88　"赋初值"、"跳跃位置"和"循环跳跃"图标内容

4. 指向固定区域内某点的动画

点到指定区域动画与点到直线动画类似,不同点在于以目标区代替了目标直线,此时的区域为矩形区域。在属性面板中用基点(X,Y)和终点(X,Y)来表示指定区域范围。

实例 5.22　小鸟回家

制作程序使屏幕右上方的小鸟,随机飞入带编号的房间内,程序流程图如图 5-89 所示,运行效果如图 5-90 所示。

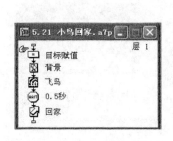

图 5-89　程序流程图

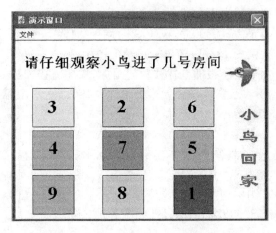

图 5-90　运行效果图

① 新建程序,在主流程线上放置一个"计算"图标,命名为"目标赋值"。双击打开"计算"图标窗口,输入内容如图 5-91 所示。关闭"计算"图标编辑窗口,在弹出的对话框里选择"是"。

② 创建名称为"背景"的"显示"图标,在其中输入"请仔细观察小鸟进了几号房间"和"小鸟回家"2 个文本对象,并对其进

图 5-91　"目标赋值"内容

行如图 5-90 设置。

③ 按住 Shift 键,使用"矩形"工具制作一个正方形并复制 8 个正方形。执行【修改】→【排列】菜单命令将 9 个正方形对齐并均匀分布。为 9 个正方形分别填充不同的颜色,并将数字 1~9 任意标在 9 个正方形上,如图 5-90 所示。

④ 执行【插入】→【媒体】→【Animated GIF】菜单命令,弹出"Animated GIF Asset 属性"对话框。在文件打开对话框中选择"飞鸟.gif",导入一个 GIF 动画;将其名称改为"飞鸟",并在属性对话框中将显示"模式"改为"透明"。

⑤ 右击"显示"图标"背景",在弹出的菜单中选择"属性",打开属性窗口,将图标的"层"设为"2",高于小鸟所在图标的层次,以保证小鸟能飞入小正方形的后面。

⑥ 添加一个"等待"图标,将"时限"设为"0.5"秒,其他不选。

⑦ 添加一个"移动"图标,命名为"回家"。打开"移动"图标属性面板,如图 5-92 所示进行设置。

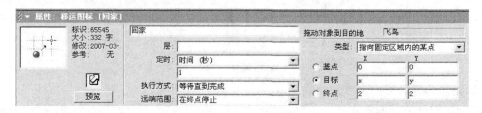

图 5-92 移动图标属性设置

⑧ 在"类型"选项中选择"指向固定区域内的某点"方式,制作点到区域的动画。

⑨ 单击"基点"选项,然后用鼠标将小鸟拖放到最左上角的小正方形的中心放开,设置好区域的左上角的顶点;单击"终点"选项,将小鸟拖放到最右下角的小正方形的中心放开,设置好区域右下角的顶点。

⑩ 调试运行程序,小鸟飞入标有不同数字的正方形,反复运行,小鸟会飞入不同的房间。

实例 5.23 跟随鼠标移动的图标

制作一个跟随鼠标移动的图标,程序流程如图 5-93 所示。

① 演示窗口设置大小为 640×480。显示图标内导入一个"笑脸"图片。

② 用系统变量 cursorX 和 cursorY 分别表示鼠标当前坐标值,单位是像素,在本实例中即为目标点的坐标。

③ 拖动"笑脸"图标到演示窗口左上角为"基点",拖动"笑脸"图标到右下角为"终点"形成一个矩形的目标区域。

图 5-93 程序流程图

④ 设置移动图标属性如图 5-94 所示。

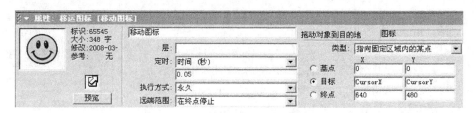

图 5-94 移动图标属性设置

5. 指向固定路径终点的动画

前面介绍的三种运动方式都是直线运动,"指向固定路径的终点"的运动可以使物体由原位置沿创建好的路径移动到终点。因此选择这种运动方式时需要设置移动路径。

(1) 创建路径的方法

在演示窗口中单击要移动的对象,在移动对象上会出现一个实心的小三角,表示移动对象移动的起点位置。在演示窗口中拖动移动对象,每释放一次鼠标就确定一个控制点,直至路径完成。

(2) 修改路径的方法

刚建立的路径,控制点之间的线段是直线段,在控制点上双击,使控制点由三角形变成圆形可使路径由直线变成曲线;拖动控制点可以改变路径形状;在路径上单击可以增加控制点;用属性面板的的"编辑点"功能,可以删除控制点或撤销删除操作。

实例 5.24 弹跳的小球

程序流程图如图 5-95 所示,演示窗口设置如图 5-96 所示。

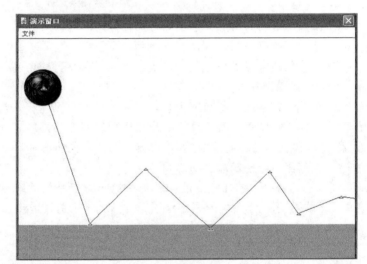

图 5-95 程序流程图　　　　图 5-96 程序演示窗口设置

① 在流程线上添加一个显示图标,名为"小球"导入第 5 章素材中"小球"的图片,放置在演示窗口右上角,"模式"改为"透明"。

② 添加一个显示图标,名为"地面"。用矩形工具绘制地面,并填充土黄色。

③ 添加一个移动图标,名为"弹跳"。在属性面板选择类型为"指向固定路径的终点",在演示窗口单击小球,绘制如图 5-96 所示路径。

④ 移动图标属性面板设置,如图 5-97 所示。

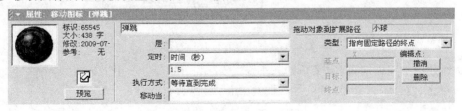

图 5-97 移动图标属性设置

实例 5.25 下雨了

本例制作一幅下雨的动画,流程及效果如图 5-98 所示。

图 5-98　程序流程图及运行效果

① 添加一个名为"背景"显示图标,导入如图 5-98 所示背景。

② 添加两个群组图标,名为"雨滴"和"下雨"。

③ 在"雨滴"群组里添加三个显示图标,分别命名为"雨滴 1"、"雨滴 2"、"雨滴 3"。分别导入相应的雨滴图片。

④ 在"下雨"群组里添加三个移动图标,分别命名为"移动雨滴 1"、"移动雨滴 2"、"移动雨滴 3"。打开各移动图标,选择"沿路径移动到终点"的移动,分别设置"雨滴 1"、"雨滴 2"、"雨滴 3"的移动路径。属性中的"执行方式"选择"同时",在"定时"文本框输入"5"。

6. 指向固定路径任意点的动画

指向固定路径上的任意点的动画是在指向固定路径的终点的动画的基础上制作的,两者在动画设置、路径设置等各方面都十分相似,其区别只是前者动画对象的目标点是路径上的某一点,而后者的目标点是路径的终点。

实例 5.26 数字时钟

制作一个带秒针移动显示的数字时钟,程序流程及运行效果如图 5-99 所示。

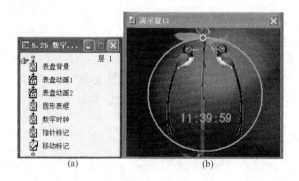

图 5-99　程序流程图及运行结果

① 新建一个文件,将演示窗口的大小设为"根据变量",可以用鼠标调整大小。

② 在显示图标"表盘背景"中导入图片文件"表盘背景.jpg"。

③ 执行【插入】→【媒体】→【Animated GIF】菜单命令,导入 GIF 动画"表盘动画 1.gif",

并将图标的名称改为"表盘动画 1"。

④ 同样方法导入 GIF 动画"表盘动画 2.gif"。

⑤ 在显示图标"圆形表框"中画一个圆,如图 5-99(b)所示设置好各个对象的位置。

⑥ 在显示图标"数字时钟"中输入文本"{FullTime}",设置好文本大小和颜色,并在显示图标属性对话框中选中"更新显示变量"复选框。

⑦ 在显示图标"指针标记"中画一个小红圆,将其放在圆形表框上方表示 0 秒的位置。

⑧ 双击"移动标记"图标,打开移动图标属性对话框,将移动类型设为"指向固定路径上的任意点"。单击小红圆,使其成为移动对象。以圆形表框为参照绘制移动路径。注意圆形路径绘制的方向,沿顺时针。

⑨ 设置移动图标的其他相关属性,如图 5-100 所示。其中系统变量 Sec 存放当前时间的秒数,从 0 到 59。

⑩ 调试运行程序并保存。

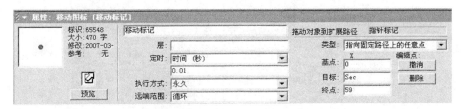

图 5-100　移动图标属性设置

7. GIF 动画和 Flash 动画的应用

Authorware 程序增加了一些特殊功能,可以通过插入 ActiveX 控件,实现许多 Authorware 本身无法实现的功能,比如播放 GIF、Flash 等类型的动画。

在 Authorware 中通过执行【插入】→【媒体】菜单命令实现 GIF 动画和 Flash 动画的插入。执行【插入】→【媒体】→【Animated GIF】菜单命令打开 Animated GIF 属性对话框,如图 5-101 所示。

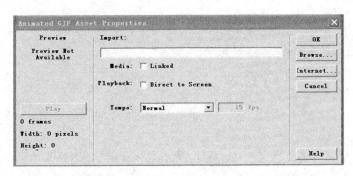

图 5-101　"Animated GIF Asset Properties"对话框

- "Import":显示导入文件的路径和名称。
- "Media":选择"Linked"复选框,文件以链接的形式存储在外部;取消此项,文件直接导入程序内部。
- "Playback":选择"Direct to Screen"复选框,GIF 动画显示在所有内容最高层。
- "Tempo":设置播放模式,选择"Normal"模式时以 GIF 动画原始速率播放;选择

"Fixed"模式时按照气候在文本框中输入的速率播放;选择"Lock-step"模式按照作品的整体速率播放。
- "Browse...":浏览按钮。单击此按钮,弹出"open animated GIF file"对话框,可导入本地磁盘的 GIF 格式的文件。
- "Internet...":用于指定 URL 地址,从 Internet 上导入 GIF 动画。
- "Play":预览导入的 GIF 动画。

执行【插入】→【媒体】→【Flash Movie】菜单命令打开 Flash Movie 属性对话框,如图 5-102 所示。

图 5-102 "Flash Asset Properties"对话框

- "Link File":显示要导入文件的路径和名称。
- "Media":选择"Linked"复选框,文件以链接的形式存储在外部;取消此项,文件直接导入程序内部。
- "Playback":设置动画播放的方式。选择"Image"复选框,动画立即显示;选择"Paused"复选框,动画在开始帧暂停;选择"Sound"复选框,动画播放时带伴音;选择"Loop"复选框,动画循环播放。选择"Direct to Screen"复选框,flash 动画显示在所有内容最高层。
- "Quality":设置动画的播放质量。
- "Scale Mode":设置动画缩放模式。
- "Rate":设置动画播放速度。
- "Scale":设置动画播放比例。
- "Browse...":浏览按钮。单击此按钮,弹出"open Shockwave Flash Move"对话框,可导入本地磁盘的 flash 格式的文件。
- "Internet...":用于指定 URL 地址,从 Internet 上导入 flash 动画。
- "Play":预览导入的 flash 动画。

实例 5.27 导入 GIF 格式和 Flash 格式动画。

程序流程图及运行效果,如图 5-103 所示。

① 添加一个显示图标,名为"标题",输入文本"导入 GIF 动画和 Flash 动画",并设置好文本样式。

② 执行【插入】→【媒体】→【Animated GIF】菜单命令,弹出"Animated GIF Asset Properties"对话框,单击 Browse... 按钮,出现"open animated GIF file"对话框,选中第 5 章素材

文件夹中的"分形.gif"文件后确定,将其导入到流程线上,并将其图标名称改为"分形动画"。打开该图标的属性对话框,可以像使用"显示"图标属性对话框一样,对该图标属性对话框中的"显示"选项卡和"版面布局"选项卡进行设置。

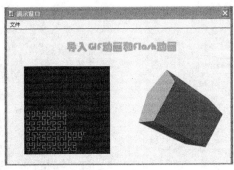

图 5-103　程序流程图及运行效果

③ 执行【插入】→【媒体】→【Flash Movie】菜单命令,弹出"Flash Asset Properties"对话框。通过 Browse... 按钮,在第 5 章素材文件夹中找到 Flash 影片文件"正五棱柱.swf",将"链接"复选框的选择对勾去掉,单击"确定"按钮将文件导入到程序中。流程线上添加一个 Flash Movie 功能图标,将其名称改为"正五棱柱"。

④ 运行程序可以看到两个动画在运动,按下 Ctrl+P 可以暂停程序的执行。这时可以和图片操作一样,使用鼠标拖动改变动画的大小和位置。

GIF 动画和 Flash 动画作为演示对象,可以使用移动图标使其产生移动动画,从而形成多重动画。

实例 5.28　GIF 动画升旗

将"实例 5.18　升旗"中的"红旗"显示图标删除,插入一个 GIF 格式的动态红旗,并用移动图标对"红旗"进行同样的移动设置,制作一个飘扬的红旗升旗的程序,流程图及运行效果如图 5-104 所示。

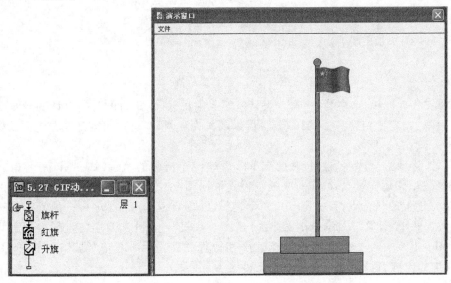

图 5-104　程序流程图及运行效果

8. 综合实例

实例 5.29 行驶的汽车

制作一个行驶的汽车伴随蜻蜓舞动,程序流程及运行效果如图 5-105 所示。

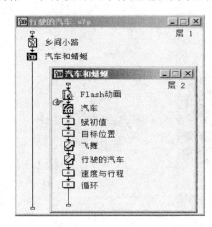

图 5-105　程序流程图及运行效果

① 新建一个文件,在主流程线上添加一个"显示"图标,命名为"乡间小路",双击打开演示窗口导入乡间小路素材。

② 添加群组图标,双击在层 2,在主流程线上添加"蜻蜓 flash 动画"。

③ 插入一个 GIF 动画,选择菜单"插入"→"媒体"→"Animated GIF",随机打开 Animated GIF 属性对话框,导入素材中的汽车.gif。

④ 添加两个"计算"图标,分别命名为"赋初值"、"目标位置",双击"赋初值"计算图标,输入图 5-106(a)的内容,设计是汽车速度开始速度。双击"目标位置"计算图标,输入图 5-106(b)的内容,定义蜻蜓飞行的轨迹。

图 5-106　给出变量值

⑤ 添加移动图标,命名为"飞舞",设计蜻蜓飞舞的轨迹,定时的时间设计的越长飞的越慢,类型选择:指定固定路径上的任意点,目标定义为变量,变量的内容已经在上面目标位置输入,如图 5-107(a)所示。

⑥ 添加移动图标,命名为"行驶的汽车",设计汽车行驶的轨迹,如图图 5-107(b)所示,定时:选择速率使用变量 X,汽车行驶的快慢是根据图 5-108 中的 X 的值变化的,类型选择:指定固定路径上的任意点,目标定义为变量,变量的内容根据图 5-108 中 y 的值变化的。

⑦ 添加两个"计算"图标,分别命名为"速度与行程"、"循环",双击"速度与行程"计算图标,输入图 5-108 中的内容,设计是汽车速度和行程的新坐标。双击"循环"计算图标,输入图 5-109 中的内容,返回到目标位置,蜻蜓再次飞行。

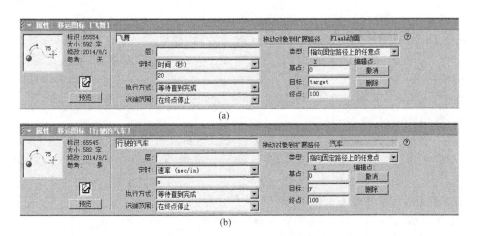

图 5-107 移动图标属性面板

图 5-108 速度与行程变量值

图 5-109 返回位置

5.2.6 "声音"图标与"数字电影"图标

1. "声音"图标及其属性设置

声音是多媒体中的一个重要媒体，Authorware 提供"声音"图标加载和控制程序中的声音效果。Authorware 支持多种格式的声音文件，其中包括 WAVE、AIFF、PCM、MP3、VOX 和 SWA 等。

Authorware 有两种方法导入声音：一种是通过单击"声音"图标属性窗口中的"导入"按钮，弹出"导入哪个文件"对话框，从中选择可用的声音文件导入，具体方法与导入图像文件的方法相同；另一种是以拖放方式直接将声音文件拖动到设计窗口的主流程线上，系统自动创建一个"声音"图标，并以该文件的文件名命名。

在主流程线上拖放一个"声音"图标，打开"声音"图标属性窗口，如图 5-110 所示。

图 5-110 【属性：声音图标】面板

左上方的预览窗口中显示被导入的声音文件格式标志，其下方的预览控制面板可在预览中控制声音文件的播放和停止。

"导入"按钮:单击该按钮,屏幕上弹出导入对话框,通过对话框来搜索要导入到程序中的声音文件,决定该声音文件是否要保存在 Authorware 文件的内部,然后将选定的声音文件导入到程序中。

属性窗口的各个主要选项分别放置在"声音"和"计时"2 个选项卡中。

(1) "声音"选项卡

"文件":表示声音的来源文件,包括导入声音文件的文件名和路径。

"存储":表示声音的存储方式,显示导入的声音文件是保存在 Authorware 文件的内部还是外部。

声音文件信息:显示有关要调入的声音文件的信息。

- 文件大小:显示文件所占的磁盘空间。
- 文件格式:显示声音文件的格式。
- 声道:显示声音文件是单声道的还是双声道的。
- 示例大小:显示文件的类型是 8 位还是 16 位的。
- 示例速率:显示声音文件的采样频率,采样频率以 kHz 为单位。
- 数据速率:显示在播放声音文件时,从磁盘读取数据的频率。

(2) "计时"选项卡

"计时"选项卡,如图 5-111 所示。

图 5-111 "计时"选项卡

"执行方式":用于控制"声音"图标中声音播放过程与其他设计图标执行过程之间的同步方式。共有 3 种同步方式。

- 等待直到完成:在声音播放结束后,再沿流程线执行下一个设计图标。
- 同时:在播放声音的同时执行流程线上下一个设计图标的操作。
- 永久:在程序运行时,声音文件的播放过程和其他设计图标的执行过程同时进行。此时,程序处于实时监控状态,监视声音图标属性窗口中相关变量的变化,一旦对应的变量为真时,立即开始播放。

"播放":设置声音文件被播放的次数。

- 播放次数。表示播放次数,可以输入常量、变量或表达式。
- 直到为真:当输入框中表达式的逻辑值变成"真"时,开始播放声音文件。该选项要和"执行方式"中的"永久"选项同时使用。

"速率"。设置声音播放的速度。100%表示使用声音文件为原来的播放速度,高于或低于 100%表示比原速快或慢。也可输入变量或表达式来表示播放速度。

"开始"。若选此项,其中输入的变量或者表达式的值为"真"时,开始播放声音文件,否则忽略它继续向下执行。

"等待前一声音完成"。选中此选项,则只有在主流程线上前一个声音文件播放完后,才开始播放该"声音"图标的声音文件。否则,若前一个声音文件的执行方式是"同时",运行到当前声音文件时,将中止前一个声音文件的播放,播放该声音文件。

在 Authorware 中,"声音"图标和"数字电影"图标都支持分支结构,这种结构也称为媒体同步,即以媒体文件的播放位置或时间来决定激活分支流程。直接将图标拖放到声音图标的的右边,即可作为声音图标的分支图标。如实例 5.30 流程图 5-111 所示。双击分支图标上的同步时钟图标 ,即可打开"属性:媒体同步"面板。如实例 5.30 中图 5-112 所示。

- 同步于:打开其下拉列表,其中有两个选项,选择"位置",在下面的文本框输入一个值,单位为毫秒,表示声音图标播放至该值时执行分支图标内容;选择"秒",输入一个秒数,当声音文件播放到此秒数时,即执行该分支流程。
- 擦除条件:设置分支内容在何时被擦除,共四个选项。

实例 5.30 奏国歌升国旗

打开程序"实例 5.28 GIF 动画升旗",对其进行修改,制作有国歌伴随的升旗动画。

① 添加一个声音图标,名为"奏国歌",把"升旗"移动图标拖到声音图标的右侧,程序流程如图 5-112 所示。

② 双击分支流程线上的同步时钟图标 ,打开"属性:媒体同步"面板,进行设置,如图 5-113 所示。

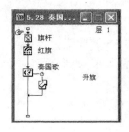 

图 5-112 程序流程图   图 5-113 【属性:媒体同步】面板

③ 设置移动图标的移动时间。国歌的播放时间应与国旗的升起时间一致,可用系统函数"MediaLength@"奏国歌"/1000",由系统自动计算得到,如图 5-114 所示。

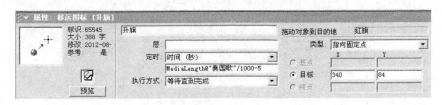

图 5-114 移动图标属性设置

④ 调试运行程序并保存。

2. "数字电影"图标及其属性设置

使用"数字电影"图标,可以方便地导入数字电影并控制数字电影的播放。Authorware 支持多种格式的数字电影,主要包括 Windows Media 文件(.asf、.asx、.wmf、.ifv)、Director 文件(.dir、.dxr)、Windows 视频标准格式(.avi)、Quick Time for Windows 文件(.mov)、Animator 和 Animator Pro 以及 3D Studio 文件(.flc、.fli、.cel)、MPEG 文件(.mpg)等。

导入数字电影文件的方法与导入声音文件的方法完全相同。将一个"数字电影"图标拖到主流程线上，双击打开属性面板，如图 5-115 所示。

在左上方的预览窗口中显示被导入的数字电影文件格式的标志，其下方的预览控制面板可在预览中控制文件的播放、停止和前进、后退。

- "帧计数器"：帧计数器信息栏显示该数字电影总共的帧数，以及目前帧的位置。这个信息栏随着数字电影的播放随时更新。
- "导入"：单击该按钮，屏幕上弹出"导入哪个文件"对话框，通过这个对话框来选择外部数字电影文件。导入对话框的使用与"声音"图标的导入对话框的使用相同。

属性窗口的各个主要选项分别放置在"电影"、"计时"和"版面布局"3 个选项卡中。

(1)"电影"选项卡，如图 5-115 所示。

图 5-115 【属性：电影图标】面板

其中选项"文件"、"存储"、"层"、"模式"、"防止自动擦除"、"擦除以前内容"以及"直接写屏"的意义与前面介绍的基本相同，此处不再详述。但在"数字电影"图标中，"模式"只适用于内部储存的影像文件，外部储存的影像文件的显示模式只能是"透明"模式。

- 同时播放声音：选中此项，播放一个数字电影文件中包含的声音；如果数字电影文件中没有声音，该项被置为不可用。
- 使用电影调色板：选中此项，使用数字电影本身带有的调色板，而不是 Authorware 的调色板。该选项并不是对所有格式的数字电影都适用。
- 使用交互作用：允许用户与 Director 数字电影通过鼠标或键盘进行交互操作。通常只有 Director 文件才含有交互元素，因此大部分情况下该选项不可用。

(2)"计时"选项卡

"计时"选项卡如图 5-116 所示，主要设置数字电影播放的范围和时间。

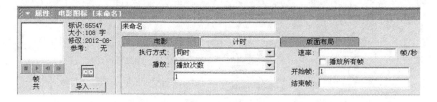

图 5-116 "计时"选项卡

- "执行方式"：此属性选项与"声音"图标中该选项的作用和设置相同。
- "播放"：用于控制数字电影的播放进程，包括下列选择：

重复。设置数字电影重复播放方式，直至使用一个"擦除"图标擦除该数字电影，或者使用系统函数 Mediapause()来终止播放。

播放次数。设置数字电影播放的次数。选此方式后，在下面的文本框中可以输入常量、变量或表达式。输入"0"，则只显示第一帧。

直到为真。重复播放数字化影像,直至用户在输入框中设置的变量或表达式的值变为"真"。比如,设置系统变量 MouseDown,数字电影将被重复播放,直至用户按下鼠标。

- "速率":用于设置播放速度。在输入框中可以输入数字、变量或表达式。如果输入的速度太快,不足以逐帧播放整个数字电影,将适当跳过一些帧来达到用户的速度要求,除非选择了"播放所有帧"选项。
- "播放所有帧":将尽可能快速地播放数字电影的每一帧,而不跳过任何一帧。该选项只对内部存储的数字电影有效。
- "开始帧":设置数字电影播放起始帧的位置,可以输入数字、变量或者表达式。
- "结束帧":设置数字电影播放终止帧的位置,可以输入数字、变量或者表达式。

(3)"版面布局"选项卡

"版面布局"选项卡中的选项主要用来设置数字电影的显示位置和移动特性,它的选项组成和设置与"显示"图标中的有关内容完全相同。但是在使用有些格式的数字电影文件时,必须保证系统正确安装了支持播放这些格式文件的系统软件,如使用 AVI 文件,就必须正确安装能够播放 AVI 文件的程序。

实例 5.31 棱锥的动态演示

程序流程图及演示效果如图 5-117 所示。

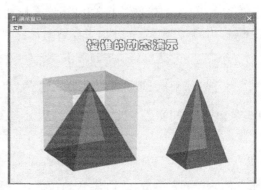

图 5-117 程序流程图及演示效果

① 新建一个文件,在设计窗口中右击,从弹出的快捷菜单中选择"属性",打开文件属性窗口。在"回放"选项卡的"大小"属性选项中选择"根据变量",以便可以用鼠标拖动改变演示窗口的大小。

② 在主流程线的"标题"显示图标中输入文本"棱锥的动态演示",并设置字体、字号和颜色。打开显示图标的属性窗口,将图标的"层"设为"2",以保证标题在后面导入电影的上层显示。

③ 在主流程线上拖放一个"数字电影"图标。双击图标打开属性对话框。单击"导入"按钮,在文件选择框中从第 5 章素材中选择数字电影文件"棱锥 1.flc",再单击"导入"按钮,将文件导入到程序中,并以内部存储形式保存。

④ 在"电影"选项卡中将"模式"设为"反转",在"计时"选项卡中将"执行方式"设为"同时",其他设置保持不变。

⑤ 用同样的方法再导入一个数字电影文件"棱锥 2.flc",与"棱锥 1.flc"进行相同设置。

⑥ 调试运行程序并保存。

3. 综合实例

实例 5.32 综合实例

程序流程图及演示效果如图 5-118 所示。

① 新建一个文件,在设计窗口中右击,从弹出的快捷菜单中选择"属性",打开文件属性窗口。在"回放"选项卡的"大小"属性选项中选择"根据变量",以便可以用鼠标拖动改变演示窗口的大小。

② 在主流程线上添加"显示"图标,命名为"界面"。双击打开演示窗口,在合适位置添加图 5-118(b)中蓝色文字信息。为使界面美观,在"flash 动画"文字的上方添加一个小图片。

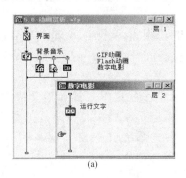 

图 5-118 程序流程图及演示效果

③ 添加音乐图标,单击主流程线上音乐符号,在属性面板中单击"导入",选择要导入音乐的位置,选择要使用的音乐。导入音乐之后的面板,如图 5-119 所示。

图 5-119 程序流程图及演示效果

④ 在音乐图标的右下方单击,选择菜单"插入"→"媒体"→"Animated GIF",随机打开 Animated GIF 属性对话框,导入素材中要使用的 GIF 动画。

⑤ 在 GIF 动画右方单击,出现向下的插入指针,选择菜单"插入"→"媒体"→"Flash Movie…"命令,在弹出的对话框中单击 Browse 按钮,导入素材中使用的 Flash 动画。

⑥ 添加一个数字电影图标,放在 Flash 动画右侧,命名为"数字电影",自动放到群组中,更名为"运行文字"。单击电影图标,打开属性窗口,单击图 5-120 左下角"导入",找到要导入的数字电影。

图 5-120 数字电影属性面板

⑦ 调试运行程序并保存。

第6章 交互功能应用与课件结构设计

多媒体应用系统中最关键、最具特色的功能就是交互功能,良好的人机交互界面是用户对应用程序的共同需求。交互使得多媒体作品在展示过程中用户能与计算机之间进行双向交流,交互功能的编程是通过交互图标实现的。通过交互作用结构、决策判断结构和导航结构,可以创建较复杂的程序流程,实现非线性的交互式多媒体课件的制作。

6.1 交互功能及应用

6.1.1 "交互"图标及其属性设置

交互性是多媒体技术的重要特征,Authorware 以其丰富的交互功能,满足多媒体课件对交互性的需求。

1. Authorware 交互功能

Authorware 的交互功能,主要通过"交互"图标来实现。"交互"图标是整个交互结构的核心,交互图标也是 Authorware 7.0 中功能最强、最复杂的一个图标;它具有安排交互界面、控制交互过程的功能。其工作方式一方面类似于"显示"图标,可以安排显示于整个交互作用过程的各种显示对象和交互作用控制对象;另一方面,它在整个交互作用过程中始终跟踪用户的响应,并将用户的响应发往交互结构中的相应分支执行。

Authorware 提供按钮响应,热区域响应,热对象响应,目标区响应,下拉菜单响应,按键响应,文本输入响应,条件响应,重试限制响应,时间限制响应和事件响应 11 种交互类型。

2. "交互"图标的结构设计

图 6-1 所示是一个"交互"图标分支结构,由"交互"图标、响应类型、响应分支和分支图标共同组成。单独使用"交互"图标没有任何意义。

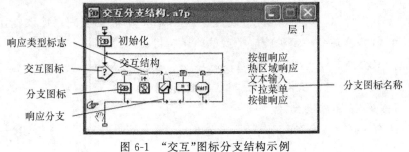

图 6-1 "交互"图标分支结构示例

交互分支结构的设计步骤如下：

(1) 在流程线上增加一个"交互"图标

它是整个交互结构的基础，可以看作所有分支图标的父图标。

(2) 为"交互"图标增加分支结构

向"交互图标"右侧拖放其他设计图标，这些设计图标自动与"交互图标"挂接在一起，形成分支结构中的响应分支图标。Authorware 只允许为每个交互分支设置一个图标；当需用多个图标时，可以使用群组图标（当使用交互、决策、框架、数字声音和数字电影图标时，系统会自动构造群组分支）构成分支，包含的是交互后 Authorware 要执行的一段程序流程。

交互分支图标的执行，按照流程线上交互分支从左至右的顺序依次执行。Authorware 提供重试、继续、退出交互、返回 4 种交互后程序的分支走向类型。

(3) 为每个分支结构设置交互类型

为"交互"图标建立第一个响应分支时，系统会自动弹出如图 6-2 所示的"交互类型"对话框。不同的响应类型，通过不同的响应类型标志区分。要选择某种响应类型，只须在相应选项前面的单选框上单击，然后单击"确定"按钮即可。

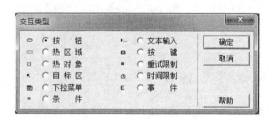

图 6-2 "交互类型"面板

要修改某个分支的响应类型，只须双击该响应类型的标志，打开"交互类型"设置对话框，重新在"交互类型"选项中选取相应的响应类型即可。

(4) 编辑设置"交互图标"

"交互图标"的编辑设置包括两方面的内容。一是在"交互图标"的演示窗口中创建和编辑有关对象。双击"交互图标"，系统打开演示窗口，并出现工具箱，可用与使用"显示图标"相同的方法创建和编辑显示信息。同时，对响应类型的有关标志，例如对演示窗口中出现的按钮、文本输入框及热区域等交互控制对象，可以通过鼠标选中，进行改变位置和调整大小的操作。二是对"交互图标"进行属性设置，其方法类似于对"显示图标"的操作，后面将专门介绍。

(5) 设置各个分支响应类型的属性

除了对"交互图标"本身的属性进行设置外，对于各个响应类型的属性设置在程序设计中更是必不可少的，这在介绍每种响应类型的使用时将具体讨论。

(6) 创建、编辑各个分支图标中的内容

这取决于各个具体的分支图标和要实现的功能。

3. "交互图标"的属性设置

按下 Ctrl 键的同时双击"交互图标"，或选中一个"交互图标"，执行【修改】→【图标】→

【属性】菜单命令,打开"交互图标"的属性窗口,如图 6-3 所示。

图 6-3 "交互"图标属性面板

"文本区域"按钮:用于打开"交互作用文本字段"对话框,对演示窗口中的交互文本区域(用户输入信息的区域)的属性进行设置,详见后面的文本输入响应。

属性窗口的其他主要选项分别放置在"交互作用"、"显示"、"版面布局"和"CMI"4 个选项卡中。

"交互作用"选项卡中可以设置演示窗口的"擦除"、"擦除特效"、"选项"属性。

"擦除":控制何时擦除除交互图标的显示内容,有以下三种设置方式。

- "在退出之前":退出交互之前,擦除交互图标的显示内容。当选此项时,交互图标的显示信息在整个交互作用过程中一直显示在演示窗口中。
- "在下次输入之后":当程序执行下一次交互后,暂时擦除交互图标演示窗口内显示的内容;当程序回到交互图标运行时,擦除的内容又会显示出来。
- "不擦除":程序退出了交互图标,演示窗口的内容仍一直保留,直到使用"擦除"图标或系统函数 EraseIcon( )才能将它擦除。

"擦除特效":设置擦除交互图标中显示对象时的特效。单击该栏按钮会调出"擦除模式"对话框,设置擦除效果。

"选项"包含关于演示窗口的多种选择。

- "在退出前中止":会在交互图标窗口中显示"继续"按钮,交互图标执行完程序暂停,按任意键或单击"继续"按钮后继续运行。结束交互前中止,如选中下面"显示按钮",将显示"继续",单击即可,如不选中下面"显示按钮",其他地方继续执行。
- "显示按钮":只有选中"在退出前中止"复选框,该按钮才有效,决定是否显示"继续"按钮。

"显示"选项卡:设置显示对象的显示层次、特效及其他一些属性,其中的属性选项内容与"显示"图标中内容相同,设计方法一样。

"版面布局"选项卡:设置交互图标的显示内容在演示窗口中的布局,其中的属性选项内容与"显示"图标中内容相同,设计方法一样。

"CMI"选项卡:计算机管理教学系统。Authorware 中提供了大量的系统变量和系统函数对交互操作,响应操作和文件操作进行全面的跟踪。

4. 响应类型属性设置

双击交互结构中的按钮响应类型标志,打开属性窗口,最主要的属性设置是交互类型和响应分支类型。由于"响应"选项卡中的选项内容及设置对所有的响应类型都适用,下面介绍完后除有特别需要,以后不再分别说明,如图 6-4 所示。

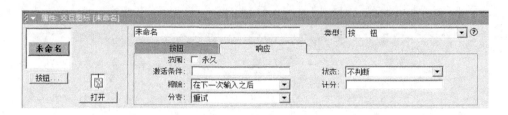

图 6-4 交互图标"响应"选项卡

该选项卡用于设置响应的作用范围,激活条件,显示内容的擦除特性,程序流程的走向和响应状态。

"范围":选择该复选框,此响应为永久,作用范围不仅是当前的交互结构,而且是整个文件。无论永久性响应何时被匹配,程序都会从当前位置跳转去执行对应的响应分支图标。"范围"属性设置后,在"分支"下拉列表框会增加"返回"选项。要擦除永久响应,必须使用"擦除"图标,按键响应、时间限制响应和重试限制响应无法设置为永久范围。

"激活条件":当文本框中输入的逻辑型变量或表达式为真时,该响应才被激活可用,才能参与用户的交互过程;否则按钮为不可用的,未激活前按钮为灰色。

"擦除":用于设置响应图标执行完毕后,图标中的内容何时被擦除,共 4 种方式。

- 在下一次输入之前:执行完分支图标内容后,退出当前分支前将内容擦除;显示"交互"图标中的内容,等待下一个响应。若在"分支"中设置了"继续"选项,分支内容保持在屏幕上,直到系统找到下一个匹配的响应后擦除。若找不到匹配的响应,则用户在输入新的响应时擦除。如果在"分支"中设置"退出交互"选项,在退出"交互"图标时擦除分支图标的显示内容。
- 在下一次输入之后:在执行下一个响应图标后擦除。若在"分支"中设置了"退出交互"选项,在退出交互时擦除。
- 在退出时:运行过程中不擦除分支图标的任何显示内容,只有退出"交互图标"时,才将所有显示内容擦除。
- 不擦除:不擦除响应图标中的内容,直到使用"擦除"图标将其擦除。

"分支":用于设置一个分支完成后程序的流向,有 4 种选项。

- "重试":该分支执行完毕后,回到主流程线的交互分支起点,等待下次响应。
- "继续":该分支执行完毕后,继续查看其右侧是否有符合条件的其他响应图标;若有则执行,直至右侧没有符合条件的响应图标时,才返回交互图标。
- "退出交互":该分支执行完毕后,退出交互回到主流程线上,执行下面的图标。
- "返回":该分支执行完毕后,返回到跳转至此的原程序处。

"状态":为响应分支设置正确或错误属性,以便对用户的响应作出跟踪判断,有 3 种状态。

- 不判断:对该响应正确与否不作判断。
- 正确响应:跟踪正确的响应。选择该选项,响应图标名称前会出现一个"+"号,系统将正确响应次数进行累加,并存入系统变量中。
- 错误响应:跟踪错误的响应。选择该选项,响应图标名称前会出现一个"−"号,系统将错误响应次数进行累加,并存入系统变量中。

"计分":当设置响应图标的状态为正确或错误时,可以在该文本框中输入一个表达式,用于记录得分情况。

在类型下拉列表中,有11种类型可供选择。每种类型在流程线上以不同的符号显示,如图6-1所示。图中在分支列表框中选择不同选项时,不同类型的分支在流程线上的走向是不同的。

实例6.1 交互响应控制的图片欣赏。

① 新建一个Authorware应用程序。

② 向主流程线上添加3个显示图标,分别命名为非洲风情1、非洲风情2、非洲风情3,分别将校园风光图片导入到演示窗口,调整位置和大小,打开显示图标属性,选择"擦除以前内容"复选框。

③ 在各显示图标后添加等待图标。

④ 向流程线上添加交互图标,命名为"询问"。双击交互图标打开演示窗口,添加文字"是否再欣赏一遍?",然后关闭窗口,如图6-5所示。

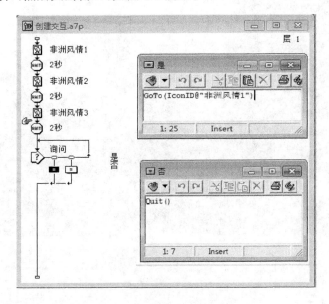

图6-5 创建交互实例流程图

⑤ 打开交互图标属性面板,设置"交互作用",如图6-6所示。

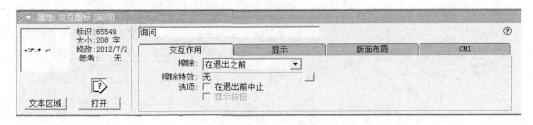

图6-6 交互图标属性

⑥ 在交互图标右侧添加两个计算图标,响应类型设置为"按钮",分别命名为"是"、"否"。

⑦ 双击计算图标,在"是"窗口中输入"GoTo(IconID@"非洲风情 1")",在"否"窗口中输入"Quit()"。

⑧ 打开按钮属性面板,设置属性,如图 6-7 所示。

图 6-7　按钮属性

⑨ 调试保存文件,演示如图 6-8 所示。

图 6-8　创建交互实例演示效果

6.1.2　按钮交互

按钮响应方式是最常见的交互方式,这种方式将在演示窗口出现一个按钮,用户按下按钮,计算机将执行该响应分支中的内容。其属性面板如图 6-9 所示。

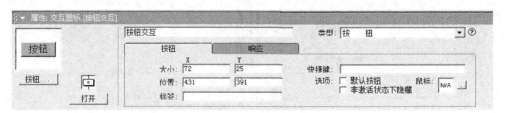

图 6-9　按钮属性面板

各选项功能如下:

"大小":像素点表示按钮在水平方向的宽度(X),高度(Y)。

"位置":按钮左上角的位置,以像素为单位,演示窗口左上角为坐标原点。

"标签":当标签文本框为空时,以分支名称作为标签名;带双引号的任意文字包括英文字母,将文字作为标签名;不带引号的字母将作为变量,变量和表达式均以当前值作为标签名。

"快捷键":用户可使用快捷键激活按钮。若快捷键只有 1 个,可通过键盘直接输入;若使用多个则需用符号"|"分隔,例如"A|a";还可使用 Ctrl 键和其他键组合,例如:"Ctrl A"。如果使用 Tab、Enter、Backspace 键,则直接输入。

"选项":默认按钮:按钮的边框加粗,Enter 键设置为等效键;非激活状态下隐藏:按钮不使用时,屏幕上不可见;按钮重新被激活后,显示于屏幕上。

"鼠标":激活"鼠标形式"对话框,选择合适的鼠标显示形式,如图 6-10 所示。

按钮:打开按钮对话框改变按钮样式,编辑按钮,如图 6-11 所示。

图 6-10 鼠标对话框

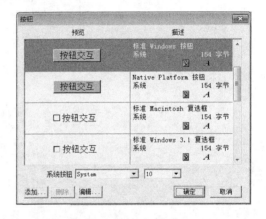

图 6-11 按钮样式

打开"鼠标"对话框,可将新的鼠标形式加载到鼠标指针库里,可以对鼠标形状进行编辑和删除操作。

按钮样式对话框列出了按钮形状,系统按钮共 3 类 12 种,任意选择一种可改变应用程序中的按钮形状。单击"添加"按钮,可以打开"按钮编辑"对话框,可以为按钮库添加编辑新的按钮样式,如图 6-12 所示。

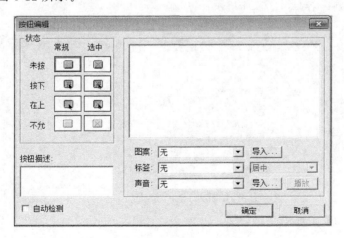

图 6-12 "按钮编辑"对话框

响应选项卡内容前面已经介绍,不再赘述。

实例 6.2 认识图形。

① 新建一个 Authorware 应用程序。

② 在主流程线上添加一个交互图标,命名为"认识图形",继续添加 3 个"群组"分支,分别命名为"正方形"、"三角形"、"梯形",交互类型为"按钮";如图 6-13 所示。

③ 打开交互图标,添加文字"欢迎来到形状世界!"。

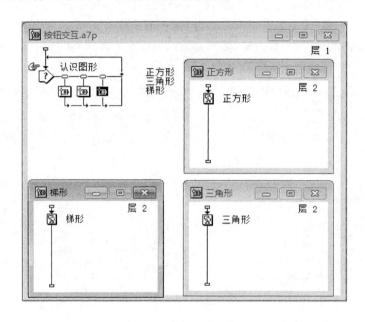

图 6-13 按钮交互实例流程图

④ 运行程序,出现按钮后,按"Ctrl+P"快捷键,暂停程序,调整 3 个按钮的位置。

⑤ 双击"正方形"分支的群组图标,打开第 2 层设计窗口,添加显示图标"正方形",打开演示窗口,绘制正方形;可选择正方形的"显示"图标属性面板的"擦除以前内容"复选框来擦除演示窗口的以前内容,如图 6-14 所示。

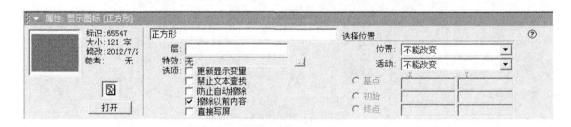

图 6-14 "显示"图标属性面板

⑥ 按照步骤⑤依次绘制三角形和梯形即可完成。

⑦ 调试保存,效果如图 6-15 所示。

第 6 章 交互功能应用与课件结构设计

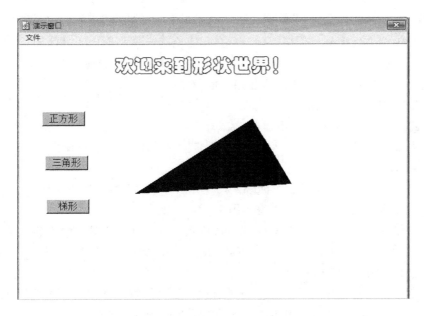

图 6-15 按钮交互实例效果

6.1.3 热区域交互

热区域指的是在演示窗口的某个位置上由用户设定的一个矩形区域(该区域由虚线构成,运行时在演示窗口不可见),利用此区域相应的操作,发出响应分支程序的执行,得到相应的信息反馈。热区域响应类型的热区域本身并不显示,用户一般要通过热区域中的内容,比如相关意义的文字、图片等来识别。位于热区域上的鼠标通常被设为"手型",用鼠标的变化来提醒用户热区域交互方式。

热区域交互响应属性面板,如图 6-16 所示。

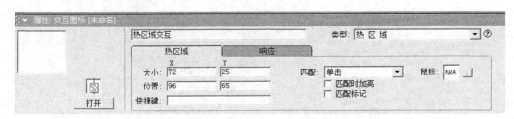

图 6-16 "热区域交互"属性面板

通过选项卡中的"大小""位置"调节热区域大小,也可用鼠标拖曳句柄改变热区域的大小。

"匹配"选项:用于设置热区域的触发方式。

- 单击:单击触发热区域交互;
- 双击:双击触发热区域交互;
- 指针处于指定区域内:鼠标进入热区域内触发交互。

"匹配时加亮":该选项在单击或双击热区域时,热区域呈高亮显示。

"匹配标记"：选中该选项，系统将在热区域中设置一个匹配标志 □。产生交互时，方格被黑色填充 ■，表示此交互已使用；交互结束，标志消失。该功能主要方便用户据此标志设置热区域与演示窗口中对象之间的位置关系；程序调试完后，该选项通常不选。

特别注意热区域交互分支图标的标签名是不可见的，不同于按钮交互方式。

实例 6.3 放大和缩小图片。

① 新建一个 Authorware 应用程序。

② 在主流程线上添加一个计算图标，命名为"初始化窗口"，打开计算图标，输入"Resizewindow(460,460)"。

③ 主流程线上添加一个显示图标，命名为"大图片"，打开演示窗口添加图片，并且添加文字"点击大图看小图"，再添加一个退出图片。

④ 主流程线上添加一个交互图标，命名为"热区域交互"，向其右侧添加一个"群组"图标"缩小"和一个"计算"图标"退出"。交互类型均为热区域型，双击热区域标志 ⋯ 打开热区域属性面板设置如图 6-17 所示。

⑤ 双击打开群组图标，在第 2 层首先添加一个显示图标，命名为"小图片"，打开演示窗口，添加小图片，并且添加文字"单击小图还原"，添加一个退出图片。

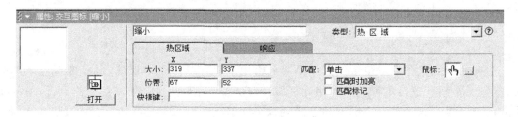

图 6-17　热区域属性面板

⑥ 在第 2 层主流程线上再添加一个交互图标，右侧添加两个计算图标，分别命名为"退出"、"还原"，分别输入"Quit()"和"GoTo(IconID@"大图片")"；流程如图 6-18 所示。

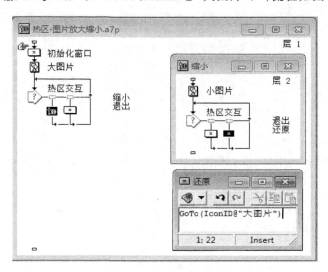

图 6-18　热区域交互实例流程图

⑦ 调试保存,效果如图 6-19 所示。

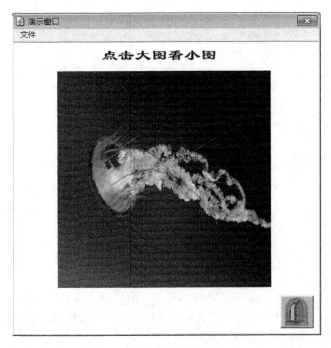

图 6-19 演示窗口图

6.1.4 热对象交互

热对象交互是通过单击演示窗口中显示或运动的某个对象来实现交互的。

热对象响应与热区域响应的属性设置几乎一致,区别在于热区域交互的是规则的矩形区域,固定的显示对象;而热对象交互是对演示窗口的对象可以是不规则的区域,当对象移动时,热对象交互的位置也在随着变化,响应依然有效。热对象交互可以是动态的,而热区域交互只能是静止的。

热对象交互的属性面板,如图 6-20 所示。

图 6-20 热对象交互属性面板

热对象属性窗口的主要选项分别放置在"热对象"和"响应"选项卡中,"热对象"和"响应"选项卡中的选项与热区域响应类型的"热区域"和"响应"选项卡中各个选项的含义几乎相同,不再赘述。

实例 6.4 认识体育运动。

① 新建一个 Authorware 应用程序。

② 在主流程线上添加一个显示图标,命名为"标题文字",打开演示窗口,添加文字"认识体育运动"。

③ 添加 3 个显示图标,分别命名为"体操"、"高尔夫"、"篮球",分别打开演示窗口,分别导入"体操"、"高尔夫"、"篮球"三幅图片。

④ 向主流程线上添加交互图标,命名为"热对象交互"。在交互图标上添加一个群组图标,响应类型为"热对象"。

⑤ 运行程序,在窗口中用鼠标单击体操图片,使图片显示在属性窗口中,匹配设置为:指针在对象上。鼠标设置为"手形",如图 6-21 所示。

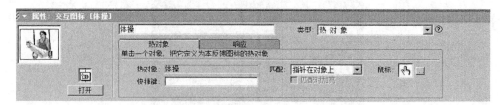

图 6-21　热对象交互"热对象"选项卡属性设置

⑥ 打开群组图标的第二层窗口,添加显示图标"文字说明",在演示窗口中添加文字"体操"。运行程序,用鼠标指向体操图片,用 Ctrl+P 组合键暂停运行后,调整文字到合适的位置。

⑦ 重复步骤⑤~⑥两次,同理设置"高尔夫"、"篮球"的属性,如图 6-22 所示。

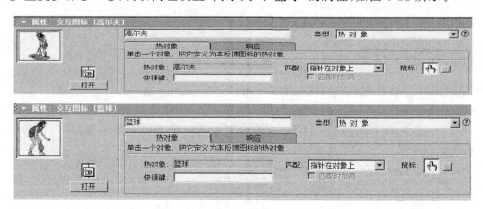

图 6-22　高尔夫和篮球"热对象"选项卡属性设置

⑧ 流程图如图 6-23 所示调试保存,效果如图 6-24 所示。

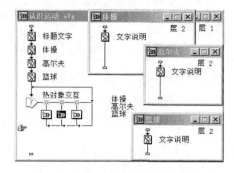

图 6-23　热对象交互实例流程图

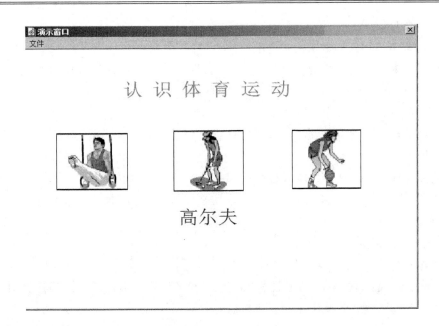

图 6-24 热对象交互效果图

6.1.5 目标区交互

目标区交互主要用于将特定的对象移到指定区域,是一种动态的交互模式。程序执行目标区交互时,用户可拖曳某一对象至一个指定的区域中,如果该目标区设定为正确交互区域,则对象会停留在此区域中;如果该目标区设定为错误交互区域,对象会自动返回原处。目标区交互与前面静态的交互不同,需要用户移动对象进入已经预设好并且与之匹配的区域内方可进行交互;一个目标区可以对应多个可移动对象,一个可移动对象也可对应多个目标区。

双击目标区交互,打开属性面板,如图 6-25 所示。同时打开交互图标的演示窗口,窗口中会出现一个具有对角线的虚线框,就是目标相应区。

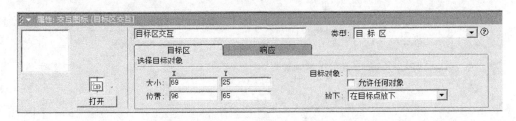

图 6-25 目标区交互属性面板图

"目标区"选项卡:用户没有选择要拖曳的对象时,系统会提示"选择目标对象"。选定目标对象后,提示栏内容是"拖曳对象到目标位置",用户可在演示窗口中拖动对象到所设定的区域,调整目标区,使其与设定区域重合。

"大小":确定目标区的大小,单位为像素。

"位置":确定目标区的位置,以演示窗口的左上角为坐标原点,以目标区左上角为参照点,以像素为单位。

"目标对象":显示目标对象的文件名。

"允许任何对象":若选中此复选框,表示该目标区域交互允许接受任何对象,任何目标对象拖入目标区都发生响应。

"放下":显示位置。

- 在目标点放下:在目标区内时,对象放下并留在目标区;若不在目标区,对象离开释放位置。
- 返回:只有在目标区内释放,否则返回目标对象原来的位置。
- 在中心定位:释放处不在目标区,则停留在释放位置;若拖至目标区,则到目标区的中心。

实例 6.5 识别拼音。

① 新建一个 Authorware 应用程序。

② 向主流程线上添加一个显示图标,命名为"背景",右击显示图标选择计算,打开计算窗口,输入"Movable@"背景":=FALSE",确定背景图片的属性为不可移动。

③ 在主流程线上添加一个群组图标,命名为"拼音",打开群组图标的第二层窗口,向流程线上添加 7 个显示图标,分别命名为"p"、"ai"、"b"、"m"、"c"、"ie"、"ou",分别打开显示图标,在演示窗口添加 7 个拼音字母,可自行设置显示效果。

④ 在主流程线上添加两个显示图标,分别命名为"声母"、"韵母",打开演示窗口添加声母、韵母区域。

⑤ 向主流程线上添加一个交互图标,命名为"识别拼音",在交互图标的右侧添加一个群组图标,设置为"目标区"交互响应方式,命名为"p",打开演示窗口,单击"p",将"目标区"选项卡中的"目标对象"设置为 p,"放下"选项选择"在目标点放下"选项,"响应"选项卡中的"状态"选择"正确响应"选项,如图 6-26 所示。

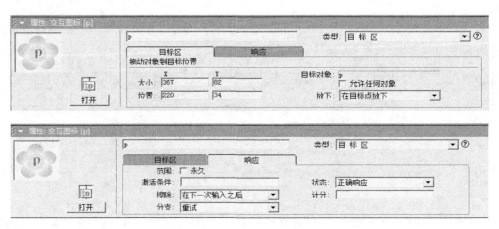

图 6-26 拼音"p"属性设置图

将"p"拖曳至声母圆矩形框内,目标区设置为整个圆角矩形框,如图 6-27 所示。

⑥ 重复步骤⑤,分别将其与 6 个字母设置响应的属性,参考流程如图 6-28 所示。

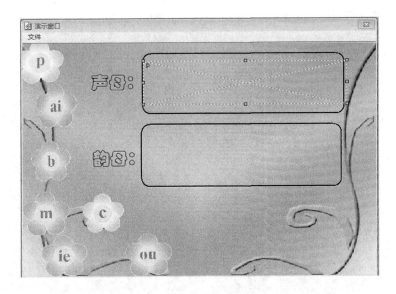

图 6-27　字母"p"的目标区交互演示效果图

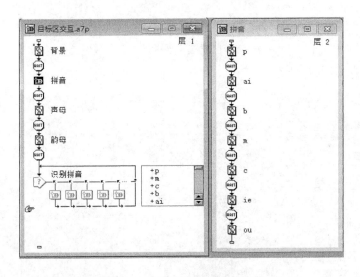

图 6-28　目标区交互实例流程图

⑦ 群组图标的最后一个（第 8 个响应）分支是错误响应的分支，添加一个群组图标，命名为"错误"，响应类型同样是"目标区"，属性面板的"目标区"选项卡选择"允许任何对象"复选框；"放下"设置为"返回"；在"响应"选项卡中的"状态"设置为"错误响应"，错误的目标区为整个演示窗口，如图 6-29 所示。

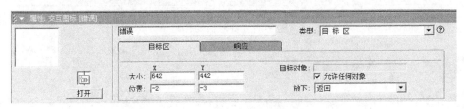

图 6-29　错误分支的属性面板

整个流程的目标区设置如图 6-30 所示。

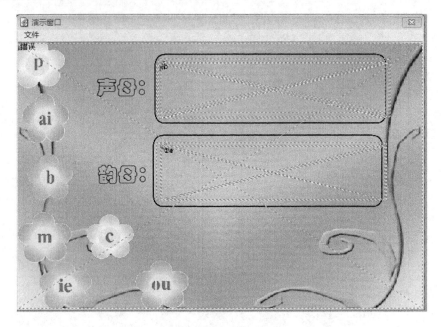

图 6-30　目标区交互实例的整个目标区设置

⑧ 调试保存，效果如图 6-31 所示。

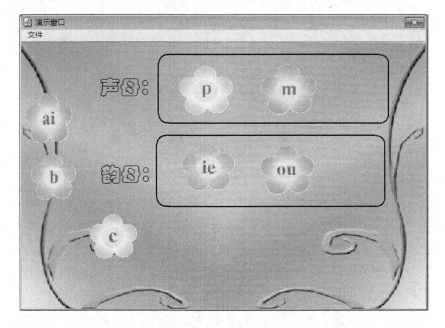

图 6-31　演示效果图

6.1.6　下拉菜单交互

菜单是计算机应用软件常用的一种命令方式，在程序运行过程中用户可以通过执行菜单中的命令实现交互。

通常在 Authorware 应用程序过程中,演示窗口的菜单栏上有个默认的"File"菜单,并且在菜单下只有一个"Quit"命令。为了使应用程序的操作更容易、菜单更丰富、命令更齐全,系统提供了菜单交互类型,让用户自行为应用程序设计下拉菜单。

下拉菜单交互响应属性面板,如图 6-32 所示。

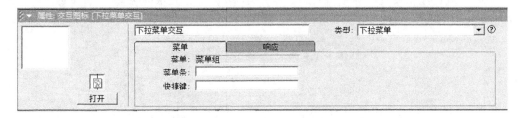

图 6-32 下拉菜单交互响应属性面板

"菜单":显示交互图标名称,主菜单名就是交互图标的名称。

"菜单条":定义下拉菜单的名称,显示下拉菜单中的各个菜单选项的名称。

- 本栏留空不输入时,菜单选项名为该分支名称;
- 由双引号给出的任意文字(包括英文),菜单选项名为该文字;
- 若为给出的变量(不带引号的字母)或表达式,菜单选项名为该变量或表达式的当前值;
- 菜单选项名前加"(",则此选项变为灰色,显示一个空栏;加"(—",菜单选项显示为一条分隔线;如果想在菜单选项中将某个字母设置成快捷键,同时在该字母下加下画线,则在字母前加"&",然后在"快捷键"选项中将该字母设置为快捷键,快捷键在菜单打开状态下起作用;如果想显示"&"字符,则需要输入"&&"。

"快捷键":使用快捷键替代下拉菜单的操作,输入一个字母或"Ctrl+字母",定义快捷键为"Ctrl+字母"。例如输入"X"或"Ctrl X",表示快捷键是"Ctrl+X"。如果使用 Alt 键和字母 X 的组合,则需要输入"Alt X"。

"响应":下拉菜单交互与其他的交互方式不同,菜单通常需要在屏幕上保留很长一段时间,以便用户能够随时与它进行交互。因此,在菜单交互"响应"选项卡时,通常将各个菜单的交互方式设置成"永久"类型的交互方式,以便菜单始终处于激活状态。

实例 6.6 古诗词欣赏。

① 新建一个 Authorware 应用程序。

② 擦除系统默认的"文件"菜单,向主流程线上添加一个交互图标,命名为"文件",在交互图标右侧添加一个群组图标,命名为"退出",交互类型为下拉菜单交互,"响应"属性设置为"永久",分支设置为"返回",如图 6-33 所示。

图 6-33 下拉菜单属性面板设置

③ 向主流程线上添加一个擦除图标，命名为"擦除文件"，擦除图标下拉菜单"文件"。

④ 向主流程线上添加一个群组图标，命名为"古诗鉴赏"，在右侧添加 3 个群组图标，分别命名为"静夜思"、"春晓"和"登鹳雀楼"，交互类型为下拉菜单方式，打开群组图标的第二层窗口，添加显示图标，将古诗词内容输入，属性设置为"永久"、"返回"。

⑤ 向主流程线上添加一个交互图标，命名为"作者简介"，依照步骤将作者简介的内容填充完毕；流程如图 6-34 所示。

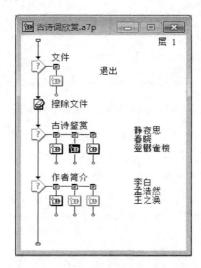

图 6-34　下拉菜单交互实例流程图

⑥ 调试并保存。

6.1.7　文本输入交互

文本交互在演示窗口定义一个文本交互区域，用户在指定区域输入响应的文本，若文本内容与作者设置的内容相符，计算机执行响应的分支。文本交互的文本内容可以是键盘输入的字母、文字、数字、符号等，并判断其输入与响应的文本是否吻合。打开文本交互属性面板，如图 6-35 所示。

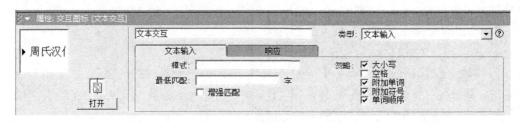

图 6-35　文本交互属性面板

"文本输入"选项卡：包括"模式"、"最低匹配"、"增强匹配"和"忽略"等。

"模式"：设置交互时所需输入的文本对象，引发响应的匹配文本。

此项为空时，匹配文本为分支标题名；以双引号给出的任意字符（包括英文），匹配文本为引号内的字符；此项为变量或者表达式，匹配文本为变量或表达式的当前值；通配符"＊"、"？"，"＊"匹配任意多个字符，任何文本都可以实现交互；"？"匹配一个字符，例如将交互文

本设置为"hono？r"，则输入英式"honour"或美式"honor"，均可进行正确交互。系统允许使用"♯"来控制其后字符的输入字数，例如"♯3a"表示第三次输入 a 时实现交互。匹配的字符之间还可以使用竖线分隔符"|"来连接对等的交互文字，如 A|B 或者 right|correct。

"最低匹配"：定义在交互时至少必须匹配的单词个数，例如输入数字4，"模式"文本框中输入"ABCDEFG"时，用户在文本框内只需输入"ABCD"就可以实现交互。

"增强匹配"：允许用户分多次输入匹配文本内容，分别按"Enter"键确认，直至文本完全被输入时产生交互，例如"ABCD"允许分4次输入。

"忽略"：交互时对于输入的文本可以忽略的内容。"大小写"、"空格"、"附加单词"、"附加符号"、"单词顺序"均可忽略。

双击交互图标，在演示窗口中可见一个矩形的文本交互虚线框，双击文本交互虚线框，打开"交互作用文本字段"属性面板，如图 6-36 所示。

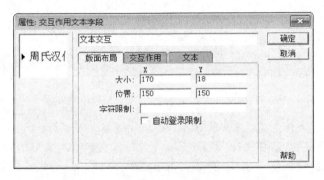

图 6-36 "交互作用文本字段"属性"版面布局"选项卡

"大小"和"位置"文本框：4个文本框可输入变量和表达式，精确调整文本输入框的位置和大小，也可用鼠标拖曳的方式直接调整。

"字符限制"：输入一个数字，表示用户输入交互文本时允许最多输入的字符个数。

"自动登录限制"复选框：选中此复选框，当用户输入的字符个数达到限制值时，自动结束输入，不需按"Enter"键确认。

"交互作用"选项卡，如图 6-37 所示。

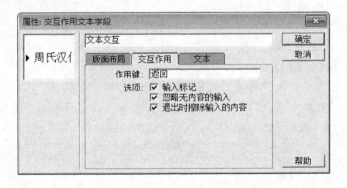

图 6-37 "交互作用文本字段"属性"交互作用"选项卡

"作用键"文本框：输入某个键的名称，当用户在文本输入交互处输入完文本字符后，按下设定的键，计算机接收输入的字符，系统默认为"Enter"键。

- "输入标记"复选框：不选时，文本输入框左边没有黑色三角标记；选中时，在文本输入时文本框左边有一个黑色三角标记。
- "忽略无内容的输入"复选框:选中时,输入文本交互框内文本时,忽略内容中的空格。
- "退出时擦除输入的内容"复选框:如果不选,退出文本输入交互时,不擦除文本交互信息,即文本内容;如果选中,退出文本输入交互时,擦除文本信息。

"文本"选项卡如图 6-38 所示。

图 6-38 "交互作用文本字段"属性"文本"选项卡

"字体"和"大小"下拉列表框:设置输入文本的字体和大小。

"风格"中的"粗体"、"斜体"、"下画线"复选框:设置文本输入文字的风格。

"颜色"栏用来选定颜色:"文本"色块用来确定文字颜色,"背景色"确定文字的背景颜色。单击色块可调出"颜色"对话框设置颜色。

"模式"下拉列表框:用来设置显示方式,有"不透明"、"透明"、"反转"、"擦除"4 种方式。

实例 6.7 多媒体技术填空题。

① 新建一个 Authorware 应用程序。

② 添加一个显示图标,命名为"背景题目",打开显示图标演示窗口,向其添加标题及填空题目。

③ 添加一个交互图标,在其右侧添加一个计算图标,命名为"退出",交互类型设置为按钮交互,打开计算图标,输入"Quit()"。

④ 向主流程线上添加一个交互图标,命名为"题一",在其右侧添加 2 个群组图标,分别命名为"计算机技术"、"*",打开演示窗口,再单击交互图标,演示窗口中出现文本交互的矩形虚线框,设置虚线框的属性。

⑤ 单击文本输入交互响应标志,打开交互图标属性面板,"模式"文本框为空,那么标题名即为需要输入的文本内容,将"计算机媒体"的"响应"状态设置为"正确响应",计分为"20";"*"的"响应"状态设置为"错误响应",计分为"0";如图 6-39 所示。

图 6-39 文本输入交互属性面板

⑥ 重复步骤④～⑤，分别将题二、题三设置属性，如图6-40所示。

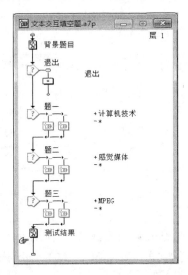

图6-40　文本输入交互实例流程图

⑦ 在主流程线上添加一个显示图标，命名为"测试结果"，打开显示图标，输入"答案的正确率是{ PercentCorrect}% 总得分是{TotalScore}"；

系统变量 PercentCorrect：存放正确判断的判断响应的百分比，变量 percentWrong 存放错误判断的判断响应的百分比。

系统变量 TotalScore：存放当前程序响应的所有分数之和。

⑧ 调试并保存，效果如图6-41所示。

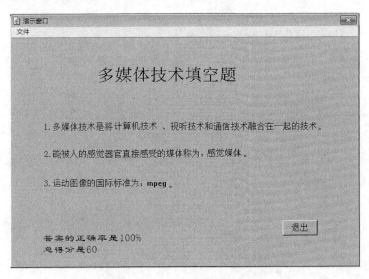

图6-41　文本输入交互实例效果图

6.1.8　按键交互

在 Windows 环境下最方便、最快捷的操作方式，就是使用鼠标进行人机交互。Authorware 提供键盘进行人机交互,有着不可替代的优势,按键交互就是按下键盘上的特定键而产生的交互效果。

双击按键响应标志,打开响应属性面板,如图 6-42 所示。

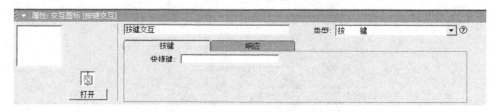

图 6-42　按键交互响应属性面板

按键交互可以响应键盘上的所有键。若快捷键文本框为空,预设的按键名就是分支图标的名称。

直接将键盘上的数字或字母符号设为按键名,字母大小写不等效;可为同一个响应设置多个按键名,以符号"|"隔开,例如"A|a";可用"?"作为通用按键,若在"?"前加一个"\",则"?"只代表字符"?",不能代表通用键。

双引号给出的任意字符,若字符为键名,直接使用键盘上的名称命名,例如"Esc"、"Enter"、"Home"等。

当使用字符串为按键名时,系统把字符串设为变量,用户需要按下变量相对应的值,程序才会产生按键响应。

若输入的是表达式,则以表达式的运算值作为按键名,数字不能超过 10。

按键还可使用复合键,例如 Ctrl+B 复合键的名称为"Ctrl+B"。

"响应"选项卡的其他交互方式,不再赘述。

实例 6.8　单选题。

① 新建一个 Authorware 应用程序。

② 添加一个显示图标,命名为"背景",打开显示图标,输入标题"大综合考试",设置字体和大小,设置背景颜色。

③ 添加一个计算图标,命名为"初始化",打开计算图标,输入"TotalCorrect:=0　TotalWrong:=0",分别给变量 TotalCorrect、TotalWrong 赋初值 0。

④ 添加显示图标,命名为"题一",输入题目及相应的选择答案。

⑤ 添加一个交互图标,命名为"选择答案",在其右侧添加 3 个群组图标,分别命名为"a|A"、"b|B"、"c|C",表示题目的 3 个选项,打开按键交互标记,给每个选项设置响应的属性,如图 6-43 所示。

图 6-43　按键交互属性面板

⑥ 打开群组图标"a|A"的第二层窗口,添加一个显示图标,输入提示语"答错了请努

力!"或者"答对了太棒了!"。

⑦ 依照⑥设置"b|B"、"c|C"的设置。

⑧ 重复步骤④～⑦,分别将题二、题三设置完成,流程图如图 6-44 所示。

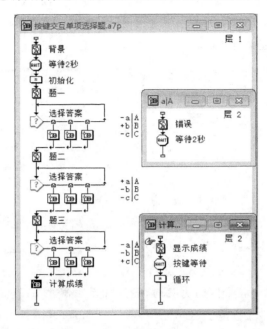

图 6-44 流程图

⑨ 继续添加一个群组图标,命名为"计算成绩",打开群组图标,添加一个显示图标,命名为"显示成绩",输入"你的成绩是:答对{TotalCorrect}次　答错{TotalWrong}次按任意键继续";继续添加一个计算图标,命名为"循环",打开计算图标,输入"GoTo(IconID@"初始化")"。

⑩ 调试并保存,效果如图 6-45 所示。

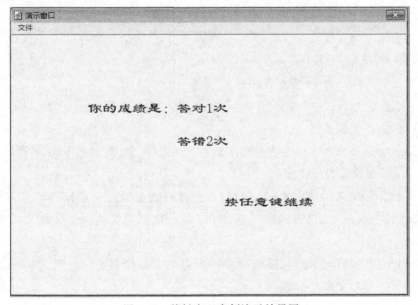

图 6-45 按键交互实例演示效果图

6.1.9 条件交互

条件响应类型是根据所设置的条件是否被满足来进行匹配的,用户的操作符合作者设置的交互条件时,也就是条件为真时,计算机才会进入交互分支路径。

打开条件响应属性面板,如图 6-46 所示。

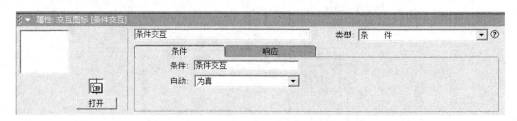

图 6-46 条件交互属性面板

"条件"文本框:文本内容与响应标题的文本内容是相关联的,即在任意一个框中输入的内容都会同时出现在上下两个文本框中,输入的文本就是交互时所匹配的条件。

条件输入可以是变量或表达式,字符"&"表示逻辑"与"(解释为"并且"),例如"A&B&C"意思是 A、B、C 三个同时为真时,表达式返回值才是 TRUE(真);字符"|"表示逻辑"或",例如"A|B|C"意思是 A、B、C 只要有一个为真,其表达式的返回值都是 TRUE(真)。

条件可以是上述的逻辑型,也可以是数值型。对于数值 0 等价于 FALSE(假),其余非 0 数值都等价于 TRUE(真)。

字符串"TRUE"、"T"、"YES"、"ON"被认定为真值,其他任意字符串均为假值。

"自动"下拉列表"关":表示关闭对条件的监测,停止该条件的响应作用。

"为真":一旦条件值为真,便激发响应,执行分支内容。

"当由假为真":当条件值由假转为真时,激发响应,执行分支内容。

实例 6.9 快速计算题。

① 新建一个 Authorware 应用程序。

② 在主流程线上添加一个显示图标,命名为"背景",打开显示图标,输入文字"请快速计算下列乘法题目"、"题目"和"答案"。

③ 添加一个交互图标,命名为"条件交互",在其右侧添加一个群组图标,命名为"TRUE",响应类型设置为条件交互。

④ 打开群组图标"TRUE"的第 2 层窗口,在流程线上添加一个计算图标,命名为"出题",使用随机函数 Random(1,10,1)产生介于 1～10 之间随机的两个整数 x、y,如图 6-47 所示。

⑤ 在"TURE"的第 2 层窗口,继续添加一个显示图标,命名为"题目",在演示窗口中输入"{x}＊{y}＝",调整文本至合适的位置。

⑥ 在"TURE"的第 2 层窗口添加交互图标,命名为"回答",在其右侧添加一个群组图

标"＊",响应类型为文本输入。打开群组图标"＊"的层 3 设计窗口,添加计算图标"判断",输入

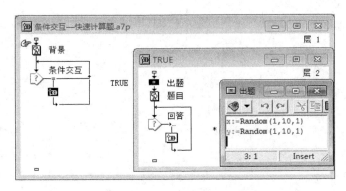

图 6-47　条件交互实例流程图 1

"z:＝NumEntry

if x＊y＝z then GoTo(IconID@"正确提示")";

变量 NumEntry 存放用户在文本中输入的第一个数字。

⑦ 在层 3 窗口中的流程线上添加一个显示图标"错误提示",输入文字"错了,请努力!"。

⑧ 在层 3 窗口中的流程线上添加一个计算图标"返回",输入"GoTo(IconID@"出题")"。

⑨ 重复步骤⑦～⑧,将"正确提示"设置完成,流程如图 6-48 所示。

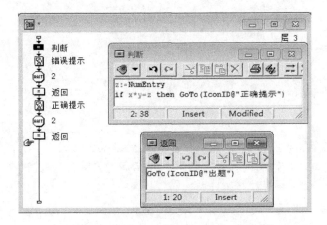

图 6-48　群组图标"＊"流程图

⑩ 调试并保存,效果如图 6-49 所示。

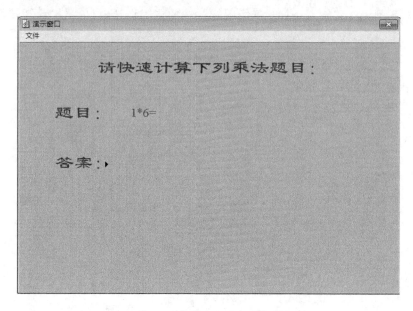

图 6-49 条件交互实例效果图

6.1.10 时间限制交互和重试限制交互

时间限制响应类型和重试限制响应类型都是提供限制条件的与其他响应类型方式配合使用，一般不单独使用。

时间限制交互方式要求用户在指定的时间内作出交互，若在指定的时间内未能正确交互或者没有交互，系统将自动执行该图标下面的交互图标。

双击打开时间限制交互属性面板，如图 6-50 所示。

图 6-50 "时间限制"交互属性面板

"时限"：限制交互的时间，单位为秒，也可使用变量或表达式。

"中断"下拉列表：包括"继续计时"、"暂停,在返回时恢复计时"、"暂停,在返回时重新开始计时"和"暂停,如运行时重新开始计时"。

- "继续计时"：当程序跳转至其他图标时，继续计时。
- "暂停,在返回时恢复计时"：暂停计时，执行其他交互，返回后继续计时。
- "暂停,在返回时重新开始计时"：暂停计时，执行其他交互，返回时重新从零开始计时。若程序跳转前,时间已用完,返回后仍重新从零开始计时。
- "暂停,如运行时重新开始计时"：暂停计时，执行其他交互，返回时重新开始计时。若程序跳转前时间已用完,返回后不再重新计时。

"选项"复选框:输入时限后,"显示剩余时间"复选框可用;"每次输入重新计时"表示每执行一次交互就重新从零开始计时。

重试限制交互方式是限制用户的交互次数。超过次数限制后,程序自动退出分支交互。双击打开重试限制交互属性面板,如图6-51所示。

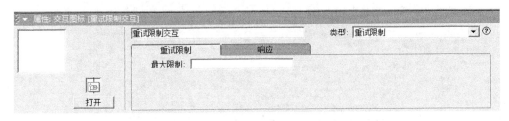

图6-51 重试限制交互属性面板

"最大限制"文本框:输入限制次数,用于限制用户在交互结构中执行交互分支的次数。

实例6.10 限次限时登录。

① 新建一个Authorware应用程序。

② 向主流程线上添加一个计算图标"设置窗口",输入"ResizeWindow(550,350) numb：=3",变量numb记录登录次数,初值设为3。

③ 添加交互图标"登录",在其右侧添加4个群组图标"限制次数"、"12345"、"＊"和"超时退出"。

④ 打开"限制次数"群组图标,在2层窗口中添加显示图标"错误提示",输入"密码错误！",等待图标"2秒",擦除图标"擦除提示",选择被擦除的图标"错误提示",计算图标"退出",输入"Quit()"。

⑤ 打开"＊"群组图标,在2层窗口添加计算图标"改变次数变量",输入"numb：=numb-1",显示图标"次数提示",输入"你还有{numb}次机会",计算图标"退出",输入"if numb＝0 then   Quit()   end if",如图6-52所示。

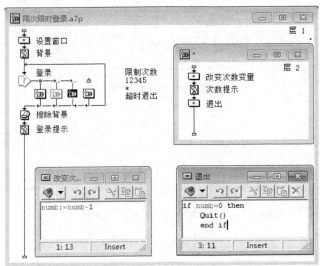

图6-52 群组图标"＊"的设计窗口图

⑥ 打开"超时限制"群组图标,在2层窗口添加显示图标"超时提示",输入"输入密码超时,系统将退出!",等待图标"4秒",擦除图标"擦除提示",选择擦除图标"超时提示",计算图标"退出",输入"Quit()"。

⑦ 向主流程线上添加擦除图标"擦除背景",选择要擦除的图标"背景"。

⑧ 添加显示图标"登录提示",输入"恭喜你登录成功!";流程图如图6-53所示。

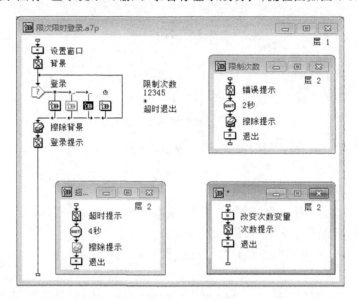

图 6-53 时间限制与重试限制交互实例流程图

⑩ 调试并保存,效果如图6-54所示。

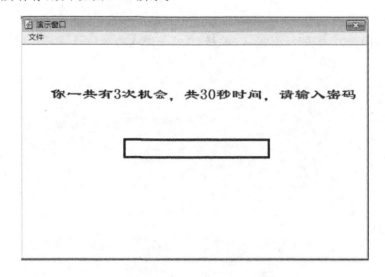

图 6-54 时间限制与重试限制交互实例效果图

6.1.11 事件交互

事件交互是一种比较特殊的响应方式,主要用于特定对象(例如 ActiveX 控件)发送的时间进行响应。当向程序中插入一个 ActiveX 控件后,就可以在交互结构中创建时间响应类型,对 ActiveX 控件发出的事件进行响应。本书对此不做详细介绍,有兴趣的读者可参阅相关书籍。

5. 综合实例

实例 6.11 多媒体世界

① 在登录交互中用文本交互设置登录口令,正确输入密码,*密码错误,限制为 3 次,限时 10 秒,显示剩余时间,具体操作可参考实例 6.10。本实例登录交互详细流程如图 6-56 所示。

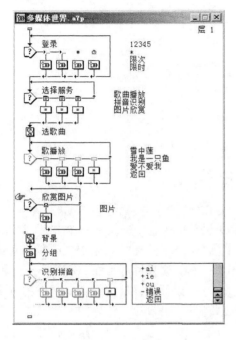

图 6-55 流程图

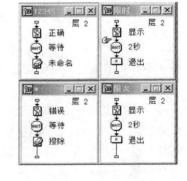

图 6-56 登录交互详细流程

② 在"选择服务"交互中,用菜单交互设置 3 个服务"歌曲播放"、"拼音识别"和"图片欣赏"。在"歌曲播放"的计算分支属性中设置:GoTo(IconID@"选歌曲")。在"拼音识别"的计算分支属性中设置:GoTo(IconID@"背景")。在"图片欣赏"的计算分支属性中设置:GoTo(IconID@"欣赏图片")。

③ 在选歌曲页面上设置 4 个热区域,分别是"雪中莲"、"我是一只鱼"、"爱不爱我"和"返回",每部分的具体设置如图 6-57 所示。

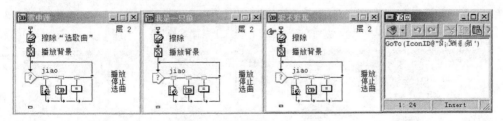

图 6-57 歌播放的详细流程

④ 欣赏图片的具体设置见实例 5.12 循环播放的幻灯片。

⑤ 识别拼音的具体设置见实例 6.5 识别拼音。
⑥ 调试程序并运行,效果图如图 6-58 所示。

图 6-58 "多媒体世界"效果图

6.2 课件结构设计

课件设计中一种重要的分支结构形式就是交互结构。Authorware 提供了"决策"图标、"框架"图标和"导航"图标,以实现程序的自动判断、循环以及页面间的链接、跳转等操作,可以更好地实现课件结构的设计和对程序流程的控制。这几种图标在 Authorware 课件制作中可实现两种程序流程控制:一是根据特定的条件,让程序自动选择需要执行的分支流程;二是将控制权交给用户,让用户自行控制程序的流程。

本节将介绍 Authorware 决策结构、框架结构及框架中导航的设计与应用。

6.2.1 "决策"结构

与用户指定的交互方式并根据用户的响应决定程序流程不同,决策结构由决策图标◇以及决策分支图标组成,当系统执行到该结构时,Authorware 会根据程序设计时指定的分支方式自动执行相应的分支流程,不需要人工交互。

1. 决策图标

决策图标适用于设计好的系列展现的场景制作,而交互图标则适用于需要用户参与的交互设计。决策机构可实现条件判断、循环执行等操作。

向主流程线上添加一个"决策"图标,打开决策图标属性面板,如图 6-59 所示。

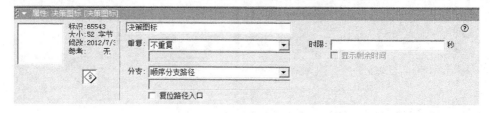

图 6-59 决策图标属性面板

"重复"下拉列表:提供决策分支的5种循环方式。
- "固定的循环次数":设定执行决策分支路径的循环次数。选此项,在下面的文本框内输入常数、变量或表达式,以变量或表达式的当前值作为循环次数,Authorware在执行完指定次数的分支路径后退出。
- "所有的路径":当决策图标的所有分支路径都被执行之后,Authorware才退出决策图标。每个分支都至少执行过一次,有些分支可能不止执行一次。
- "直到单击鼠标或按任意键":重复执行决策分支路径,只有按下键盘上的任意键或在演示窗口中的任意位置单击,Authorware才退出决策图标。
- "直到判断值为真":在下面的文本框内输入一个表达式设置条件,若条件为假,重复执行决策分支路径,直到条件为真时,退出决策分支;
- "不重复":只执行一次某分支路径就退出决策分支。

"分支"下拉列表:提供系统执行决策分支的4种方式。
- "顺序分支路径(S)":从左至右依次执行各分支流程。
- "随机分支路径(A)":每次在所有分支中随机选一个分支执行,可出现某一分支多次执行,有些分支从未执行,直到达到"重复"选项设定的执行次数。
- "在未执行过的路径中随机选择(U)":随机不重复地执行各分支。保证某一分支被重复执行前,所有分支都执行一次,但此时不能选中下面的"复位路径入口"选项。
- "计算分支结构(C)":根据下方文本框中的变量或表达式的值,确定执行哪个分支路径。分支号从左至右顺序排列,变量或表达式的当前值为1时执行第1分支,值为2时执行第2分支,以此类推。若值小于1或大于决策分支总数,则退出决策结构。

说 明

用户选择某一分支方式后,该方式会以一个字母作为其方式标志显示在决策图标上。4种分支方式相应的字母标志分别为S、A、U和C。

"复位路径入口"复选框:选中此项,程序再次进入决策结构时,系统将删除原先的记录,按第一次时的设置执行分支路径;若不选此项,本次执行的分支路径将受到以前各分支路径执行情况的影响。

"时限":输入数值用于限制决策结构的执行时间。时间一到,Authorware立刻中断当前的执行路径,退出决策结构。

"显示剩余时间":设置"时限",此复选框才可用。演示窗口上将出现时钟,指示执行当前分支结构的剩余时间。

2. 决策分支

在决策图标右侧添加决策分支图标,形成决策分支流程。在每一分支上方都有一个类似于交互类型符号的菱形标志,不随决策分支执行方式的变化而变化。双击该标志,打开决策分支属性面板,如图6-60所示。

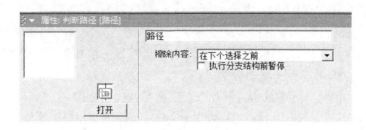

图 6-60 决策分支判断路径属性面板

"擦除内容"下拉列表：擦除分支路径中的展示内容的 3 种方式。
- "在下个选择之前"：执行完该分支，在下一个分支之前擦除内容。
- "在退出之前"：退出分支结构前擦除内容。
- "不擦除"：退出分支结构时也不擦除，直到使用擦除图标将其擦除。

"执行分支结构前暂停"复选框：选中这复选框，程序执行完该分支后暂停，并显示"继续"按钮，单击按钮程序才能继续运行。

实例 6.12 幸运数字。

① 新建一个 Authorware 应用程序。

② 向主流程线上添加一个显示图标"说明"，输入"在数字滚动中按[Alt]键获取你的幸运数字，你的幸运数字是"；继续添加一个等待图标，如图 6-61 所示。

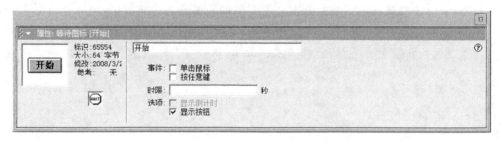

图 6-61 等待图标属性面板

③ 向主流程线上添加一个决策图标，属性设置如图 6-62 所示。

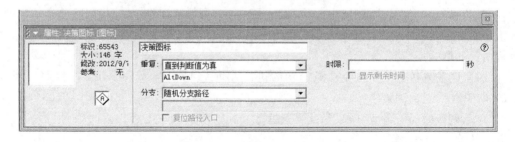

图 6-62 决策图标属性面板

④ 在决策图标右侧添加 9 个群组图标，打开群组图标，添加一个显示图标"1"，再添加一个等待图标，依次类推，设置完 9 个群组图标。

⑤ 主流程线上继续添加显示图标"提示"，输入"单击鼠标退出"。

⑥ 添加等待图标，属性选择"单击鼠标"。

⑦ 添加一个计算图标"退出",输入"Quit()";整个流程如图 6-63 所示。

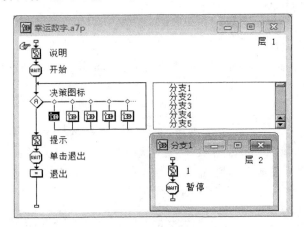

图 6-63 实例流程图

⑧ 保存并退出,演示窗口如图 6-64(a)所示,按下"Alt"键后,如图 6-64(b)所示。

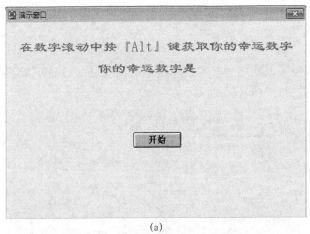

(a)

(b)

图 6-64 实例演示

6.2.2 "框架"结构

框架结构由框架图标 ▣ 和其右侧下挂的其他图标组成的框架分支组成，是 Authorware 中专门实现超链接的模块结构。每个下挂分支为框架的一页，页中可添加文字、图片、数字声音、数字电影等。

1. 框架图标

框架图标常和导航图标 ▽ 联合使用，实现页面跳转及其超链接。框架页面分支不仅可以添加显示图标、移动图标等简单图标，还可添加交互图标、决策图标、导航图标及框架图标等。页面序号从左至右顺序排列，最左侧的分支为第1页，其他分支依次类推。

向主流程线上添加框架图标，单击图标打开属性面板，如图6-65所示。

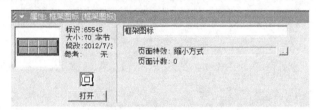

图6-65 框架图标属性面板

"页面特效"：设置页面间的过渡特效类型，单击右侧按钮，打开"页特效方式"对话框，可设置页面过渡特效类型，如图6-66所示。

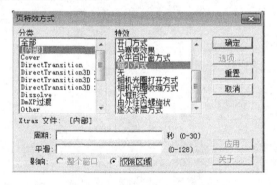

图6-66 页特效方式对话框

"页面计数"表示该框架图标下的分支页面数。

单击左侧"打开"按钮或双击框架图标，均可打开框架图标程序窗口，如图6-67所示。

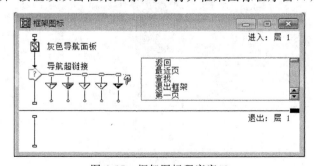

图6-67 框架图标程序窗口

框架窗口是一个特殊的设计窗口,其中包含一定的程序结构,可自行修改。整个窗口被分为两部分入口窗格"进入"和出口窗格"退出",拖动中间的分隔线右侧的黑格可调节上、下窗口的大小和位置。

当程序进入框架图标运行时,首先执行入口窗格交互图标前的所有图标,设计时可以把进入框架结构时必须执行的内容加入到入口窗格中,然后根据用户的导航选择进入相关页面。入口窗格中交互图标前的图标内容,会影响框架结构中所有下挂分支的执行效果。入口窗格中设置了导航按钮的图像和一个包含 8 个永久性按钮响应的交互分支结构,分别对应"返回"、"最近页"、"查找"、"退出框架"、"第一页"、"上一页"、"下一页"、"最后页"8 种导航方式,形成一个导航面板,用户可利用面板上的按钮自行删除、添加或修改导航对页面交互控制。执行完入口的内容,程序自动执行第一页的内容。退出框架时,若出口窗格没有任何图标,则 Authorware 直接清除框架下页面中的所有显示内容,并终止页面中的交互;若出口窗格中添加了其他图标,则 Authorware 会先执行出口窗格流程线上的所有图标,然后退出框架结构。

Authorware 框架图标中自带一套导航机制,可帮助用户在框架页面间实现跳转、超链接等。

双击交互图标,打开导航面板,如图 6-68 所示。

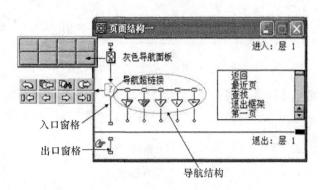

图 6-68 框架图标导航面板图

2. 导航图标

导航图标一般和框架图标配合使用,实现框架下页面的跳转和超链接,为课件提供一种结构设计方式,实现自行控制程序流程走向的功能。通常,可通过以下两种方式使用导航图标。

用户导航方式:这种方式将程序流程的控制权交给用户,框架图标内的导航方式就是这种。"交互"图标中下挂"导航"图标,每个"导航"图标都与各自的目标页建立链接,通过按钮或其他交互方式来确定目标页。

自动导航方式:在主流程线上任意位置添加"导航"图标,通过属性窗口设置跳转到由"框架"图标所建页面文件中的目标页;执行程序时,通过"导航"图标自动跳转到指定的目标页。

在主流程线上添加一个导航图标,打开导航属性面板,其主要作用是定义跳转的类型。除了属性的一些共同选项外,比较重要的选项是"目的地"选项,该选项列出了五大类导航方式。

- "最近":所建立的导航链接到用户最近访问过的页,如图6-69所示。

图6-69 导航图标"最近"类型属性面板

"返回▽":从后向前一次返回使用过的页,一次只能向前翻一页。

"最近页列表▽":执行到该导航图标时屏幕上将弹出对话框,列出用户最近访问过的页面名称。用户选择列表中页名时,Authorware将跳转到用户指定的页面执行。

- "附近":在框架所包含的页面间建立导航链接,其属性面板如图6-70所示。

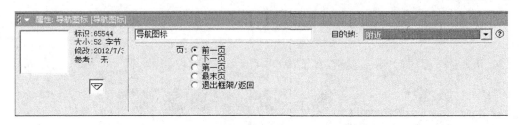

图6-70 导航图标"附近"类型属性面板

"前一页▽":建立当前页与前一页的导航链接。

"下一页▽":建立当前页与后一页的导航链接。

"第一页▽":建立当前页与系统首页的导航链接。

"最末页▽":建立当前页与系统尾页的导航链接。

"退出框架/返回▽":退出本页面系统,执行主流程线上下一个设计图标。如果程序是通过调用并返回方式跳转到当前框架结构的,则退出框架后程序将返回到跳转起点继续执行。

- "任意位置":下挂在任何框架图标的任意页面之间的导航链接属性,如图6-71所示。

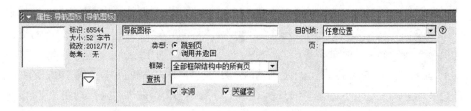

图6-71 导航图标"任意位置"类型属性面板

"类型"选项

"跳到页":建立单项的链接,跳转到指定页后,从该页的位置继续向下执行。

"调用并返回":建立一个双向的联系,跳转到指定页执行完该页内容后,返回到原先调用的页面。

"框架"选项

若选择"全部框架结构中的所有页"选项,则右侧"页"列表中将显示主流程线上所有框架中设置的所有页面;若选择某个框架图标名称,"页"列表中将显示该框架下挂的各个页的名称,可从中选择一页作为目标页。

"查找":在其右侧文本框内输入单词、短语或关键字来查找匹配页。

"字词":查找文本框中字符串的页面图标;

"关键字":查找文本框中的字符串作为设计图标的关键词,所有与该关键词相匹配的页面图标。

- "计算":根据所设定的表达式的值建立一个到指定页的动态导航链接,属性面板如图 6-72 所示。

图 6-72 导航图标"计算"类型属性面板

"类型"选项中的"跳到页"和"调用并返回"的意义与前面介绍的"任意位置"类型中的意义相同,只是目标页面是通过对"图标表达"文本框中的表达式进行计算而得出页面 ID 编号。

"图标表达":用于输入系统函数或变量来指定要动态链接的页,通常结合 FindText() 系统函数和 IconID 系统变量使用。例如:输入 IconID@"页面一",表示返回"页面一"设计图标的 ID 号,程序将跳转到该页。

- "查找":允许用户在当前框架或整个文件中查找包含指定文本或关键字的页面,属性面板如图 6-73 所示。

图 6-73 导航图标"查找"类型属性面板

"类型":用于建立"跳到页"或"调用并返回"跳转类型。

"搜索":用于设置查找范围。

"当前框架":将查找范围限制在当前框架系统内。

"整个文件":在整个 Authorware 文件中查找需要的页面。

"根据":中的"关键词"和"字词"意义与前面介绍的复选框意义相同。

"预设文本":在预设文本框中输入字符串或字符型变量,该文本自动出现在查找对话框中,作为默认查找文本。

"选项":定义查找特性。选中"立即搜索"复选框,程序运行时立即对"预设文本"中设置的文本内容进行查找;选中"高亮显示"复选框,将查找到的文本及其上下文都显示出来。

实例 6.13 图片欣赏

① 在主流程上放置一个框架图标,命名为"效果图"。然后从左至右把 4 个显示图标放置在框架图标的右侧,分别命名为"效果图 1"、"效果图 2"、"效果图 3"、"效果图 4"。

② 双击框架图标,打开框架图标流程线,双击框架流程图上的"灰色导航面板"显示图标,找到里面的灰色背景,将其删除,设置黑色背景并添加"图片欣赏"几个字,调整大小放置合适的位置。

③ 双击导航超链接交互图标,默认的框架图标中有 8 个定向图标和按钮交互分支一一对应,将他们一起删除,重新添加一个交互图标和 5 个导航图标。如图 6-74 所示,效果图里面的主流程线。

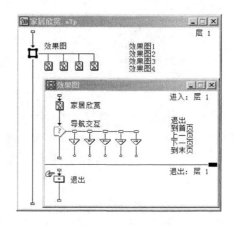

图 6-74 流程图

④ 双击交互分支的第一个导航图标,打开其属性面板,设置如图 6-75 所示。

图 6-75 导航图标"查找"类型属性面板

⑤ 双击双击交互分支的第二个导航图标,打开其属性面板,如图所示,选择"第一页",第三个导航图标在面板中选择"前一页",第四个导航图标在面板中选择"下一页",第五个导航图标在面板中选择"最末页"。

⑥ 为了防止页面回绕,欣赏图片到第一页时,设置到首页和上一页按钮不可用,双击到首页和上一页按钮,弹出按钮响应面板,在"响应"选项卡的"激活条件"文本框中输入"CurrentPageNum＞1",如图 6-76 所示。欣赏图片到最末页时,设置到末页和下一页按钮不可

用,双击到首页和上一页按钮,弹出按钮响应面板,在"响应"选项卡的"激活条件"文本框中输入"CurrentPageNum＜PageCount"。

图 6-76　导航图标"查找"类型属性面板

⑦ 调试运行,效果图如图 6-77 所示。

图 6-77　导航图标"查找"类型属性面板

3. 综合实例

实例 6.14　百科知识。

① 新建一个 Authorware 应用程序。

② 添加一个显示图标"背景",导入背景图片。

③ 继续添加一个显示图标"封面",输入标题,如图 6-78 所示。

图 6-78　实例显示图标效果图

④ 添加一个交互图标,命名为"链接",在其右侧添加 3 个导航图标和一个计算图标,分别为"建筑"、"雕刻"、"美食"和"退出",交互响应均为热区域类型,流程如图 6-79 所示。

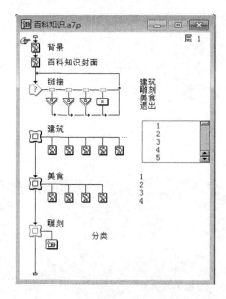

图 6-79 实例流程图

⑤ 双击交互图标,设置热区域交互范围。
⑥ 双击"建筑"导航图标,打开属性面板设置属性,如图 6-80 所示。

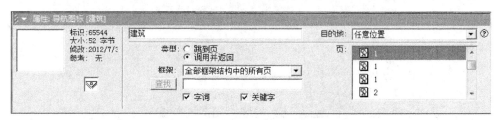

图 6-80 "建筑"导航图标属性面板

⑦ 参照上图将"雕刻"和"美食"导航图标属性设置完成。
⑧ 添加框架图标"建筑",双击"建筑"框架图标,打开框架流程线,修改其中的导航按钮,如图 6-81 所示。

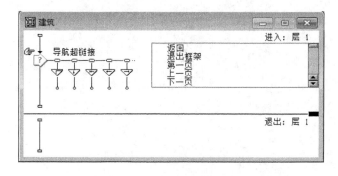

图 6-81 "建筑"框架流程

⑨ 双击"导航超链接"交互图标,效果如图 6-82 所示。

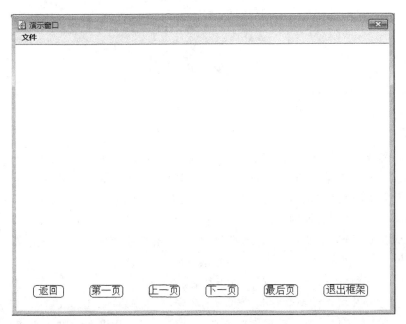

图 6-82 "建筑"导航按钮显示效果

⑩ 打开每个导航按钮设置属性。
⑪ 重复步骤⑥~⑩,将"美食"框架图标设置完成。
⑫ 双击"雕刻"框架图标,打开框架流程线,删除默认设置,如图 6-83 所示。
⑬ 在框架图标"雕刻"右侧添加一个群组图标,命名为"分类",双击打开群组图标,流程如图 6-84 所示,导航按钮设置如图,框架设置步骤同⑧~⑩。

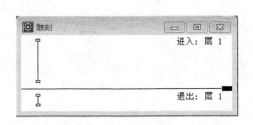

图 6-83 "雕刻"框架图标

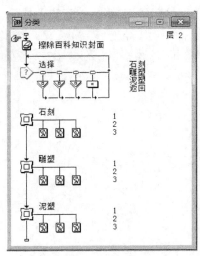

图 6-84 "分类"群组图标流程

⑭ 调试并保存。

参 考 文 献

[1] 李克东.数字化学习——信息技术与课程整合的核心.电化教育研究,2000(8/9).
[2] 何克抗.建构主义学习理论与建构主义学习环境.教育传播技术,1996(3).
[3] 余胜泉,吴娟.信息技术与课程整合.上海:上海教育出版社,2005.
[4] 任艳斐,张坤.计算机辅助教学实用教程,北京:电子工业出版社,2013.
[5] 张坤,宋凤忠.计算机文化基础.北京:高等教育出版社,2011.
[6] 刘顺涛.PowerPoint 2003 实用教程.北京:科学出版社,2004.
[7] 孙启美.计算机辅助教育.北京:科学出版社,2006.
[8] 李季.高校计算机辅助教学现状的调查与思考.教育与职业,2005(17).
[9] 孙汉群,等.多媒体计算机辅助教学与课件制作.南京:河海大学出版社,2008.
[10] 张森.计算机辅助数学教学实用教程.北京:北京航空航天大学出版社,2008.
[11] 孟昭勇.中文 Flash8 动画设计案例教程.北京:人民邮电出版社,2009.
[12] 马震.Flash 动画制作案例教程.北京:人民邮电出版社,2009.
[13] 李冬芸.Authorware 多媒体技术应用实例教程.北京:电子工业出版社,2010.
[14] 张运林.Authorware 课件制作实用教程.北京:北京大学出版社,2011.
[15] 张杰.课件的评价体系与评比实践.中国电化教育,2002(12).
[16] 吴疆,陈瑛.现代教育技术教程.北京:人民邮电出版社,2003.
[17] 黄小宇,等.中文 Authorware 多媒体制作.北京:清华大学出版社,2005.
[18] 苏国彬,等.Authorware 7 多媒体设计培训教程.北京:机械工业出版社,2005.